主编简介

林升梁 教授、硕导。工作于暨南大学新闻与传播学院、媒体国家级实验教学示范中心（暨南大学），暨南大学第四层次青年拔尖引进人才。厦门大学新闻传播学院首届博士，在国外SSCI、SCI、EI检索期刊、《新闻与传播研究》《新闻大学》《中国社会科学报》《现代广告》《广告研究》《福建师范大学学报》（哲学社会科学版）《编辑之友》《销售与市场》等20多家专业期刊上发表160多篇论文，独著16部、合著4部，参与6部教材编写。主持国家社会科学基金项目1个、福建省社会科学规划项目4个（其中1个重点项目），参与国家自然科学基金项目、教育部人文社会科学研究项目等多项课题。入选福建省高等学校杰出青年科研人才培育计划，获得福建省第十一届社会科学优秀成果奖二等奖（2016年）和福建省第十届、第十二届社会科学优秀成果奖三等奖（2013年和2018年）。担任《现代广告·学刊》《南开管理评论》（CSSCI）和多家大学学报外审专家，中国广告协会学术委员会委员、中国艾菲奖数字营销奖评委、虎啸数字商学院DMT数字营销人才认证委员会委员、福建省质协品牌发展中心高级顾问，入选中华人民共和国工业和信息化部第一批品牌专业人才培训师资名单。

朱紫璐 就读于暨南大学新闻与传播学院广告学专业，暨南大学学生艺术团新媒体编辑，曾获2021"广东千村调查"项目"优秀核查员"称号。在暨南大学庆祝中国共产党成立100周年文艺展演中参加表演的舞蹈节目"永不消失的电波"获金奖，视频作品"从家乡出发，去寻找我眼中的百年党史"获暨南大学艺术学院主题作品征集评选活动一等奖，"回到我心心念念的暨南园"获"2020年暨南大学网络文化节"二等奖，音频作品"那天的日记"获暨南大学"牢记初心使命 青春告白祖国"主题作品征集大赛一等奖、"2020年暨南大学网络文化节"三等奖。

蒲俏钘 就读于暨南大学新闻与传播学院广告学专业。目前任暨南大学新闻与传播学院学生会外招生部部门负责人，曾举办"粤语小课堂""中华传统文化节"等活动。获得第十三届广东大学生广告节平面类作品入围奖、中国大学生广告艺术节学院奖2020秋季赛入围奖。

高校微信公众号蓝皮书

（2020）

主　编　林升梁　朱紫璐　蒲俏钘
副主编　许佳宁

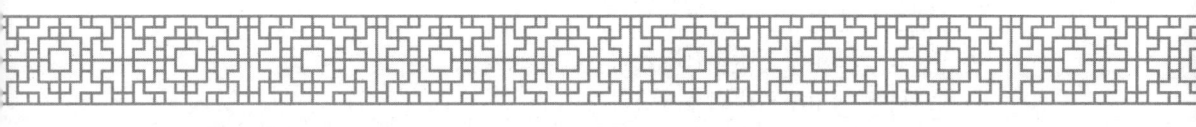

光明日报出版社

图书在版编目（CIP）数据

高校微信公众号蓝皮书.2020／林升梁，朱紫璐，蒲俏钘主编．－－北京：光明日报出版社，2021.9
ISBN 978－7－5194－6287－1

Ⅰ.①高… Ⅱ.①林… ②朱… ③蒲… Ⅲ.①互连网络—传播媒介—应用—高等学校—研究报告—中国—2020 Ⅳ.①G249.2-39

中国版本图书馆CIP数据核字（2021）第178139号

高校微信公众号蓝皮书（2020）

GAOXIAO WEIXIN GONGZHONGHAO LANPISHU（2020）

主　　编：林升梁　朱紫璐　蒲俏钘	
责任编辑：郭思齐	责任校对：李　兵
封面设计：中联华文	责任印制：曹　净

出版发行：光明日报出版社
地　　址：北京市西城区永安路106号，100050
电　　话：010－63169890（咨询），010－63131930（邮购）
传　　真：010－63131930
网　　址：http://book.gmw.cn
E - mail：gmrbcbs@gmw.cn
法律顾问：北京市兰台律师事务所龚柳方律师

印　　刷：三河市华东印刷有限公司
装　　订：三河市华东印刷有限公司

本书如有破损、缺页、装订错误，请与本社联系调换，电话：010-63131930

开　　本：170mm×240mm	
字　　数：269千字	印　　张：16.5
版　　次：2022年1月第1版	印　　次：2022年1月第1次印刷
书　　号：ISBN 978－7－5194－6287－1	
定　　价：95.00元	

版权所有　　翻印必究

编委会

主　编：林升梁　朱紫璐　蒲俏钘
副主编：许佳宁

摘 要

微信公众号自诞生以来，就对企业、机构、组织的传播以及个人获取资讯的方式产生了深远的影响。高校注意到微信公众号在传播资讯、塑造形象等方面的潜力，纷纷开通官方微信公众号，以期提升影响力。据此，本书意图刻画高校微信公众号的整体传播图景，进而勾勒出富有参考价值的传播策略，以供高校在建设与完善微信公众平台方面进行借鉴。具体来说，本研究以《中国青年报》2020年发布的高校微信公众号排行榜作为选取样本的依据，筛选出每周都出现在榜单中的12所高校作为研究样本，从固有属性、表层形式、深层内容三个维度细化出共108个指标用以多层次考察高校微信公众号。在此研究框架下，结合微信热门推文采集器、EXCEL进行数据统计与内容分析，采用ROST CM6、Tagxedo Creator、NetDraw进行词频和语义网络的辅助性分析，完成对研究样本的系统描述与比较研究。本研究报告发现：

1. 不同的高校微信公众号在固有属性、表层形式、深层内容三个层面均有异同。

2. 根据高校微信公众号传播过程中所呈现的异同，总结出成功的传播策略要点包含以下四个方面：有意识地通过微信公众号构筑高校品牌形象，形成特色；能够把握受众特征，提供针对性服务；巧妙结合重大事件，充分发挥作用，扩大影响力；专栏、系列活动"齐上阵"，形成高校特色传播。

3. 高校微信公众号的传播存在以下问题：知识产权保护意识尚显薄弱、内容生产效率较低、推送内容缺乏多元化的呈现、定位不够清晰、推送内容质量不稳定等问题。可以尝试将微信公众号的传播与高校品牌特色塑造相挂钩；重视运营团队建设，完善推送机制；充分利用微信公众平台功能，丰富推送内容形式；明确定位，系统制定规划，以形成传播的独特性；注重目标受众体验，及时进行数据分析，总结传播效果。

前　言

　　2020年是个特殊的年份，新冠肺炎疫情的突然暴发成为该年度的主题。许多人被迫"宅"在家，足不出户，新媒体成为在家办公、获取信息、打发时光的重要工具。而微信也随疫情深度渗透进社会的日常生活之中，成为人们获取资讯的重要渠道之一。高校微信公众号呈现迅猛的发展态势。那么，目前高校是如何通过微信公众号传播资讯，进而构筑自身品牌形象与传播力呢？高校微信公众号之间的传播策略有何不同、因何不同？传播力和影响力强的高校微信公众号存在哪些值得其他高校借鉴之处？疫情之年高校微信公众号在重大突发事件中表现如何？

　　基于上述问题，本次研究以比较并探讨高校微信公众号的传播策略为主题，选取在微信公众号传播力上具有代表性的高校，采用文献分析、内容分析、词频分析和语义网络分析的方法，从固有属性、表层形式、深层内容三个层面对高校微信公众号进行细致剖析，比较得出高校微信公众号之间传播的异同，总结出具有借鉴价值的传播策略。根据本书的研究思路，现对各章的主要内容阐述如下：

　　绪论分为两个部分。第一部分，阐述本研究的背景及意义。随着高校微信公众号的发展，需要对其传播图景进行翔实的描绘，其传播策略的研究也有待进一步深化。第二部分，对有关高校微信公众号的研究进行了综述。通过分析并整理已有的文献资料可知，国外对微信公众平台的研究较少，且多为海外华人所做研究或国内研究者在国际会议上的投稿，研究主题主要可分为教育、应用管理、现状和问题调查三块。目前，相关研究集中于国内，且研究数量呈现逐年上升的趋势。笔者以拉斯韦尔提出的传播过程"五要素"为归纳视角，将文献分为五大类：从服务运营角度出发的控制分析、从传播内容角度出发的内容分析、从应用媒介角度出发的渠道分析、从用户行为角度出发的受众分析以及从传播效果出发的效果分析。根据文献分析结果，确定本研究采用量化研究以系统完整地反映出高校微信公众平台的情况，以期用数据支撑并完善已有研究。

第一章对高校微信公众号进行了界定与发展现状概述。第一部分阐明了高校微信公众号兴起的环境，由此引出本研究对高校微信公众号的界定。第二部分结合目前对高校微信公众号的研究，梳理并归纳出其传播特征与功能。特征方面，高校微信公众号表现出：传播主体可信且权威性高；传播渠道精准且私密性高；传播受众特殊且黏着性强；传播内容围绕高校资讯和校园生活。功能方面，高校官方微信公众号能够做到：跟进高校信息，服务师生日常；引导高校舆论，宣传思想教育；塑造高校形象，巩固综合影响。第三部分呈现的是高校微信公众号目前所面临的竞争与发展。竞争层面主要体现为高校微信公众号排行榜的涌现，而发展层面需要着眼于传播策略，来保障高校微信公众号的传播力。

第二章介绍了本书的研究设计。根据高校微信公众号的竞争与发展现状，笔者以《中国青年报》发布的"全国普通高校微信公众号综合影响力排行榜TOP 100"为参照标准，选取2020年一年内共47周数据，筛选出每周都在百强榜单内的共12所高校作为研究对象，运用微信热门文章采集器、EXCEL、ROST CM6、Tagxedo Creator、NetDraw对研究对象的相关数据进行统计与处理。在设定研究指标上，参照了前人相关研究成果，将固有属性、表层形式、深层内容三个维度分别细化为16个指标、30个指标、58个指标。同时结合编码员、导师及专家的经验与建议，使得研究指标具有较高的信度和一定的科学性。

第三章为本书的核心部分。首先依照固有属性、表层形式和深层内容三个方面的指标，结合已有的研究成果提出假设；再对采集到的数据进行统计、处理并呈现；接着对数据所呈现的结果进行描述与比较分析；最后完成对假设的检验。固有属性部分共提出14个假设，其中9个假设成立；表层形式部分共提出27个假设，其中21个假设成立；深层内容部分共提出7个假设，其中6个假设成立。针对深层内容的部分，本研究结合词频统计和语义网络分析进一步对研究对象的文本进行深层次的考察，以完善对文本内容的解读。

第四章为本研究的结论与反思部分。基于第三章的数据统计与分析，笔者对12所高校官方微信公众号在固有属性、表层形式和深层内容三个方面的异同分别进行了归纳，并总结出针对高校微信公众号的具有参考意义的传播策略：有意识地通过微信公众号构筑高校品牌形象，形成特色；能够把握受众特征，提供针对性服务；巧妙结合重大事件，充分发挥作用，扩大影响力；专栏、系列活动"齐上阵"，形成高校特色传播。与此同时，笔者在研究过程中发现高校微信公众号在原创意识、内容生产效率和质量、推送形式上仍有提升空间，并提出相应解决方案进行展望。

最后附录补充了12所高校微信公众号与疫情有关的更详细信息。反思整个研究过程，虽然在对高校微信公众号的传播内容研究上迈出了一小步，但本报告未能结合受众与运营者做进一步的研究，存在一定局限性。

目 录
CONTENTS

绪 论 ··· 1
    第一节 研究背景与研究意义 1
    第二节 文献综述 3

第一章 高校微信公众号的发展现状 ·· 13
    第一节 高校微信公众号的兴起与界定 13
    第二节 高校微信公众号的传播特征与功能 14
    第三节 高校微信公众号的竞争与发展 17

第二章 研究设计 ·· 19
    第一节 研究方法 19
    第二节 研究对象 21
    第三节 研究框架 23
    第四节 指标的信度和效度 27

第三章 分析与讨论 ··· 28
    第一节 固有属性 28
    第二节 表层形式 46
    第三节 深层内容 78

第四章　研究结论与反思 …… 126

第一节　高校微信公众号传播策略的异同　126
第二节　高校微信公众号传播的启示、问题与展望　129
第三节　研究反思　134

附　录　每周均入选百强排行榜的 12 所高校微信公众号疫情相关分析 …… 136

附录一：上海交通大学微信公众号疫情相关分析　136

附录二：西安交通大学微信公众号疫情相关分析　146

附录三：电子科技大学微信公众号疫情相关分析　157

附录四：中国海洋大学微信公众号疫情相关分析　165

附录五：天津大学微信公众号疫情相关分析　173

附录六：浙江大学微信公众号疫情相关分析　182

附录七：北京大学微信公众号疫情相关分析　190

附录八：清华大学微信公众号疫情相关分析　198

附录九：武汉大学微信公众号疫情相关分析　205

附录十：厦门大学微信公众号疫情相关分析　214

附录十一：北京航空航天大学微信公众号疫情相关分析　223

附录十二：四川大学微信公众号疫情相关分析　231

参考文献 …… 241
后　记 …… 249

绪　论

第一节　研究背景与研究意义

一、研究背景

近年来，随着智能手机等移动终端技术的不断发展，仰赖智能手机的应用程序——微信已逐步取代 QQ、微博，成为中国移动互联网时代最主要的社交平台。腾讯发布的业绩报告显示，截至 2020 年第三季度末，微信月活跃账户数达 12.1 亿，同时由于疫情影响，腾讯会议已有超过 1 亿注册用户，企业微信日活跃账户数同比增长超过 100%。[①]

2012 年 8 月，腾讯公司基于"即时通信"的核心功能，推出了微信公众平台这一功能模块，凭借其小众性、高效性、便捷性、互动性、即时性等特点迅速吸引了大批用户。截至 2016 年年底，微信公众号数量达到 1777 万，较 2015 年增长 32.1%。[②] 在 2017 年 11 月的腾讯全球合作伙伴大会上，微信发布了最新的数据报告，报告中显示微信公众号月活跃账号突破 350 万，较 2016 年增长了 14%；公众号月活跃粉丝达到 7.97 亿人。[③] 微信公众平台的推出，在一定程度上构建了企业、机构与用户、受众之间沟通的桥梁。一方面，企业或机构通过

[①] 动点科技.腾讯第三季度净利润同比涨 89%，微信及 WeChat 合并月活跃账户数达 12.1 亿 [EB/OL].搜狐网，2020-11-12.

[②] 企鹅智酷.2016 年微信影响力报告 [EB/OL].199IT，2016-03-21.

[③] WechatMoments.刚刚，微信公布了 2017 最新数据报告 [EB/OL].数英，2017-11-09.

微信公众号发布信息、进行营销宣传、与用户互动；另一方面，用户通过关注微信公众号，了解企业或机构的动态，完成阅读、点赞、评论、转发等行为，满足自身获取与分享资讯的诉求。

对思想活跃的大学生来说，新式的、呈现形式更多样化的社交平台显然更具吸引力。为了结合新媒体技术更好地开展校园工作，自2012年华中科技大学开通了第一个高校官方微信公众平台之后，各大高校陆续开通了官方微信公众号，2015年微信公众号数量呈井喷式增长。据掌上大学《2016年高校新媒体蓝皮书》数据显示，2016年校园微信公众号数量达到80000个，覆盖大学生数量3398万，截至2016年1月，75所直属高校官方微信号已全部开通。[①] 在高校微信公众号迅猛的发展态势背后的作用力实际上不难察觉，高校本身拥有相当数量的学生群体和专业的师资团队，信息集中且高频率地流通。微信公众平台凭借高效的传播力、实时的互动机制，占据了校园新媒体的一席之地。

与此同时，为了促进高校微信公众平台更好地发展，市场中渐次涌现出诸如《中国青年报》、南方周末数据实验室、全国学联等微信公众号排行榜。各种排行榜的出现，意味着高校微信公众号不仅是作为高校与学生之间信息交流的桥梁，还在高校的品牌建设与形象宣传方面扮演着不可或缺的角色。在这样的大环境下，越来越多的高校对自身官方微信公众平台的建设给予了高度的重视，从传播形式与内容、团队运营与管理等多方位积极探寻，由此提供了颇多具有挖掘、分析与借鉴价值的高校官方微信的传播策略。

二、研究意义

本研究报告的意义在理论与实践层面均有体现：

（一）理论意义

随着微信公众号深入人们的日常生活，围绕微信公众平台的研究也随之涌现。目前，国内有关微信公众平台的研究文献多达万余篇，高校微信公众平台作为其中一部分，相关研究也有700余篇，包含对高校微信公众平台的运营建设、应用现状、传播效果多方位的考察与探寻。但研究对象上呈现出"就地取材"的状况，且高校图书馆微信公众号占比较高，对于高校微信公众号的研究

---

① 掌上大学.2016中国高校新媒体蓝皮书［EB/OL］.搜狐网，2017-01-05.

有待填补。与此同时，研究方法多以质性为主，仅有的若干篇实证研究中数据统计也尚显片面。本研究选取富有代表性的高校微信公众号，结合内容分析法以及传播领域前沿的研究方法——语义网络分析，尽可能将指标细化地进行系统的实证研究，为高校微信公众号的相关研究提供量化指标和数据统计分析方面的支撑与借鉴意义。

（二）实践意义

微信公众号作为移动互联网时代便捷获取信息、实时互动分享的新式渠道，也受到各大高校的青睐，逐步成为高校之间传播角力的新兴媒体代表。因此，如何通过微信公众平台提升高校的传播力与影响力，进而塑造鲜明的高校品牌，是各大高校亟待思索与践行的策略性问题。本研究通过多方位剖析具有相当影响力的各大高校官方微信公众号，从固有属性、表层形式和深层内容出发，比较不同高校微信公众号的异同点，总结并归纳出高校微信公众号较为全面详尽的传播策略，展现较为翔实的高校官方微信公众平台的传播经验，对高校微信公众平台的建设以及高校自身的品牌传播无疑具有很强的实践意义。

第二节 文献综述

自2012年微信公众号问世以来，陆续有企业、媒体、名人等通过公众账号建立起自己的品牌或进行价值宣传。自2012年之后的两至三年中，各高校也纷纷入驻微信公众平台，建立起高校微信公众号，旨在宣扬高校文化，传播校园新闻，服务广大师生。笔者在2021年2月对高校微信公众号的相关研究进行检索与汇总，发现随着微信公众平台日趋成熟，有关校园微信公众号的研究也开始出现，并呈现逐年递增的趋势。以下是笔者对国内外高校微信公众号相关研究文献的整理与归纳总结。

一、研究现状与趋势

（一）著作

由于微信是腾讯公司开发的手机App，尽管其在国内拥有大量用户，但海外用户人数依然有限。据迈瑞咨询公司 eMarketer 估计，目前，微信在海外有约 1 亿用户，主要以海外华人和在外亲属为主。因此，国外关于微信的相关研究较少，更难寻关于高校微信的研究。国内则在 2016 年出现了关于高校微信公众号研究的著作。由铁铮主编的《大学微信》（中国文史出版社，2016）一书聚焦新媒体时代大学校园微信公众平台，汇编了首都 20 多所大学在微信公众平台建设中的理论成果及实践探索，从现状分析、效果研究、用户体验等多个角度分别对北京大学等高校的公众平台做出分析，展现了新媒体环境下大学在加强新媒体建设中做出的努力和贡献，为大学新闻宣传工作者提供一定的借鉴和帮助。[1] 张树辉编著的《微观大学：北京高校官方微信案例选编》（光明日报出版社，2016）共收录了北京 50 所高校的微信公众号的 75 个案例，按照"内容重要""贴近师生""新鲜有趣""策划独到"进行分类编排，并对每个案例进行了精要点评，更专注于公众平台的内容生产方面的研究。[2]

两本著作的共同点是研究对象均为首都高校的微信公众号，具有明显的地域限制，地域文化及经济水平的差异也将导致高校微信公众平台的内容建设存在不同。从著作数量及研究力度方面看，目前国内对于高校微信公号的研究较少且集中于对首都高校的研究上，缺乏普适性，亟待新的研究进行补充。

（二）国外论文

国外关于校园微信的论文尽管数量较少，但近两年已经有所涉及，其来源以海外华人及国内研究人员在国际会议上的投稿为主。笔者以"College + WeChat"及"University+WeChat"为关键词在 SSCI 和 SCI 数据库中进行标题搜索，除去重复的文献，共找到 22 篇相关文献。从研究主题上归纳，主要分为教育（8 篇）、管理及应用（8 篇）、现状及问题调查（6 篇）三个部分。

1. 教育

Li Yao（2016）的 *Influence and Countermeasures Research on Ideological and Political Education of College Students with WeChat* 对微信在高校思政教育方面产生的

---

[1] 铁铮. 大学微信［M］. 北京：中国文史出版社，2016.
[2] 张树辉. 微观大学：北京高校官方微信案例选编［M］. 北京：光明日报出版社，2016.

影响进行了分析，并提出对策以解决负面作用。① Yan Li（2017）在 *Research on Experiential Learning of College Engliah Based on WeChat Platform* 一文中，从重要性、教育优势、模式建构三方面探讨了新媒体时代下高校英语教育的转型问题。② 不难发现，国外刊物或论坛中关于微信教育的文献多关注英语教育及意识形态教育两方面，与国内微信教育研究的主流趋势相同，这实现了将国内新媒体教育情况传达给国外学者或读者的目的，同时有利于吸引国外受众关注，但也产生了研究内容单一的现象。而 C. J. Chen 和 Tan Sun 在 *Dental Education for College Students Based on WeChat Public Platform*（2016）一文中通过分析微信公众号在高校牙医教学方面的优势，认为牙医移动课堂已经成为可能的教学手段，并提出了基于微信公众平台的牙科教学模式。③ 这在一定程度上打破了国内近年来相关文献多将高校微信公众平台与思政教育结合思考的窠臼，将高校公众平台引进了新的教学领域。

2. 管理及应用

关于利用高校官方微信公众号进行管理和应用的研究属于新媒体进入高校后又一大研究范畴，文献数量逐年增多。*Study on Design and Application of College Students Working Platform Based on Wechat Public Platform* 一文探析了高校微信公众平台在学生管理和人员培训上的设计与应用。④ Zhang, Ying Nan 的 *Design and Implementation of the University Information Disclosure System Based on WeChat* 以华北电力大学为例，设计了基于微信公众平台的高校信息公开系统。该系统具有对接微信公众平台、上传与申请检查表、从校园官网攫取数据等功能，研究具有

---

① Li Yao. Influence and Countermeasures Research on Ideological and Political Education of College Students with WeChat［C］. International Conference on Education, Management and Computer Science, 2016.

② Yan Li. Research on Experiential Learning of College English Based on WeChat Platform［J］. Journal of Hubei Correspondence University, 2017（23）：147-149.

③ C. J. Chen, Tan Sun. Dental Education for College Students Based on WeChat Public Platform［J］. Shanghai Kou Qiang Yi Xue, 2016, 25（3）：377-380.

④ Zhang, Ying Nan. Study on Design and Application of College Students Working Platform Based on WeChat Public Platform［J］. International Conference on Frontiers of Manufacturing and Design Science, 2015（12）：1622-1628.

明显的可实操性。①

3. 现状及问题调查

现状及问题研究通常是在特定媒体技术发展到一定阶段后进行考量或反思的行为。Excessive Use of WeChat, Social Interaction and Locus of Control among College Students in China 一文研究了高校学生过度使用微信的心理机制、心理特征和外部控制点。作者认为微信对在校大学生具有强而独特的吸引力，因此，对微信运营者而言，需要注意信源的把控以及传播技巧的可塑性。②

国外文献多注重高校微信的应用型研究，研究质量与国内文献差距不大，但总体文献数量不足，主题类型偏少，这与微信的主要使用者为中国用户有直接的关系。

（三）国内论文

笔者在中国知网（CNKI）输入"高校+微信公众号"及"高校+微信公众平台"等关键词进行标题搜索，据统计，共找到1877篇相关论文，2013年有7篇，2014年有46篇，2015年有152篇，2016年有81篇，2017年有419篇，2018年有477篇，2019年有423篇，2020年有261篇，2021年有11篇。可见，自微信公众平台走进高校以来，越来越多的学者关注高校微信公众平台的研究，因此，研究成果数量总体呈上升趋势，2018年是研究的高峰期。笔者依据拉斯韦尔提出的构成传播过程的五种基本要素，将所寻得的文献进行如下分类：

1. 服务运营角度——控制分析

杨晓丰（2021）在《"双一流"高校图书馆微信公众平台运营量化研究》中从"双一流"图书馆微信公众号中海量推文数据爬取为起点，建构成一条完备的从公众平台推文数据采集、数据特征抽取、传播指标算法实现到数据分析解读的实证路线。并从公众号活跃度、公众号推文接受和认同度、公众号活跃粉丝预估、微信传播指数等几个维度对"双一流"高校图书馆微信公众平台运

---

① Jiang L Z, Han L Y. Design and Implementation of the University Information Disclosure System Based on WeChat［J］. International Conference on Computer Engineering and Information Systems, 2016（11）: 489-493.

② Hou J, Ndasauka Y, Jiang Y, et al. Excessive Use of WeChat, Social Interaction and Locus of Control among College Students in China［J］. Plos One, 2017, 12（8）.

营开展深入剖析，依据数据提出其运营建议。[1] 欧阳世芬和蔡雨娟（2015）的《高校官方微信公众平台的现状和运营策略探析》对上海交大、湖南大学等15所较有影响力的高校官方微信公众平台一周内的相关数据进行统计，分析高校官方微信公众平台的现状。分析发现，高校微信公众平台推送内容实用、语言生动，但文章存在同质化现象；功能设置全面，但存在互动性不强、标签分类不清晰等问题；推送方式单一；推送时间较有规律。针对运营现状提出五点建议：丰富推送内容，提高文章质量；开拓平台功能，提供个性服务；开展互动活动，加强沟通交流；丰富推送形式，提供易读内容；提高人才素质，加强团队建设。[2]

现状分析与运营策略研究是高校官方微信公众号研究中较为常见的一类，其目的在于为传播者提供运营的新思路，打破既有发展的瓶颈，属于站在传播者角度进行实务探索的一类研究。

2. 传播内容角度——内容分析

从传播内容角度出发的论文对本文的研究具有较高的参考价值。此类研究中最为常见的研究方法是对高校微信公众号传播内容进行内容分析。如《辽宁省高校官方微信公众平台传播内容分析》（王正祎等，2017）从内容数量、内容来源、内容标题、内容题材四个方面分析高校官方微信公众平台推送内容情况，结合高校官方微信公众平台推送内容中高阅读量、高点赞量的特点，对增强高校官方微信公众平台的传播效果提出建议。[3] 韦玉玲（2016）在其硕士论文《高校微信公众号传播内容研究》中通过内容分析法以浙江大学、上海交通大学、北京大学、武汉大学等6所比较有影响力的高校微信公众号为研究对象，运用内容分析法和定性研究法搜集资料、统计数据和阐释主题。该文从微信公众号功能、内容题材、信源、发布频率、信息组织形式、价值取向六个方面对6

---

[1] 杨晓丰."双一流"高校图书馆微信公众平台运营量化研究[J].图书馆学刊，2021，43（1）：49-53.
[2] 欧阳世芬，蔡雨娟.高校官方微信公众平台的现状和运营策略探析[J].视听，2015（7）：150-153.
[3] 王正祎，彭小枚，李知，等.辽宁省高校官方微信公众平台传播内容分析[J].新闻研究导刊，2017，8（3）：22-23.

所样本高校的传播内容进行分析研究。① 石佳（2016）则在《民族高校微信公众号传播内容研究——以西南民族大学为例》中通过分析西南民族大学官方微信公众号的二次传播形式和内容，归纳总结出高校微信号传播内容以热点话题为主，有时效性和属性倾向的特点，消息形式多为图文结合。② 田晓夏（2016）在其硕士论文《高校微信公众平台传播现状研究》中，从推送方式和类型、推送内容、推送时间、互动性分析、传播效果五个层面对陕西师范大学的微信公众号进行了内容分析。其将推送方式的指标分为文字推送、图片推送、视频推送、语音推送、网页链接、图文混合推送等部分，同时将推送内容的指标定为阅读人数、点赞人数、原创性、互动性等部分进行考核。其推送方式的指标设计细致清晰，但内容指标的划分相对笼统，不够明确，存在局限性。③ 董思聪（2017）在《"985工程"高校官方微信公众号传播研究》一文中，从外在识别、推送特点、推文内容三方面对39所"985工程"高校进行了内容分析，由表及里的指标安排较为合理，然而选取的研究时间仅为2016年9月，选取时间太短，研究数据的偶然性太强，缺乏科学性，同时，其内容指标也存在着分类粗糙的问题。④

观察内容研究的文献不难发现，内容研究主要从校官方微信公众号的传播形式和传播内容两方面入手，并结合具体案例进行分析。目前，关于内容研究的文献数量较少，同时，既有的内容研究成果普遍存在科学分析工具缺席和研究选取时间太短的现象，即缺少相关性分析，说服力度不足，这是一个亟待开拓的领域。

3. 应用媒介角度——渠道分析

这一类研究表现为"微信公众平台+"的形式，其研究通常结合高校教育工作、校园组织工作或信息管理工作进行研究，将微信公众平台作为渠道进行可行性分析和应用探索。如有学者从"高校官微+思想政治教育"的角度进行研究，马亮（2016）认为，在新媒体环境下，高校思想政治教育工作的开展必须

---

① 韦玉玲. 高校微信公众号传播内容研究［D］. 西安：西北大学，2016.
② 石佳. 民族高校微信公众号传播内容研究——以西南民族大学为例［J］. 西部广播电视，2016（17）：34-36.
③ 田晓夏. 高校微信公众平台传播现状研究［D］. 西安：陕西师范大学，2016.
④ 董思聪. "985工程"高校官方微信公众号传播研究［D］. 湘潭：湘潭大学，2017.

充分利用好时代提供给我们的全新载体，才能与时俱进地做好大学生思想政治教育工作。在硕士论文《以高校官方微信公众平台为载体的大学生思想政治教育研究》中，马亮结合高校"官微"的特征和功能，分析了高校"官微"在思想政治教育应用中的可行性与优势，并探讨了以高校"官微"为载体开展思想教育工作应把握的原则和工作思路。①

此外，也有成果体现了"微信公众平台+校园组织工作"的探索。沈一（2015）在《微信公众平台在高校共青团工作的实践与探索》一文中从微信公众平台的特点出发，分析了微信公众平台应用于高校共青团工作的价值，认为微信公众号是新时代下推动高校共青团员蓬勃发展的重要力量，需要得到重视和发展。②

随着微信公众平台的影响力日益增强，学界和业界都开始将目光聚焦在"微信公众平台+"的研究上，高校作为研究大军中的主力军，其研究触角也倾向于抵达高校生活的各个领域。

4. 用户行为角度——受众分析

与从传播者角度切入进行现状和运营策略研究的成果不同，站在用户角度进行受众研究的文献相对较少（仅17篇）。付嘉鑫（2016）在《地方高校官方微信平台使用与满足研究》中指出地方高校官方微信公众号虽然发展比较迅速，但存在着开通率高但用户使用满意度低等问题。受到使用与满足理论的启发，付嘉鑫认为人们使用媒介的目的是不同的，只有认清用户的使用目的，才能更好地服务受众发挥作用。以重庆师范大学为例，通过深度访谈和问卷调查的方法考核高校官微用户在信息、社交、参与、情感等方面的需求，作者发现部分用户存在媒介依赖，使用微信公众号仅是出于习惯，同时作者认为地方高校有极大的发展空间，需要通过信息整合、本地化垂直发展、多媒体表达、增加互动等方式建立起基于校园关系的虚拟社群。相比诸多以985、211高校为研究对象的成果，付嘉鑫的研究更小众化却更具特色，展现了地方高校"官微"的发

---

① 马亮. 以高校官方微信公众平台为载体的大学生思想政治教育研究［D］. 西安：西北师范大学，2016.
② 沈一. 微信公众平台在高校共青团工作的实践与探索［J］. 当代教育实践与教学研究，2015（8）：214.

展状况和使用情况。① 赵辰玮（2015）在《数据时代高校微信公众平台用户接受行为研究》一文中从高校微信公众平台的接受行为入手，采用多元化的视角，将新闻学、传播学、网络动力学和流行病学等学科的理论进行融合，在大数据的框架下，采用量化研究的方式，通过数据挖掘和分析，对于接受行为进行分类和归因探析。作者着力通过数据的科学化分析，建立不同数据之间的相关关系，从而揭示不同的用户接受行为对于微信公众平台的影响。通过直观的数据和图表展现用户需求的差别与变化，同时做出相关分析，说服力较强。② 史蓓蓓（2020）在《对高校共青团微信公众平台大学生持续使用意愿的探究》一文中从感知有用性、感知易用性、感知趣味性、感知风险、主观规范五个方面讨论大学生对高校共青团微信公众平台的持续使用意愿，得出主观规范的综合影响最大、感知趣味性正向影响感知有用性但不直接影响持续使用意愿等结论；并从整合资源、内容为王、完善设置、增强趣味、降低风险等角度对高校共青团微信公众平台的建设提出建议。③

5. 传播效果角度——效果分析

传播效果研究属于综合型研究，其研究往往包含了现状研究、内容研究和运营策略研究。如陶赋雯（2016）的《微信公众号运营实践与传播效果研究——基于对福建省26所本科高校微信公众号的实证分析》基于对福建省26所高校微信公众平台建设现状的调查研究，指出福建高校微信建设存在着原创内容不足、互动性欠佳、推送形式单一等弊端，并从内容建设、推送渠道、管理模式、联盟协作等方面对高校微信公众平台建设和发展提出对策建议。④ 类似地，向正鹏在《提升高校官方微信公众平台传播效果的几点思考》中根据湖北省内高校微信公众号运营现状，结合所供职单位官方微信运营经验，从覆盖度和图文转化率两个维度出发，对高校官方微信平台功能定位、内容策略、运

---

① 付嘉鑫. 地方高校官方微信平台使用与满足研究 [D]. 重庆：重庆师范大学，2016.
② 赵辰玮. 数据时代高校微信公众平台用户接受行为研究 [D]. 保定：河北大学，2015.
③ 史蓓蓓. 对高校共青团微信公众平台大学生持续使用意愿的探究 [J]. 青少年学刊，2020（4）：30-36.
④ 陶赋雯. 微信公众号运营实践与传播效果研究——基于对福建省26所本科高校微信公众号的实证分析 [J]. 福建论坛（人文社会科学版），2016（12）：200-205.

营策略、品牌策略进行探讨。①

关于微信公众平台的研究总体而言属于效果研究，需要结合现状进行分析，最终都将落实到运营和改进的层面上，属于从结果反推控制策略的研究。

（四）研究趋势

整体来看，有关高校微信公众平台的研究在数量上呈现出逐年递增的态势，学术关注度和传播度均有上升趋势。就研究对象的类别而言，高校图书馆微信公众号研究的篇数为675篇，占查获文献总量的比例约为36%，可谓高校微信公众平台研究的重镇。微信公众号以其用户基数大、使用黏度高、活跃程度强等特点为扩大图书馆服务的广度提供了机遇。与此同时，图书馆服务有极高的信息要求，微信公众平台无疑是一种便捷的渠道。

此外，从高校微信公众平台的应用研究角度来看，关于高校微信公众平台在教育（11%）、管理（7%）、宣传（2.6%）方面的研究也相对可观。其他关于高校微信公众平台的研究涉及主题丰富多样，较难进行归类，但可以看出高校微信公众平台作为一种热门的新媒体传播手段已被广泛运用到多个领域中进行联合研究。

二、小结

微信公众平台的功能一经推出其产生的影响便不断扩大，关于微信公众平台的研究也正不断增加。作为信息时代下各大高校进行信息传播的重要渠道，关于高校微信公众平台的研究近年来也不断涌现，但明显存在研究不平衡和理论匮乏的现象。

从研究角度来看，控制研究、应用研究以及综合型的效果研究成果相对较多，而内容研究和受众研究的文献明显不足。关于微信公众平台的研究主要是立足于现状，横向研究微信公众平台推送形式、推送内容、使用分析等不同层面，其最终目的是为微信公众平台的运营发展服务。不少文献在运营建议中提出内容为本的观点，但全面系统地从微观角度进行内容分析的文献并不多，微信公众平台研究过于重视宏观运营策略而未能从细节（内容）展开分析。当然

---

① 向正鹏.提升高校官方微信公众平台传播效果的几点思考［J］.新闻世界，2016（10）：68-72.

11

这可能是研究人员无法获取后台信息的客观因素所致。此外，从研究方法来看，关于高校微信公众平台的量化研究相对较少，且在研究样本选取上存在一定的局限，例如，研究时间的间断性或时间跨度不足；高校选取往往具有地域性或是依据固有等级，导致缺乏代表性等，无法完整地体现高校微信公众平台的情况。

  针对上述研究现状存在的不足，本研究以微观视角，主要采用内容分析法，基于国内权威的高校微信排行榜挑选每周都进入百名排行之内的高校，通过固有属性、表层形式、深层内容三个方面系统地分析目标院校官方微信公众号的传播策略，更具体地将策略分析落实到指标层面，为其他高校微信公众号提供可操作的具有借鉴价值的宝贵经验。

第一章

高校微信公众号的发展现状

第一节 高校微信公众号的兴起与界定

高校的媒体宣传工作一直是高校建设的一块重镇。传统的校园媒体以校报、校园杂志、校园广播等作为主要的传播手段,但制作成本高、即时性和互动性弱等问题无法得到根本性的改善。从传播受众来说,祝建华曾提出"新媒体权衡需求"(WCN)这一概念来诠释受众对媒体的选择行为,若是传统媒体已无法满足重要需求,而新媒体能够满足时,受众会采纳并使用新媒体。[1] 从传播主体来说,高校宣传工作亟待创新思维的涌入,其中手段创新被视为一大重点。而实现手段创新,就需要积极探索有利于破解工作难题的新举措、新办法,特别是要适应社会信息化持续推进的新情况,加快传统媒体和新兴媒体融合发展,充分运用新技术、新应用创新媒体传播方式,占领信息传播制高点。[2]无论从受众还是主体来看,高校宣传工作强烈呼唤新媒体力量的注入。

近几年来,网站、论坛、贴吧、微博等线上的新兴媒体逐步成为高校学生获取资讯的主要渠道,许多高校意识到宣传手段更迭的必要性,也随之构建线上新媒体矩阵。而随着互联网和移动终端技术的迅猛发展,微信作为时下最流行的社交平台,已然成为高校学生的"新宠",对人际沟通与交流的方式产生了

---

[1] 祝建华. 不同渠道-不同选择的竞争机制:新媒体权衡需求理论[J]. 中国传媒报告,2004(5):16.
[2] 习近平在全国宣传思想工作会议上的讲话[EB/OL]. 中国共产党新闻网,2014-08-09.

深远影响。而于2012年推出的微信公众平台，进一步革新了一对多的媒体行为方式。申请微信公众号的门槛低，个人、政府、媒体、企业等都纷纷开始着手开通微信公众号，试图借助微信平台的力量塑造影响力，达到宣传推广的目的。作为教育机构的高校也"嗅"到了微信公众平台所散发出来的诱人"气息"，以其所具备的即时性、便捷性、互动性可以弥补传统校园媒体的短板，同时能够满足高校学生实时获取高校信息的诉求。由此，各大高校陆续进驻微信公众平台布局微信传播，高校微信公众号应运而生。

因高校内的信息流通存在于各级团体组织中，所以高校微信公众号的类别也呈现多样化。目前来看，高校微信公众平台根据隶属的情况不同，大致可划分为以下四类：一是多由高校宣传部直接管辖的微信平台；二是由校各级团委、学生处或是图书馆等机构管辖的校务机构微信平台；三是由校各级学生会、社团管辖的学生组织微信平台；四是代表个人、班级的自媒体。[①]

本研究对高校微信公众号的界定即是上述分类中的第一种。一般情况下，隶属于高校宣传部门的微信公众号，建设和运营维护均由宣传部门负责，并经过实名认证，对外代表高校官方的看法与态度，例如，"北京大学"微信公众号即北京大学官方认证运营的微信公众平台。

第二节 高校微信公众号的传播特征与功能

一、高校微信公众号的传播特征

赵辰玮（2015）在《数据时代高校微信公众平台用户接受行为研究》一文中对微信公众平台的特征进行了归纳，主要有三个方面：一是以微信为支撑、与QQ账户互通的社交类自媒体平台；二是可向特定的用户推送文字、图片、语音、视频等多种形式的消息；三是运营者可自主开发功能、定制服务。[②] 而高校微信公众号作为微信公众号的子类，在微信公众平台本身特征的基础上，也

[①] 陈婕妮. 高校官方微信传播策略研究 [D]. 广州：广东外语外贸大学，2017：14.
[②] 赵辰玮. 数据时代高校微信公众平台用户接受行为研究 [D]. 保定：河北大学，2015：6.

显现出一些独特的表征。笔者根据目前对高校微信公众号的研究，将高校微信公众号的传播特征归纳如下：

（一）从传播主体来看，可信且权威性高

由高校自身的宣传机构运营维护，并得到高校和微信公众平台的双重官方认证，可以对发布的对内或对外信息进行把关，保证其权威性和准确性。

（二）从传播渠道来看，精准且私密性高

虽说微信公众平台是组织或机构面向大众进行信息传播的渠道，但实际上微信公众号与用户之间的关系是一种"点对点"的传播。也就是说，高校微信公众号在信息传达时，是精准地投放至关注用户处，且投放过程是"一对一"进行，用户之间的行为互不干扰，具有较强的私密性，进一步形成独特的舆论场。

（三）从传播受众来看，特殊且黏着性强

关注高校微信公众号的显然是与高校密切相关的人群，主要涵盖在校师生、校领导、校友和关注高校的社会人士。而微信平台中聚集的往往是强关系，即熟人圈子构成了微信传播的基础圈层，分享信息也成为用户的日常需求，令微信平台的交互性增强，更有亲和力。上述传播环境的形成，使受众与微信平台更易产生依附关系。

（四）从传播内容来看，围绕高校资讯和校园生活

高校微信公众号有着较为明晰的定位，其传播内容需紧紧贴合高校这一组织。在此基础上，进一步实现受众多样化、多层次的需求，例如，线上线下相结合的活动预览；与出行密切相关的天气情况；放松心情的美文朗读与推荐等。

二、高校微信公众号的功能

致力于宣传研究并发展了内容分析这一重要的传播研究方法的拉斯韦尔，曾阐述传播在社会中的三大功能：监督环境；协调社会对于某种环境下的事件的反应；传递文化遗产。[1] 其中传递文化遗产这一功能，展现的是人类智慧的代代相传，显然也可以理解为指向教育功能。

---

[1] E. M. 罗杰斯. 传播学史 [M]. 殷晓蓉, 译. 上海：上海译文出版社, 2012：227.

微信公众平台作为新兴的传播方式，从其本身功能来看，主要包括大规模且定时地推送信息、实现用户实时的互动需求。而针对高校微信公众平台的功能来说，在微信公众平台本身具备的功能基础上，结合高校属性，有诸多拓展功能，具体可以归纳为以下几个方面：

（一）跟进高校信息，服务师生日常

移动互联网时代的到来，致使高校微信公众平台成为学校的信息集散地。高校借助微信公众号发布资讯，将信息及时告知高校内部受众，满足受众日常学习、工作、生活中对校园资讯的需求，提供专业、细致、富有价值的服务。

（二）引导高校舆论，宣传思想教育

微信公众平台不仅给予关注用户评论的机会，同时可以让运营方与用户之间进行一对一的私密互动。由此，校方能够通过微信公众平台及时获取受众的反馈意见，通过回复影响到受众的看法；同时，校方也可以通过编排发布内容进行议程设置，引发受众对某一事件或人物的关注，进而引导受众在评论区探讨，在微信公众平台上实现对舆论的引导。

作为意识形态工作的前沿阵地，高校往往肩负着传播正能量、培养社会主义核心价值观等重大思想教育任务。[1] 微信公众平台为宣传思想教育提供了较为合适的有效载体：一方面，思想教育往往涉及官方且权威的信息内容，这与微信公众号的传播特征相吻合；另一方面，微信公众号用户黏着性强，推送内容到达率高，宣传思想教育的到位程度能够更进一步。

（三）塑造高校形象，巩固综合影响

高校微信公众平台在当下往往是高校中最具代表性的媒体平台，自然而然地也与高校的整体形象、知名度相挂钩。校方可以通过微信公众平台发声，以扩大知名度、提升美誉度、巩固影响力，例如，有些高校在校庆这一时间节点，集中且以多种形式、多种视角发布信息，力争全方位展现自身形象，容易激发用户兴趣并进一步增加关注量。此外，微信公众平台支持各种类型的素材，能够助力于高校宣传，例如，部分高校在发布的推送中添加融合了高校自身元素的修饰。

---

[1] 铁铮. 大学微信 [M]. 北京：中国文史出版社，2016：56.

第三节 高校微信公众号的竞争与发展

一、竞争：排行榜的盛行

鉴于越来越多的高校已开通官方认证的微信公众号，甚至形成了"高校微信公众号矩阵"，以不同的定位实现精准覆盖，[①] 高校微信公众号之间的竞争也随之愈演愈烈。2014年年底推出微信传播力指数（WCI）后，微信公众平台的影响力有了较为客观且权威的评判标准，继而涌现出一批微信公众号排行榜，高校微信公众号的传播力也成了许多数据团队或机构的研究对象，《中国青年报》的微信公众平台（ID：zqbcyol）、《南方周末》推出的新媒体项目南方周末数据实验室（ID：nanzhoudata）是其中的典型，它们会定期对高校微信公众号的传播力进行综合考察。但各大高校微信公众号榜单在做评判时，都有相应的侧重点，例如，《中国青年报》的高校微信排行榜是依据"WCI指数"来排名，而南方周末数据实验室是根据"阅读总量"来决定名次。高校微信公众号排行榜的出现，一方面是高校之间竞争综合影响力的必然结果，另一方面则能够敦促高校对微信公众平台的运营与建设给予足够的重视，做出更贴合师生需求、更具特色的高质量内容，进一步引导高校微信公众号的良性发展。

在高校微信排行榜盛行的阶段，对高校微信公众平台的相关研究也呈现逐年递增的态势。其中已经出现建立在现有的排行榜基础上的研究，例如，韦玉玲的研究对象选取是基于南方周末数据实验室发布的高校微信排行榜，而史艳萍选取职业院校时是依据《中国青年报》提供的高校微信排行榜数据。而无论在量上还是质上，基于排行榜的高校微信公众号研究尚存在提升的空间。

二、发展：聚焦传播策略

着眼于高校微信公众号的发展，张树辉（2016）用四个巧妙的比喻来描述

[①] 朱一超，向娟，阮雪姣，等. 高校微信公众号矩阵式管理和传播策略探析[J]. 新西部，2017（16）：107.

高校官方微信公众号的传播策略：做官方微信如同办新闻联播，权威性是首要保证；做官方微信如同开餐馆，食材要精良且要贴近师生口味；做官方微信如同开旅行社，能带着用户领略不一样的风景；做官方微信如同拍电影，策划独到，用心制作，才能提升影响力。[1] 当下微信公众号排行榜盛行时期，高校在运营公众号期间应警惕一味追求指标数据"漂亮"，而忽视数据背后的本质，是靠优质的内容和完备的运营来"锁住"用户，确保整体的传播力和影响力。因而，高校微信公众号的传播策略是所有注重宣传建设的高校所关注的重点，这也是本研究的落脚点。

---

[1] 张树辉. 校园微信公众号四喻［N］. 光明日报，2016-03-17，（11）.

第二章

研究设计

第一节 研究方法

本研究采用文献分析法、内容分析法、比较研究法以及语义网络分析法这四种研究方法,力图全面、系统地对高校官方微信公众号的传播形式和内容进行探索。

一、文献分析法

本研究主要将文献分析法应用于文献综述、概念阐释和假说形成这三个部分。文献综述方面,通过 CNKI、SCI 等文献搜索引擎获得前人已有的关于高校微信公众平台的研究文献及现有著作,对既有文献进行分析与归类,总结出现有研究的趋势和漏洞,提出本文的切入角度与创新之处;概念阐释部分,通过阅读前人对微信公众号尤其是高校微信公众号的研究,针对本文研究的层面进行归纳;假说形成部分,需要循着前人的研究成果,提出有理有据的研究假设。此外,从数据分析到得出结论的过程中,也需要已有的研究成果来进行补充与完善。

二、内容分析法

内容分析法能够对传播内容进行系统、定量的描述,是具有传播学科特色的重要研究方法。它的优势主要体现在以下几个方面:其一,研究对象是物,能真实、不带调查者偏见地表现研究对象的特征;其二,资料获取容易且信度较高;其三,可以解决时间跨度上的问题。① 本书通过对目标高校微信公众号的固有属性、推送形式、推送内容的内容分析,统计在一年内这三部分下的具体指标在信息形式与信息内容中所占有的数量与比重,通过图表等可视化方式呈现出来并进行分析。

三、比较研究法

本研究通过比较各所目标高校微信公众号之间共有的且占比较大的推文形式与推文内容指标的特征,总结出这些高校共有的传播策略,为研究问题提供具体的数据说明。同时观察各高校之间是否具有差异性,并分析差异性对高校微信公众号传播力和影响力的影响,提供完善方向。

四、语义网络分析法

语义网络分析(SNA)建立在传统的"新闻框架分析"(news framing analysis)之上,融合社交媒体平台的特征,用以描绘和厘清传播系统中各种符码及其意义的关系网络,是传播学领域颇具前沿性的研究方法。② 目前,语义网络分析主要应用于 Twitter 的研究中,在中国国内也有诸多学者开始涉猎此方法来对微博这一社交平台进行研究,而针对微信的研究十分贫瘠。

语义网络分析方法在本研究中作为内容分析法的补充,在一定程度上能够克服内容分析的主观性,便于呈现研究对象的整体图景。本书通过对目标高校微信公众号的推送标题和文本分别进行分析,以确定高频词,再以这些高频词作为节点,进而描绘高频词之间在语义上的连接,构建语义网络,形成对高校微信公众号推送内容的整体把控,同时辨析微信推送内容的侧重。

---

① 林升梁,吴晓玲. 国内外内容分析法在广告研究领域中的应用综述 [J]. 广告大观(理论版),2012(2):90.
② 史安斌. 社交媒体时代全球传播的理想模式探究——基于联合国"微传播"的个案分析 [J]. 武汉大学学报(哲学社会科学版),2018,71(1):69.

第二节 研究对象

一、样本选取

本书根据《中国青年报》发布的"全国普通高校微信公众号综合影响力排行榜 TOP 100",选取 2020 年一年内共 46 周排行榜数据,筛选出每周都在榜单内的高校,得到 12 个研究样本,它们分别为:北京大学、大连理工大学、东北大学、清华大学、厦门大学、山东大学、上海交通大学、天津大学、武汉大学、西安交通大学、浙江大学、郑州大学。① 这一样本选取结果可分为两个层面进行解读:

第一,整体来看,微信公众号一年内都稳定在综合影响力前 100 的高校仅有 12 所,说明排行榜的数据波动较大。

第二,每所高校比较来看,研究样本中的 12 所高校在排行榜中的位置参差不齐,表明高校微信公众号综合影响力之间差异显著。笔者根据 47 周的排行榜数据,对 12 所高校在排行榜中所处的位置进行了整理,大致划分为以下三个等级:

首先,位置常出现在前 20 的高校:北京大学(除 2 周之外均进入前 10)、武汉大学(除 1 周之外均进入前 20)、清华大学(除 2 周之外均进入前 20)、浙江大学(除 2 周之外均进入前 20)。

其次,位置常出现在前 40 的高校:上海交通大学(均进入前 40)、四川大学(除 1 周之外均进入前 40)、北京航空航天大学(除 2 周之外均进入前 40)。

最后,位置波动幅度较大的高校:西安交通大学(最好排第 2,最差排第 72)、中国海洋大学(最好排第 3,最差排第 77)、电子科技大学(最好排第 3,最差排第 76)、厦门大学(最好排第 4,最差排第 63)、天津大学(最好排第

---

① 排行榜数据来源为《中国青年报》官方网站和官方微信公众号,2020 年共发布 47 期"全国普通高校微信公众号综合影响力排行榜 TOP 100",其中[1.1-1.7]、[1.8-1.12]、[1.19-1.25]、[3.29-4.4]、[4.26-5.2]、[9.27-10.3]这 6 周未公布排行榜。

11，最差排第 77）。

进一步对上述 12 所高校微信公众号的推送信息进行抓取，全部数据收集时间段为 2020 年 1 月 1 日 0 时至 2020 年 12 月 31 日 24 时。① 这一时间段与选取的榜单数据相吻合，且为完整的一年，跨度和连续性均有保障。

二、统计方法

本研究是对高校传播策略的探索性研究，笔者将统计工作总结为以下三个方面：微信推文数据和文本采集、数据处理与分析、文本处理与分析。根据需求，本书选取了以下软件进行统计分析：

（一）微信推文数据和文本采集——孤狼工作室

本研究需统计的样本数量较多，时间跨度较大，因而笔者选择直接购买孤狼工作室的微信热门文章采集器（图 2-1），对 12 所高校微信公众号 2020 年的微信推送数据和文本分别进行采集和抓取。

就数据层面而言，微信热门文章采集器可以对微信公众号指定时间段内推送文章的阅读数、点赞数、发布位置、发布时间进行抓取；就文本层面而言，微信热门文章采集器可以对微信公众号指定时间段内推送文章的标题及内容进行抓取。保存形式包含 TXT、XLS、HTML、MDB 等格式，可自由选取，便于之后的数据、文本处理与分析。

（二）数据处理与分析——EXCEL

对于采集到的微信推文相关数据，本研究采用微软办公系统中的数据处理软件 EXCEL 进行统计分析。数据录入 EXCEL 后，以合适的图表形式，一方面呈现各类指标的分布与变化，辅助深入分析与探讨的进行；另一方面合并展示多个研究对象的指标，以便执行比较研究的操作。

（三）文本处理与分析——ROST CM6、Tagxedo Creator、NetDraw

对于采集到的微信推文相关文本，本研究选取武汉大学编码研发的用以辅助人文社会科学研究的内容挖掘软件 ROST CM6（图 2-2），分别对研究对象的

---

① 高校官方微信公众号的推送信息中存在少许特殊推送情况，即以单张图片或单段文字的方式进行群发，这类信息直接送达接收端，无须点开查看的操作，不计流量数据，因而不在本研究的考察范畴内；且该类信息数量极少，可忽略不计。

图 2-1　孤狼工作室出品的微信热门文章采集器操作界面

微信推文标题和内容进行处理。

本书在对采集到的文本进行语义网络分析时，通过 ROST CM6 软件的功能性分析，并结合可视化软件，完成如下三步操作：

（1）对文本进行分词，生成分词后的 TXT 文件；

（2）对分词后的文本进行词频分析，生成高频词列表，并结合在线词云生成工具 Tagxedo Creator 对词频分析结果进行呈现；

（3）对分词后的文本进行语义网络分析，并结合可视化软件 NetDraw 呈现关键词之间意义关系的分析结果。

第三节　研究框架

本研究主要采用内容分析法，并结合语义网络分析法来比较与探讨排名稳定靠前的高校微信公众号传播策略的异同，以期为高校微信公众号的运营提供策略性帮助。首先，笔者根据现有的文献资料，整理归纳出微信公众号推文的三个研究维度：固有属性、表层形式和深层内容，并将每一个维度细化为若干

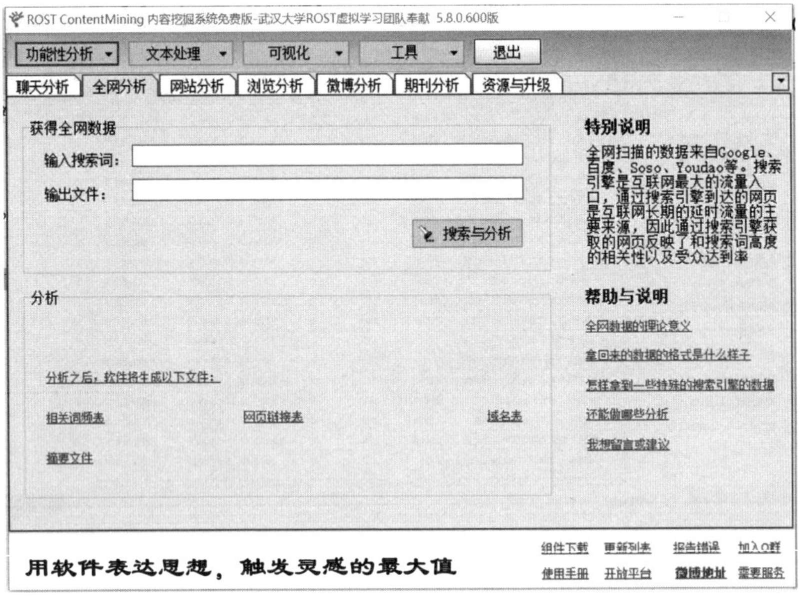

图 2-2　内容挖掘软件 ROST CM6 操作界面

个可操作性的指标；其次，基于已有的研究成果，针对各个维度的各项指标提出假设；再次，借助数据统计和文本挖掘软件对假设分别进行检验；最后，通过检验结果，分析高校微信公众号各个维度之间的异同，总结出相应的传播策略。

高校微信公众号的固有属性是指高校微信本身所具备的较为固定的属性，一般在微信账号被搜索到后显示的主页中会提供相应信息。林升梁和李园（2015）在《新浪微博汽车品牌粉丝数影响因素的实证研究》一文中将微博汽车品牌的固有属性细分为11个变量。① 基于此，本书结合微信公众号的性质，将高校微信公众号的固有属性划分为"开通年月""微信号名称""公众号功能""公众号类型""客服电话""客服人员""账号主体""商标保护""高校级别""品牌强度""相关小程序""公众号昵称是否与高校名称完全一致""品牌显著标签""官方认证""开通时长"，共计15个变量。

---

① 林升梁，李园. 新浪微博汽车品牌粉丝数影响因素的实证研究［J］. 新闻大学，2015（4）：110.

微信公众号的表层形式是对高校微信传播形式最为直观的展现。实际上，对于表层形式的考察，早先就有学者选取报纸等传统媒体作为研究对象，例如，林升梁（2013）在《改革开放以来〈人民日报〉等四报广告表层形式比较》一文中，分别对报纸广告的数量、版面位置、版面大小、设计变化、色彩变化、图文比例等方面进行了统计与描述。① 之后逐渐在微博等新媒体领域展开相应研究，林升梁和张晓晨（2014）在研究微博粉丝数影响因素时，就对200位新闻传播知名学者新浪微博的表层形式进行考察，抽取出囊括"发布微博总数""微博发布密度""原创微博数""原创微博密度"等在内的17个变量。② 本书在此基础上根据高校微信公众号特点，将其调整为"发布推文数""发布推文密度""每月发布推文数""每月发布推文密度""各个时段发布推文数""各个时段发布推文密度""原创推文数""原创推文密度""总阅读数""头条阅读数""头条日均阅读数""头条篇均阅读数""篇均阅读数""日均阅读数""最高阅读数""总点赞数""头条点赞数""头条日均点赞数""头条篇均点赞数""篇均点赞数""日均点赞数""最高点赞数""总在看数""头条在看数""头条日均在看数""头条篇均在看数""篇均在看数""日均在看数""最高在看数""包含图片推文数""包含图片推文密度""包含视频推文数""包含视频推文密度""包含音频推文数""包含音频推文密度""包含链接推文数""包含链接推文密度"，共计37个变量。

微信深层内容是对高校微信公众号推送内容的深入考察。林升梁和雷超越（2015）在对四大国有银行微信的深层内容进行分析时，将微信推送内容细分为"产品信息""品牌形象""直接促销""活动策划""生活信息""新闻消息""其他"7大类。③ 韦玉玲（2016）在《高校微信公众号传播内容研究》一文中观察并整理了6所高校微信公众号的内容，归纳出"校内资讯""校外资讯""生活服务""名师名友""文艺美文"5大类选题。④ 本研究在前人研究的基础

---

① 林升梁.改革开放以来《人民日报》等四报广告表层形式比较［J］.徐州工程学院学报（社会科学版），2013，28（1）：88-94.
② 林升梁，张晓晨.个人微博粉丝数影响因素的实证研究［J］.新闻与传播研究，2014，21（3）：68-78.
③ 林升梁，雷超越.四大国有银行微信营销传播策略比较研究［J］.品牌，2015（9）：69.
④ 韦玉玲.高校微信公众号传播内容研究［D］.西安：西北大学，2016：18.

上，对高校微信推送内容进行前测，进一步将深层内容调整并细化为30大类，它们分别是："思想政治类""形象宣传类""校园建设类""校生互动类""领导讲话类""师生寄语类""合作交流类""校园荣誉类""科研成果类""教学成果类""生活资讯类""人物风采类""历史文化类""校园风景类""教工生活类""学生活动类""就业升学类""通知告示类""人事变动类""讲座信息类""节假庆典类""书文选送类""影视推荐类""平台互动类""数据分析类""综合成果类""趣味段子类""新闻合辑类""疫情相关类""其他类"，由这30大类的微信数和微信推文密度构成考察高校微信深层内容的60个变量，再加上年度关键词分析，共构成深层内容61个变量。

仅对微信推送内容进行归类性质的整理，尚缺乏从全局的视角来审视微信深层内容进而考究其传播特性与规律，需要更为系统全面的研究操作来弥补这一缺憾。在前人针对微博这一新媒体平台的传播内容进行研究时，语义网络分析这一方法已经得到了一定范围的应用。E. J. Yuan 等人（2013）通过语义网络分析新浪微博上关于隐私话题的内容，系统地考察微博平台的传播内容后发现处于社会转型时期，用户对隐私的界定正在发生改变。[1] 但基于微信平台的语义网络相关研究仍有待拓展与深入。已有的研究中，语义网络分析的内容来源基本都是微信公众号。纪娇娇等人（2015）在探讨微信公众平台对转基因这一热点话题的报道时，结合语义网络分析更直观地呈现了媒体和公众的关注点。[2] 同样地，卓敏和吴建平（2016）也是运用语义网络来探究微信上的雾霾段子，挖掘当代青年对于雾霾问题的关注点与偏向性，并进一步辅助于情感分析。[3] 鉴于目前语义网络分析在微信平台上的使用情况，本研究在对高校微信公众号推送的深层内容进行指标归类的基础上，增加了词频统计以及语义网络分析两项操作，用以探讨高校微信推送内容的传播侧重点或特征，进而完成对各高校微信传播内容的整体归纳。

---

[1] Yuan E J, Feng M, Danowski J A. "Privacy" in Semantic Networks on Chinese Social Media: The Case of Sina Weibo [J]. Journal of Communication, 2013, 63（6）：1011-1031.

[2] 纪娇娇，申帆，黄晟鹏，等. 基于语义网络分析的微信公众平台转基因议题研究 [J]. 科普研究，2015, 10（2）：21-29.

[3] 卓敏，吴建平. 当代青年雾霾段子语义网络分析与情感可视化研究——基于微博、微信用户 [J]. 中国青年研究，2016（8）：10-19.

第四节 指标的信度和效度

一、指标的信度

指标的信度是指指标是否具有一致性、稳定性、可重复性。本研究在对指标的信度进行考察时，笔者邀请到5位编码员，分别对高校微信公众号的固有属性、表层形式、深层内容进行考察，信度系数为0.96，可见研究指标可靠程度高。据此可以确认，本研究所设定的指标具有较高信度。

二、指标的效度

指标的效度反映的是指标设置的科学性，即设定的指标能否准确衡量要考察的事物。本研究在对指标的效度进行考察时，综合了前人的多项研究思路与成果（如第三节所述），并结合3位专家给出的量化经验及建议。由此，本研究设定的指标内容得到充分讨论，具有一定的科学性。

第三章

分析与讨论

第一节　固有属性

一、固有属性相关指标说明

高校微信公众号固有属性相关变量说明及编码标准如表3-1所示。

表3-1　高校微信公众号固有属性相关变量说明及编码标准

样本信息分类	变量分类	设立依据及补充说明
固有属性	开通年月	该高校微信公众号开通的年份与月份
	微信号名称	能搜索到的微信公众账号的名称
	公众号功能	该公众号的主要属性、服务对象、开通目的、校名、校训、校况、愿景等介绍
	公众号类型	订阅号、服务号或企业号
	客服电话	是否标注公众号负责人的联系方式
	客服人员	是否注明公众号联系人信息
	账号主体	是否注明高校或其他校内机构名称
	商标保护	公众号名称是否注册商标
	高校级别	是否是"985工程""211工程"或者"双一流"高校

续表

样本信息分类	变量分类	设立依据及补充说明
固有属性	品牌强度	2020年12月27日艾瑞深研究院中国校友会网发布的中国大学综合实力排行榜
	相关小程序	微言教育或高校导览等相关小程序
	公众号昵称是否与高校名称完全一致	公众号昵称是否与该高校的名称完全一致
	品牌显著标签	公众号头像是否与高校校徽一致
	官方认证	一般条件下，官方认证过的微信具有较高权威信任度，容易获得关注
	开通时长	计算时间从公众号开通之日算起，截至2020年1月1日0时（以"天"为计算单位）

相关补充说明：

1. 微信号

微信号是微信公众平台具有唯一性的标识，目前，微信号的设置不支持中文格式，是以一串字符组成的账号（可以使用6~20个字母、数字、下划线和减号），且设置成功后将无法修改。[①] 微信号的设置能够增加用户检索的渠道。

2. 公众号类型

微信公众平台的账号类型可分为订阅号、服务号和企业号三种。订阅号倾向于传递资讯，适用于个人及组织，每天可群发一条消息；服务号倾向于提供服务与交互，为企业、组织提供更强大的服务和用户管理能力，每个月可群发四条消息；企业号则主要应用于公司内部通信，助力于企业和组织内部各层级的联系建立，消息发送无限制。个人或组织需要依据自身的实际情况选择合适的公众号类型进行信息传播。

[①] 李伟超，毕丽萍，贾艺玮. 近两年我国高校图书馆微信服务现状及策略研究 [J]. 图书馆学研究，2016（20）：65.

3. 商标详情

微信公众平台的商标保护是与公众号名称相关联的一种机制，以确保公众号"名称唯一，合法使用"。拥有商标保护的公众号更具辨识度与权威性，服务定位明晰，有利于知识产权保护的开展和责任主体的明确。

4. 高校级别

高校细分为"985工程"高校、"211工程"高校、"双一流"高校三层。针对高校的建设与发展，国家曾陆续出台了多项重大战略决策，其中包括"985工程""211工程"以及近期的"双一流"[1] 建设。国家级的重大战略部署往往被视为评判高校的权威标准，高校被纳入国家级重大决策中，一方面可以促进自身的建设与发展，另一方面也彰显自身的实力与地位。

5. 品牌强度

高校的品牌强度可视为高校的综合实力情况。目前，国内影响较为广泛的高校排行榜有武书连榜和校友会榜。从两大排行榜的指标体系来看，武书连榜注重教学和自然科学，以产出指标为主，易模糊不同大学之间的特色，且对师资力量和学校声誉的考察尚显薄弱。而校友会榜涵盖了中国大陆、香港、台湾、澳门高校的情况，以及纳入"社会影响"的指标，并进行分区、分类、分级、分层评价，对高校的评价层面相较于武书连榜更为丰富完善。[2] 故而，本书在此采用由艾瑞深研究院中国校友会网大学研究团队编写完成的《2018中国大学评价研究报告——中国高考志愿填报指南（校友会版）》中对中国高校的评估和排名。

6. 小程序

微信小程序是依托于微信平台，不需要下载安装即可使用的应用，用户通过搜索或者扫一扫即可打开，于2017年1月正式发布。微信公众号可以与小程序进行关联，以提供给用户更多更优的服务。

7. 公众号昵称

公众号的昵称即微信公众号在微信平台的推送列表中显示的名称，例如，

---

[1] "双一流"是世界一流大学和一流学科的简称。
[2] 李秋萍，吴均，何其迅，等. 浅谈我国高校评价排行榜指标体系的现状及建议 [J]. 医学教育管理，2016，2 (4)：589.

北京大学的微信公众号昵称为"北京大学"。公众号昵称可设置4~30个字符，只能包含中文、英文和数字，且不得侵犯商标权利，即不能与已完成商标注册的公众号昵称重复。

8. 官方认证

微信官方认证，俗称"加V"，是腾讯对公众号主体所提交的主体信息、资质文件的真实性与合法性进行书面甄别与核实的过程，其认证有效期为一年。官方认证后的微信公众号在被搜索时，会在搜索结果中靠前显示，提升关注度，同时还可获得微信平台开放的高级功能接口，以便提供更多有价值的服务。

二、假说形成

微信公众号的开通时间点在一定程度上能够反映出高校对创新宣传工作是否具有敏感性和前瞻性。在有关高校微信公众号的研究中，涉及开通时间的研究集中于高校图书馆微信公众号，且多在个案研究中体现，缺乏比较研究。基于张骏毅等人（2014）对"211工程"高校图书馆微信公众平台的分析，高校图书馆微信开通有相对集中的时间，且存在滞后问题，适应新信息环境的时间较长。[①] 类似地，本书认为"开通时间"应作为高校官方微信的考量指标，并提出以下假设：

H_{1-1}：高校微信公众号的开通时间相对集中且有滞后性。

因微信号在设置上具有排他性，微信号名称往往各式各样。不过，目前有学者在归纳微信号设置特点上做了有益尝试。李伟超等人（2016）在《近两年我国高校图书馆微信服务现状及策略研究》一文中考察了高校图书馆的微信号设置，发现大部分是以"学校英文名称首字母小写+图书馆英文小写"命名，并指出设置微信号名称应兼顾简短性和权威性。[②] 董思聪（2017）根据微信号的字符组成对高校官方微信号名称进行了归类，分为纯字母类型、"字母+数字"类型和带符号类型，并认为微信号名称设置形式不是关键，彰显学校的价值理

---

① 张骏毅，等. "211工程"高校图书馆微信应用现状分析与对策研究 [J]. 图书馆学研究，2014（6）：29-34.

② 李伟超，毕丽萍，贾艺玮. 近两年我国高校图书馆微信服务现状及策略研究 [J]. 图书馆学研究，2016（20）：63, 65.

念即可。① 基于已有研究，本书把"微信号名称"纳入固有属性的指标中，并提出以下假设：

H_{1-2}：高校微信号名称的设置蕴含多种形式，但都能够体现高校各自的理念与特色。

点开微信公众号的详情界面，往往能在微信公众号下面看到"功能介绍"一栏。微信公众号的功能介绍通常表述的是微信公众号自身的定位。曹世生在以华中师范大学官方微信为例的高校官方微信公众号运营策略研究中指出，华中师范大学"发布校园资讯、服务学校师生、丰富校园文化、联络校友感情、回应社会关切、传播华师声音"的功能介绍，体现了服务对象、主要功能、发展目标多层次的内容，实现了精准的定位。据此，本书将对"公众号功能"这一指标进行描述，并提出以下假设：

H_{1-3}：高校微信公众号均有功能介绍，并且彰显了公众号的定位。

微信公众号运营方会根据自身定位及所能提供的服务，对公众号类型进行选择，因而由公众号类型也可以窥见组织进行信息传播时的偏向。已有的对高校官方微信公众平台的研究中，均发现高校官方微信公众号在类型选择上表现得较为统一——以订阅号作为资讯传递的方式。田晓夏（2016）在《高校微信公众平台传播现状研究》一文中指出，订阅号能够保证每天至少推送一组信息，发布内容可在短期内产生效果，影响力较高、互动性较强、用户点击阅读和转发量也相对较高，因而在高校新闻宣传工作中应用广泛。② 基于目前的研究成果，本书将高校微信公众号的"公众号类型"列为固有属性的变量进行考察，提出以下假设：

H_{1-4}：高校微信公众号需要与学生群体形成较好的黏性，均选择订阅号进行信息传播。

韩媛媛（2015）在研究高校图书馆微信公众平台的开发设计时指出，微信号后台拥有客服接口，设计"联系客服"的功能可以为用户提供咨询与获取帮

---

① 董思聪. "985工程"高校官方微信公众号传播研究［D］. 湘潭：湘潭大学，2017：11.
② 田晓夏. 高校微信公众平台传播现状研究［D］. 西安：陕西师范大学，2016：17.

助的渠道。① 因而本书基于对高校官方微信公众号"客服电话"和"客服人员"的调查，提出以下假设：

H_{1-5}：高校微信公众号均设置了客服电话和客服人员，可实现用户一对一咨询的需求。

账号主体和经营范围是对申请微信公众号的传播主体进行描绘的变量。鉴于本书对高校微信公众号的界定，将"账号主体"和"经营范围"放入固有属性中进行考证，并提出以下假设：

H_{1-6}：高校微信公众号的账号主体均为高校本身。

H_{1-7}：高校微信公众号均包含商标详情，具备了相应的知识产权保护意识。

陈文飞（2016）在《微信公众号传播效果的影响因素研究》一文中认为，传播主体层面的"账号主体的公信力和知名度"是影响微信公众号传播效果的因素之一，并指出随着公众号数量的增多，具有一定公信力和知名度的传播主题重要性更为凸显。② 雷鸣和李贝琪（2017）在考察大学出版社微信公众平台的传播效果时，将传播主体细分为"C9 高校""985/211 高校""其他高校"三类，发现"C9 高校"出版社微信公众号的推文阅读量普遍较高，影响显著。③ 基于此，本书将"高校等级"和"品牌强度"纳入固有属性的考察范畴，并提出以下假设：

H_{1-8}：高校微信公众号传播力强的高校自身等级也高。

H_{1-9}：高校微信公众号传播力强的高校自身品牌强度同样名列前茅。

陈琪和卢佩华在《微信小程序的传播效果分析》一文中认为，小程序是优于 APP 客户端的轻量应用程序，对传播者与受传者来说意味着一种新方式与新服务。④ 喻国明和梁爽（2017）在探讨微信小程序与轻应用时指出，以小程序（Mini Program or Mini APP）为代表的轻应用（Light APP）的存在意义在于在

---

① 韩媛媛. 微信公众平台在高校图书馆中的开发设计研究［D］. 武汉：华中师范大学，2015：55.
② 陈文飞. 微信公众号传播效果的影响因素研究［J］. 新闻研究导刊，2016，7（24）：80.
③ 雷鸣，李贝琪. 大学出版社微信公众平台传播效果影响因素研究［J］. 现代出版，2017（6）：34.
④ 陈琪，卢佩华. 微信小程序的传播效果分析［J］. 新闻研究导刊，2017，8（23）：70.

"场景复现"中不断丰富产品价值和功能意义,通过"场景服务"不断深化用户与社会的嵌入、互动关系,目前,轻应用已渗透进教育、投资、娱乐、购物等领域。① 鉴于目前微信小程序的应用情况,本书将考察高校微信公众号的"相关小程序",并提出以下假设:

H_{1-10}:高校微信公众号均有相关小程序,以强化"场景服务"和深化与用户的互动关系。

用户在关注微信公众号时,采取的方式通常是扫码关注或是关键词搜索。与微信号同样作为搜索途径的公众号昵称,是最直接的一种搜索方式。甘月童的《对"985工程"高校微信公众号的研究》一文发现,绝大多数的高校官方微信使用了高校的全称作为微信公众号的昵称,同时认为以学校的全称进行命名,更易被搜索进而被关注。② 因而,本书将高校的微信公众号昵称作为变量之一进行描述,提出以下假设:

H_{1-11}:高校微信公众号的昵称均与高校的全称保持一致,用户在进行关注操作时容易被搜索到。

微信公众号头像的设置也是固有属性当中的重要一环,头像可以影响到搜索、关注操作中用户的第一印象,往往能够折射出高校的整体形象。但对微信公众号的研究中,探讨头像设置的研究较为贫乏。其中,任杰、徐树新(2017)③和张美娜(2017)④的研究聚焦于高校图书馆微信公众平台,都将头像设置作为指标,归纳出三种主要类型:图书馆馆徽、图书馆建筑、学校校徽。董思聪(2017)通过对39所"985工程"高校官方微信公众号头像的观察,总结出头像的设置主要集中在学校校徽、校园建筑和卡通形象上,其中学校校徽占据82%,因其最能代表高校自身精神,有利于提高高校品牌的辨识度。⑤ 据

---

① 喻国明,梁爽.小程序与轻应用:基于场景的社会嵌入与群体互动[J].武汉大学学报(人文科学版),2017,70(6):125.
② 甘月童.对"985工程"高校微信公众号的研究[J].青年记者,2016(9):47.
③ 任杰,徐树新.内蒙古地区高校图书馆微信公众平台现状调查与分析[J].图书情报导刊,2017,2(1):33.
④ 张美娜.微信公众平台在辽宁省高校图书馆应用现状及建议[J].沈阳工程学院学报(社会科学版),2017,13(2):264.
⑤ 董思聪."985工程"高校官方微信公众号传播研究[D].湘潭:湘潭大学,2017:14.

此，本书将对高校微信公众号的头像设置进行考察，以判定高校是否具有商标意识，并提出以下假设：

H_{1-12}：高校微信公众号的头像设置以校徽为主，绝大多数高校微信公众号具有商标意识。

Sussman S. W. 和 Siegal W. S. （2003）在基于技术接受模型（TAM）所做的调查研究中发现，信源的可信度（Source Credibility）对信息的传播过程会产生显著的影响。[1] 方婧和陆伟（2016）在《微信公众号信息传播热度的影响因素实证研究》一文中探寻微信公众号信息传播用户层面的影响因素时指出，微信公众号的可信度可以通过是否完成认证来判别，这将直接影响用户的关注行为以及后续的传播效果。[2] 故而，本书将"官方认证"作为固有属性的一项指标，提出以下假设：

H_{1-13}：高校微信公众号均已完成官方认证，具有较高的可信度，容易获得关注并提升传播的可能性。

王福军等人（2016）在《中国高校医学期刊微信公众平台应用现状调查分析》一文中指出，开通时长是微信公众平台整体的运营情况的体现，开通时间越长，则运营状况越好，技术掌握程度越高，并对高校各类医学期刊微信公众号的平均开通时长进行了统计。[3] 鉴于此，本书认为"开通公众号的总天数"应作为高校微信公众号固有属性的指标之一，并提出以下假设：

H_{1-14}：高校微信公众号均有较长的开通时长。

三、统计分析

（1）H_{1-1}：高校微信公众号的开通时间相对集中且有滞后性。

在考察了12所高校微信公众号的开通时间后，结果如表3-2所示。

---

[1] Sussman S W, Siegal W S. Informational Influence in Organizations: An Integrated Approach to Knowledge Adoption [J]. Information Systems Research, 2003, 14 (1): 47-65.
[2] 方婧，陆伟. 微信公众号信息传播热度的影响因素实证研究 [J]. 情报杂志, 2016, 35 (2): 158.
[3] 王福军，冷怀明，郭建秀，等. 中国高校医学期刊微信公众平台应用现状调查分析 [J]. 凯里学院学报, 2016, 34 (1): 111.

表 3-2 12 所高校微信公众号开通时间汇总

高校名称	开通年月	高校名称	开通年月
上海交通大学	2012 年 11 月	西安交通大学	2013 年 3 月
电子科技大学	2013 年 3 月	中国海洋大学	2013 年 6 月
天津大学	2013 年 9 月	浙江大学	2013 年 9 月
北京大学	2013 年 12 月	清华大学	2013 年 12 月
武汉大学	2014 年 3 月	厦门大学	2014 年 4 月
北京航空航天大学	2014 年 5 月	四川大学	2014 年 5 月

从时间的跨度上来看，最早开通微信公众号的是上海交通大学，开通时间为 2012 年 11 月；而开通最晚的是四川大学和北京航空航天大学，开通时间均为 2014 年 5 月。由是观之，各大高校对微信这一新兴传播媒介的敏感程度存在较大差距。微信公众平台自 2012 年 8 月正式上线，上海交通大学敏锐地感知到微信公众平台传播资讯的潜力，于同年 11 月就开通了微信公众号，而大部分高校微信公众号均于一年后才陆续上线，存在一定的滞后性。

从时间的集中程度上来看，2013 年 3 月至 2013 年 12 月这一时间段开通微信公众号的高校最多，共有 7 所，表明高校微信公众号有相对集中的开通时间。

（2）H_{1-2}：高校微信号的设置蕴含多种形式，但都能够体现高校各自的理念与特色。

12 所高校微信号的设置如表 3-3 所示。

表 3-3 12 所高校微信号汇总

高校名称	微信号	高校名称	微信号
上海交通大学	love_SJTU	西安交通大学	My_XJTU
电子科技大学	UESTC_xwzx	中国海洋大学	ouc1924
天津大学	tianda1895	浙江大学	zdnews99
北京大学	iPKU1898	清华大学	THU1911-BJ
武汉大学	luojia1893	厦门大学	xmu_1921
北京航空航天大学	BUAA_1952	四川大学	scuweixin

从形式上来看，高校微信号的设置呈现出多种样式，大致可分为四种类型：

纯字母；仅含字母和数字；仅含字母和特殊符号；含有字母、数字和特殊符号。除四川大学（scuweixin）是纯字母类型之外，其余高校的微信号设置均是组合类型。其中，仅含字母和数字的类型有 5 所高校，仅含字母和特殊符号的类型有 4 所高校，含有字母、数字和特殊符号的类型有 2 所高校。此外，为了便于检索，微信号的设置不会过于冗长，可以发现 12 所高校的微信号长度均未超出 10 个字符（不含 10 个）。

从内容上来看，不难发现，高校在微信号中均结合了自身特色。一方面，字母部分主要彰显高校名称，或是高校名称的拼音，例如，天津大学（tianda1895）；或是高校的英文缩写，例如，电子科技大学（UESTC_xwzx）；或是高校的别称，例如，武汉大学以珞珈山中的"珞珈"二字作为别称，微信号设置即为"luojia1893"。另一方面，数字部分主要体现高校的创立时间，例如，北京大学（iPKU1898）、厦门大学（xmu_1921）；也有反映区分类似微信号的目的，例如，浙江大学（zdnews99）。

微信号作为识别高校微信公众平台的标识之一，具备唯一性。所以，简洁而多变的形式再融入高校的独特元素，成为高校微信公众号的主流设置理念。

（3）H_{1-3}：高校微信公众号均有功能介绍，并且彰显了公众号的定位。

12 所高校微信公众号的功能介绍汇总结果如表 3-4 所示。

表 3-4　12 所高校微信公众号功能介绍汇总

高校名称	功能介绍	高校名称	功能介绍
上海交通大学	这里是"图、文、影、音"并茂的高教信源、时政平台、微型课堂，用图解、短文、视频、语音等灵活形式推送媒体信息。欢迎关注上海交通大学！	西安交通大学	西安交通大学是国家教育部直属重点大学，为我国最早兴办的高等学府之一。
电子科技大学	电子科技大学官方微信。我们将以服务师生、贴近师生为宗旨，及时为校内广大师生、校友及关注学校发展的各界人士提供校园新闻资讯以及形式多样的信息服务，第一时间发送校园重大事件、新闻热点、信息公告等内容。	中国海洋大学	中国海洋大学是一所海洋和水产学科特色显著、学科门类齐全的教育部直属重点综合性大学，是国家"985 工程"和"211 工程"重点建设的高校，2017 年 9 月入选国家"世界一流大学建设高校"（A 类）。

37

续表

高校名称	功能介绍	高校名称	功能介绍
天津大学	天津大学始建于1895年，是中国第一所现代大学。家国情怀，兴学强国是天大人不变的追求。	浙江大学	"国有成均，在浙之滨。"今天的浙江大学，正努力建设世界一流的综合型、研究型、创新型大学。学校将秉承求是创新精神，致力于创造与传播知识、弘扬与传承文明、服务与引领社会，积极推动国家繁荣、社会发展和人类进步。
北京大学	发布北大权威信息，展示北大校园生活，服务广大师生校友。	清华大学	自强不息，厚德载物。这里是清华大学！
武汉大学	武汉大学官方公众平台。	厦门大学	"自强不息 止于至善"，厦门大学官方公众平台。
北京航空航天大学	"德才兼备，知行合一。"北京航空航天大学官方公众平台，推送校园资讯、展示师生风貌、分享科教动态、传播大学文化。感谢您的关注！	四川大学	海纳百川，有容乃大。

根据表3-4的汇总结果，高校微信公众号均对功能介绍进行了描述，但各个高校比较来看，功能介绍中对微信公众号定位的清晰程度存在显著差异。笔者根据12所高校微信公众号功能介绍的具体内容，大致将其归纳为三个层级：第一层级，表述隶属关系，仅简洁直白地传达传播主体"是谁"或校训，代表高校有清华大学、武汉大学、厦门大学、四川大学；第二层级，在给出隶属关系的同时，对传播主体的历史和愿景有更为翔实的描述，代表高校有浙江大学、西安交通大学、天津大学、中国海洋大学；第三层级，在体现隶属关系的同时，对传播功能、服务对象等方面有进一步的阐释，代表高校有上海交通大学、北京航空航天大学、电子科技大学、北京大学。

对微信公众号而言，首要的是具备清晰的自我定位与受众定位。从上述三个层级来看，显然第三层级的功能介绍对公众号的定位描述最为清晰，第一层级和第二层级在彰显公众号自身定位方面较为模糊。

（4）H_{1-4}：高校微信公众号需要与学生群体形成较好的黏性，均选择订阅号进行信息传播。

笔者通过关注12所高校的微信公众号后发现，12所高校微信公众号类型均为订阅号。

订阅号往往附带着媒体属性，能够通过优质的内容及服务与用户建立良好的关系，从而建构起自身的品牌形象。① 订阅号无论在搭建高校与学生群体的沟通平台方面，还是在宣传、塑造高校自身品牌形象方面，均能起到相应作用，因而，高校微信公众平台通常选择以订阅号来传播资讯。

（5）H_{1-5}：高校微信公众号均设置了客服电话和客服人员，可实现用户一对一咨询的需求。

笔者分别进入12所高校微信公众号的详情页面进行查看，发现武汉大学对客服电话和客服人员均进行了标注，浙江大学对客服电话进行了注明，但未注明客服人员，其余高校都未对客服电话和客服人员进行设置。说明目前高校微信公众号还未对客服系统给予足够的关注，在服务的完善程度上有待进一步提升。

（6）H_{1-6}：高校微信公众号的账号主体均为高校本身。

查看微信公众号的详情页面中的"账号主体"一栏，12所高校微信公众号的账号主体均显示高校名称，这说明高校微信公众号的传播主体即是高校自身，而非高校中的其他诸如图书馆、学生处等机构。

（7）H_{1-7}：高校微信公众号均包含商标详情，具备了相应的知识产权保护意识。

查看12所高校微信公众号的详情页面后发现，12所高校中只有清华大学（商标名称为清华）1所高校拥有商标详情，这表明在建设官方微信公众号时，仅有小部分高校考虑到商标保护问题，大多数高校尚缺乏知识产权保护意识。

（8）H_{1-8}：高校微信公众号传播力强的高校自身等级也高。

通过对12所高校的级别进行考察，得到表3-5所示的结果。

---

① 付嘉鑫.地方高校官方微信平台使用与满足研究［D］.重庆：重庆师范大学，2016：10.

表 3-5　12 所高校级别汇总

高校名称	高校级别	高校名称	高校级别
上海交通大学	"985 工程"高校、"211 工程"高校、"双一流"高校	西安交通大学	"985 工程"高校、"211 工程"高校、"双一流"高校
电子科技大学	"985 工程"高校、"211 工程"高校、"双一流"高校	中国海洋大学	"985 工程"高校、"211 工程"高校、"双一流"高校
天津大学	"985 工程"高校、"211 工程"高校、"双一流"高校	浙江大学	"985 工程"高校、"211 工程"高校、"双一流"高校
北京大学	"985 工程"高校、"211 工程"高校、"双一流"高校	清华大学	"985 工程"高校、"211 工程"高校、"双一流"高校
武汉大学	"985 工程"高校、"211 工程"高校、"双一流"高校	厦门大学	"985 工程"高校、"211 工程"高校、"双一流"高校
北京航空航天大学	"985 工程"高校、"211 工程"高校、"双一流"高校	四川大学	"985 工程"高校、"211 工程"高校、"双一流"高校

表 3-5 的结果显示，12 所高校所处等级均类似，都为"985 工程"高校、"211 工程"高校、"双一流"高校。这表明得益于它们天然的学校等级背书，高等级的高校十分重视微信公众号的建设，它们之间的竞争也十分激烈。

高校自身所处等级实际上与高校官方微信公众号传播是一种相辅相成的关系。一方面，高校自身所处等级高，意味着高校拥有较为丰厚的教育资源、相对成熟的建设团队，且在社会上具有一定的知名度，"名校效应"进而能够助力于包括微信公众号在内的一系列新媒体平台形成相应的影响力；另一方面，早先的"985 工程"和"211 工程"等高校等级评判政策已被"双一流"建设所取代，高校等级的划分已不再从静态层面进行，而是动态层面的操作。① 这意味着高校所处的等级是会发生变动的，这样的机制将激发高校的自我完善与提升。作为新媒体平台的高校微信公众号，其运营与建设受到高校重视，孕育出强大的传播力，达到宣传高校乃至塑造一定社会影响力的效果，从而促进高校所处等级的进一步提升。因此，传播力强的高校微信公众号，其所代表的高校等级同样高。

（9）H_{1-9}：高校微信公众号传播力强的高校自身品牌强度同样名列前茅。

通过艾瑞深中国校友会网发布的《2020 中国大学评价研究报告——中国高考志愿填报指南（校友会版）》中"2020 中国大学排行榜"，获得 12 所高校整体排名情况如表 3-6 所示。②

表 3-6　12 所高校品牌强度汇总

高校名称	品牌强度（名）	高校名称	品牌强度（名）
上海交通大学	6	西安交通大学	15
电子科技大学	34	中国海洋大学	41
天津大学	10	浙江大学	4
北京大学	1	清华大学	2
武汉大学	10	厦门大学	23
北京航空航天大学	21	四川大学	18

由表 3-6 可以看出，12 所高校的品牌强度虽然都进入前 50 名，且排名相对靠前，但高校之间的排名差距较为显著。将 12 所高校品牌强度的排名与 2020 年《中国青年报》的高校微信公众号排行榜进行对比后发现，高校微信公众号的传播力与高校品牌强度之间与之并无必然联系。由是观之，高校品牌强度由多种因素构成，微信公众号的传播力无法决定品牌强度排名，反过来，品牌强度也无法印证高校的传播力。

（10）H_{1-10}：高校微信公众号均有相关小程序，以强化"场景服务"和深

---

① 谭畅，郑可书."双一流"名单公布，比 985、211 多了什么？［EB/OL］.南方周末，2017-09-21.
② 艾瑞深研究院.校友会 2020 中国大学排行榜 1200 强揭晓，清华北大人大晋升世界一流大学［EB/OL］.搜狐网，2021-02-05.

化与用户的互动关系。

通过查看 12 所高校微信公众号的详情页面，发现均有与高校微信公众号相关的小程序，详细汇总结果如表 3-7 所示。

表 3-7 12 所高校官方微信公众号相关小程序汇总

高校名称	相关小程序	高校名称	相关小程序
上海交通大学	交大校园导览、知行安泰、SI 服务、上海交大安泰高管教育、上海交大安泰高管教育营销管理、上海交通大学年鉴、走进李政道图书馆、上海交通大学绿色爱心屋、青年之声权益平台、走进思源阁、校园会议订餐、SJTU 新年签、SJTU 思源百年文创精英赛、微言教育等	西安交通大学	西安交大校园导览、西安交通大学管理学院校友卡、微言教育等
电子科技大学	成电学生在线、求实求真、成电后勤商易购服务、成电智慧学工、成电 LIVE、成电后勤管理、UESTCGIS、成电建校 64 周年头像、掌上成电、成电 e 沙龙、科大后勤等	中国海洋大学	中国海洋大学本招办、走近中国海洋大学图书馆等
天津大学	天津大学、天津大学 PLIS、天大校园卡服务、天津大学招生宣传行程、天津大学校园导览、天津大学图书馆用户绑定、天津大学图书馆数字阅读、天大统一登录、微言教育等	浙江大学	浙江大学实验室安全检查、浙江大学广播电视台周年庆、ZJUBTV 请假系统、浙大学生节、竺青年查询平台、浙大外院布劳沃德国际课程中心、浙江大学医学院会议培训注册、微言教育等
北京大学	参观北大、微言教育、北京大学勺园餐厅、北京大学图书馆、北大空间、北大校友、北大人脸采集、北大密码重置、北大青年、北大手机绑定、北大燕缘学堂等	清华大学	清华大学、参观清华、清华紫荆、微言教育等

续表

高校名称	相关小程序	高校名称	相关小程序
武汉大学	在武大、武大智慧岛、武大梦想珈、武大日报平安、武大产学研、武大招办、武汉大学毕业墙、武汉大学图书馆、武汉大学招生办公室、武汉大学校园导览试用版、微言教育等	厦门大学	厦门大学、厦门大学通行码、厦门大学智慧教务、厦门大学学生会、厦门大学MBA、厦门大学经济学科、厦门大学科技处、厦大人等
北京航空航天大学	北京航空航天大学、北航校友、北航勤工俭学、北航失物招领、北航能动学院会议预约系统等	四川大学	四川大学干部培训、慢阻肺管理端、微言教育等

由表3-7可知，除电子科技大学、中国海洋大学、厦门大学、北京航空航天大学外，其余高校均有相关微言教育小程序。教育部于2017年9月8日借助腾讯微信平台推出"微言教育"小程序，同时开展社交化活动"致敬！老师"。[①] 2017年9月27日，教育部新闻办、新闻中心在"新平台 新联动——30所高校小程序集体上线仪式暨教育政务新媒体宣传研讨会"上宣布全国近30所高校将上线专属小程序，以期为高校师生提供更优质、轻便的校园服务。[②] 除此之外，部分高校还拥有自己的导游小程序，例如，上海交通大学的"交大校园导览"包括高校的简介和地图导航，向用户更具象地展现高校自身的同时，为师生提供更便捷的定位服务；樱花是武汉大学的一大特色，其微信公众号推出的"武大智慧岛"小程序就是为游客带来更好的观樱体验而推出的，整合了位置、交通等服务信息。由此可见，高校微信公众号在推出小程序时，往往能够以提供给用户优质服务、增强互动性为目的，结合高校特色针对性地传播资讯。

（11）H_{1-11}：高校微信公众号的昵称均与高校的全称保持一致，用户在进

---

① 教育部.教育部政务新媒体"微言教育"小程序上线——推出社交化活动"致敬！老师"[EB/OL].中华人民共和国教育部，2017-09-08.

② 教育部新闻办/微言教育.教育系统微信小程序上线：近30所高校入驻，旨在服务师生[EB/OL].澎湃，2017-09-27.

行关注操作时容易被搜索到。

笔者将研究的12所高校名称分别输入微信搜索中，在公众号的搜索结果中均出现以高校全称命名的微信公众号，说明高校微信公众号的昵称均与高校的全称保持一致，易于搜索进而被关注。

（12）H_{1-12}：高校微信公众号的头像设置以校徽为主，绝大多数高校微信公众号具有商标意识。

12所高校微信公众号的头像设置如图3-1所示。

图3-1　12所高校官方微信公众号头像汇总

由图3-1可知，除了武汉大学的官方微信公众号头像为卡通人物，中国海洋大学的官方微信公众号头像为高校建筑，其余10所高校的微信公众号头像均为校徽，说明绝大多数高校微信公众号具有商标意识。

（13）H_{1-13}：高校微信公众号均已完成官方认证，具有较高的可信度，容易获得关注并提升传播的可能性。

对高校微信公众号的详情页面进行核查后，发现12所高校的官方微信公众号均已完成官方认证，表明12所高校的微信公众号均具有较高的可信度。

（14）H_{1-14}：高校微信公众号均有较长的开通时长。

12所高校微信公众号开通时长（从公众号开通之日起至2020年1月1日0时止，以天计）的统计结果如表3-8所示。

表3-8　12所高校微信公众号开通时长汇总

高校名称	开通时长（天）	高校名称	开通时长（天）
上海交通大学	2982	西安交通大学	2850
电子科技大学	2840	中国海洋大学	2752

续表

高校名称	开通时长（天）	高校名称	开通时长（天）
天津大学	2675	浙江大学	2678
北京大学	2576	清华大学	2562
武汉大学	2486	厦门大学	2461
北京航空航天大学	2479	四川大学	2406

从开通时长上来看，截至2020年年底，12所高校微信公众号的开通时长均超过2000天，说明高校微信公众号在运营上已积累了一定的经验。此外，这么长开通时长能够为进一步形成高校微信公众号自身的传播特色或制定出合适的传播策略创造时间上的条件。

四、检定结果

高校微信公众号固有属性的研究假设的检定结果如表3-9所示。

表3-9 固有属性研究假设的检定结果①

样本信息分类	研究假设	检定结果
固有属性	H_{1-1}：高校微信公众号的开通时间相对集中且有滞后性	接受
	H_{1-2}：高校微信公众号的设置蕴含多种形式，但都能够体现高校各自的理念与特色	接受
	H_{1-3}：高校微信公众号均有功能介绍，并且彰显了公众号的定位	部分拒绝
	H_{1-4}：高校微信公众号需要与学生群体形成较好的黏性，均选择订阅号进行信息传播	接受
	H_{1-5}：高校微信公众号均设置了客服电话和客服人员，可实现用户一对一咨询的需求	部分拒绝
	H_{1-6}：高校微信公众号的账号主体均为高校本身	接受

---

① 检定结果为部分接受，表示假设超过50%接受；检定结果为部分拒绝，表示假设超过50%拒绝。表层形式和深层内容的检定结果同上述标准。

续表

样本信息分类	研究假设	检定结果
固有属性	H_{1-7}：高校微信公众号均包含商标详情，具备了相应的知识产权保护意识	部分拒绝
	H_{1-8}：高校微信公众号传播力强的高校自身等级也高	接受
	H_{1-9}：高校微信公众号传播力强的高校自身品牌强度同样名列前茅	部分拒绝
	H_{1-10}：高校微信公众号均有相关小程序，以强化"场景服务"和深化与用户的互动关系	部分接受
	H_{1-11}：高校微信公众号的昵称均与高校的全称保持一致，用户在进行关注操作时容易被搜索到	接受
	H_{1-12}：高校微信公众号的头像设置以校徽为主，绝大多数高校微信公众号具有商标意识	接受
	H_{1-13}：高校微信公众号均已完成官方认证，具有较高的可信度，容易获得关注并提升传播的可能性	接受
	H_{1-14}：高校微信公众号均有较长的开通时长	接受

第二节 表层形式

一、表层形式相关指标说明

高校微信公众号表层形式相关变量说明及编码标准如表3-10所示。

表3-10 高校微信公众号表层形式相关变量说明及编码标准

样本信息分类	变量分类	设立依据及补充说明
表层形式	发布推文数	2020年1月1日0时至2021年1月1日0时止发布微信推文的总数，全文同

续表

样本信息分类	变量分类	设立依据及补充说明
表层形式	发布推文密度	发布微信推文总数÷发布微信天数（366天）
	每月发布推文数	分别统计2020年1月至2020年12月每个月发布微信推文的总数
	每月发布推文密度	每月的微信推文数÷发布微信推文总数
	各个时段的发布推文数	分别统计0—9时，9—12时，12—14时，14—18时，18—24时这五个时段的微信数
	各个时段的发布推文密度	每个时段的微信推文数÷发布微信推文总数
	原创推文数	2020年1月1日0时至2021年1月1日0时止标注为原创的微信推文总数
	原创推文密度	原创微信推文总数÷发布微信推文总数
	总阅读数	2020年1月1日0时至2021年1月1日0时止微信被阅读的总数
	篇均阅读数	微信推文阅读总数÷发布微信推文总数
	日均阅读数	微信推文阅读总数÷发布微信天数
	最高阅读数	2020年微信推文阅读数的最大值
	头条阅读数	2017年微信推文头条的被阅读总数
	头条日均阅读数	微信推文头条被阅读总数÷发布微信天数
	头条篇均阅读数	微信推文头条被阅读总数÷发布微信头条推文总数
	总点赞数	2020年1月1日0时至2021年1月1日0时止微信推文被点赞的总数
	篇均点赞数	微信推文被点赞的总数÷发布微信推文总数
	日均点赞数	微信推文被点赞的总数÷发布微信天数
	最高点赞数	2020年微信推文被点赞数的最大值
	头条点赞数	2020年微信推文头条的被点赞总数

47

续表

样本信息分类	变量分类	设立依据及补充说明
表层形式	头条篇均点赞数	微信推文头条被点赞总数÷发布微信天数
	头条日均点赞数	微信推文头条被点赞总数÷发布微信推文头条总数
	总在看数	2020年1月1日0时至2021年1月1日0时止微信推文被点在看的总数
	篇均在看数	微信推文被点在看的总数÷发布微信推文总数
	日均在看数	微信推文被点在看的总数÷发布微信天数
	最高在看数	2020年微信推文被点在看数的最大值
	头条在看数	2020年微信推文头条被点在看总数
	头条日均在看数	微信推文头条被点在看总数÷发布微信天数
	头条篇均在看数	微信推文头条被点在看总数÷发布微信推文头条总数
	包含图片推文数	发布或转发的微信推文中含有图片的数量
	包含图片推文密度	包含图片的微信推文总数÷发布微信推文总数
	包含视频推文数	发布或转发的微信推文中含有视频的数量
	包含视频推文密度	包含视频的微信推文总数÷发布微信推文总数
	包含音频推文数	发布或转发的微信推文中含有音频的数量
	包含音频推文密度	包含音频的微信推文总数÷发布微信推文总数
	包含链接推文数	发布或转发的微信推文中含有网页链接的数量
	包含链接推文密度	包含链接的微信推文总数÷发布微信推文总数

相关补充说明：

1. 原创

微信公众平台为了更好地维护著作权人的合法权益，开通了原创声明功能以保障著作权。公众号运营者自主声明原创后，系统会比对平台内已成功声明原创的文章，若比对通过，系统会自动在推文标题下打上"原创"的标识。①未包含"原创"标识的推文无法确认其是否存在抄袭之处，因此，本书对原创推文的界定为带有"原创"标识的微信推文。原创功能提升了微信公众平台的自净能力，并能进一步促进高质量信息的生产。

2. 微信传播力指数（WCI）

微信传播力指数被视为考察微信公众号整体传播力和影响力的相对科学且权威的指标，它是由清华大学沈阳教授所带领的新媒体团队研发的。截至2021年2月，WCI指数的计算公式已有三个版本，最新版本"WCI-14.0"整合了"WCI-12.0"和"WCI-13.0"两个版本的计算公式（见表3-11）。故本书在考察高校官方微信公众号的表层形式时，将最新版本的计算公式所涉及的二级指标均纳入考察维度。

表3-11 微信传播力指数（WCI）测算版本各级指标及权重（V12.0 VS V13.0）

版本	一级指标及权重	二级指标	二级权重
V12.0	阅读指数（80%）	总阅读数	40%
		篇均阅读数	45%
		最高阅读数	15%
	点赞指数（20%）	总点赞数	40%
		篇均点赞数	45%
		最高点赞数	15%
V13.0	整体传播力（30%）	日均阅读数	85%
		日均点赞数	15%
	篇均传播力（30%）	篇均阅读数	85%
		篇均点赞数	15%

---

① 腾讯.重磅！2015微信知识产权保护白皮书发布［EB/OL］.腾讯网，2016-01-11.

续表

版本	一级指标及权重	二级指标	二级权重
V13.0	头条传播力（30%）	头条（日均）阅读数	85%
		头条（日均）点赞数	15%
	峰值传播力（10%）	最高阅读数	85%
		最高点赞数	15%
V14.0	整体传播力（60%）	日均阅读数	85%
		日均点赞数	6%
		日均在看数	9%
	篇均传播力（20%）	篇均阅读数	85%
		篇均点赞数	6%
		篇均在看数	9%
	头条传播力（10%）	头条（日均）阅读数	85%
		头条（日均）点赞数	6%
		头条（日均）在看数	9%
	峰值传播力（10%）	最高阅读数	85%
		最高点赞数	6%
		最高在看数	9%

二、假说形成

冀芳和张夏恒在对 C 刊微信公众平台的统计分析和比较研究中指出，衡量消息的多寡能够反映微信公众号的活跃程度，但无法进行横向比较，因而引入"推送频率"指标。[1] 方婧和陆伟（2016）在《微信公众号信息传播热度的影响因素实证研究》一文中借鉴已有的对微博平台影响因素的研究，从用户、环境、内容三个维度入手考察微信公众号信息传播的影响因素，将推送频率（平均每日推送文章数量）纳入环境层面的影响因素进行量化统计，并指出过于频繁地

---

[1] 冀芳，张夏恒. CSSCI 来源期刊微信公众平台运营现状及优化策略［J］. 中国科技期刊研究，2016，27（7）：758.

推送文章对传播效果无益。① 陶赋雯（2016）在对福建省 26 所本科高校微信公众号的实证分析中，对微信公众号的推送频次进行了统计，发现近七成高校的推送频率达到两天一次。② 王蓓悦等人（2017）在分析高校官方微信公众号运营的现状时指出，《中国青年报》提供的排行榜数据中，靠前的高校微信公众号基本实现了日更。③ 根据已有成果，本书设置"发布推文数"和"发布推文密度"两个指标以考察高校微信公众号的推送频率，并提出以下假设：

H_{2-1}：高校微信公众号发布推文数量多，推文密度均高于 1，具有相当的活跃程度。

王正祎（2017）等人在对辽宁省高校官方微信公众号的推送内容数量进行分析时表明，推文次数和推送数量在法定节假日、纪念日和与学生有密切联系的毕业季、开学季时相对增加。④ 故而，本书在统计年度发布推文数和发布推文密度的基础上，对"每月发布推文数"和"每月发布推文密度"做更深入的探寻与分析，并提出以下假设：

H_{2-2}：高校微信公众号每月发布的推文数量均不相同。

H_{2-3}：高校微信公众号发布推文有相对集中的月，表现为有若干月的推文密度较高。

微信公众平台对推送时间的安排将会影响其用户对信息的接受程度。林升梁和雷超越（2015）在《四大国有银行微信营销传播策略比较研究》一文中分 5 个时段对四大国有银行的微信公众号推送时间进行统计分析，得出中国工商银行的微信推送比较有规律，有利于用户养成查阅习惯，推送到达率和粉丝互动性也随之提升。⑤ 韦玉玲（2016）在对高校官方微信公众号的发送时间进行研究时，结合高校师生的生活与学习特征构建了 7 个时间类目，比较 6 所高校的

---

① 方婧，陆伟. 微信公众号信息传播热度的影响因素实证研究 [J]. 情报杂志，2016，35（2）：159.

② 陶赋雯. 微信公众号运营实践与传播效果研究——基于对福建省 26 所本科高校微信公众号的实证分析 [J]. 福建论坛（人文社会科学版），2016（12）：202.

③ 王蓓悦，王莹，魏颖. 高校官方微信公众号运营的现状、困境以及对策分析——以"东华大学"为例的实证分析 [J]. 新媒体研究，2017，3（7）：58.

④ 王正祎，彭小枚，李知，等. 辽宁省高校官方微信公众平台传播内容分析 [J]. 新闻研究导刊，2017，8（3）：22-23.

⑤ 林升梁，雷超越. 四大国有银行微信营销传播策略比较研究 [J]. 品牌，2015（9）：70.

官方微信公众号推送时间后发现，虽然高校之间的推送时间存在差异，但均有相对集中的推送时间，这样有助于培养用户的接收和阅读习惯。①

本书同样通过构建时间类目，来考察高校微信公众号的推送时间分布，将高校微信推送的时间段分为5个时段，分别为凌晨0时至上午9时、上午9时至中午12时、中午12时至下午14时、下午14时至傍晚18时、傍晚18时至晚上24时，并提出以下假设：

H_{2-4}：就单独一所高校的微信公众号来看，推送时间存在分布不均的情况，会出现相对集中的推送时段。

H_{2-5}：多所高校的微信公众号比较来看，推送时间分布存在较大差异，若有相对集中的推送时段，也不尽相同。

田晓夏在《高校微信公众平台传播现状研究》一文中选取了陕西师范大学官方微信公众号阅读人数最高的10条信息，其中原创率高达70%。② 毛赟美（2015）分析中国青年政治学院、中国政法大学以及华东师范大学官方微信中阅读量高的内容特点，三所高校原创内容的传播效果均远大于其他内容。③ 可见，推送内容的原创性关乎微信公众平台的用户关注程度，是高校微信传播效果的重要影响因素。

但目前的研究发现，高校微信的原创性内容明显匮乏。张树辉、铁铮、吴鹏等学者的研究聚焦于新媒体时代大学微信公众平台，他们普遍认为，内容同质化严重是目前高校官方微信建设中存在的问题之一，究其深层原因，是微信传播内容需求量大与采编力量不足之间的矛盾。铁铮与吴鹏在研究中进一步指出，内容是微信平台的灵魂，用户的黏着性需要内容上的创新来养成。④ 董思聪（2017）在《"985工程"高校官方微信公众号传播研究》中对"985工程"高校官方微信公众号内容来源进行分析时，发现高校官方微信公众号使用原创保护功能的占比不高，对于生产原创内容的意识尚显薄弱。⑤ 据此，本书将高

---

① 韦玉玲.高校微信公众号传播内容研究［D］.西安：西北大学，2016：15-16.
② 田晓夏.高校微信公众平台传播现状研究［D］.西安：陕西师范大学，2016：28-29.
③ 毛赟美.高校微信公众平台传播内容与传播效果分析［J］.北京教育（高教），2015（11）：32-33.
④ 铁铮.大学微信［M］.北京：中国文史出版社，2016：18，58.
⑤ 董思聪."985工程"高校官方微信公众号传播研究［D］.湘潭：湘潭大学，2017：30.

校微信公众号的原创内容数量以及密度作为指标，提出以下假设：

H_{2-6}：高校微信公众号的原创内容数量占比不高、密度不大，打造原创内容的意识薄弱。

姜秀芹（2015）在《高校微信公众号发展及运营策略研究——基于高校微信公众号排行的分析》一文中表明，微信传播指数（WCI）通过微信公众号推送文章的传播度、覆盖度及公众号自身的成熟度和影响力来展现微信热度和走势。① 因而，诸多学者开始基于微信传播指数及其涉及的指标对微信公众号进行研究。李静姝等（2016）在研究华东师范大学校园内微信公众号的运营情况时，对 WCI 中的各项指标进行了统计，并进一步计算出 WCI 均值，发现在华东师范大学的校园微信中，官方微信公众号"一枝独秀"，且微信公众号之间存在较大差异。② 张卫良和张平（2017）基于 91 个高校共青团微信公众号推文，探讨了大学生对高校微信公众号的信息接受、认同差异及成因。其中，"阅读量""点赞量""WCI"均被列入分类指标中进行统计，且研究指出用户对不同类型推文的接受度（阅读量）、认同度（点赞量）和推文影响力（WCI）差异均具有统计学意义。③ 由此，本书将微信传播指数计算公式中"阅读指数""点赞指数""头条传播力"及其细化的指标纳入表层形式的研究范畴，并提出以下假设：

H_{2-7}：高校微信公众号的总阅读数能够反映高校微信公众号的传播力；

H_{2-8}：高校微信公众号的篇均阅读数能够反映高校微信公众号的传播力；

H_{2-9}：高校微信公众号的日均阅读数能够反映高校微信公众号的传播力；

H_{2-10}：高校微信公众号的最高阅读数能够反映高校微信公众号的传播力；

H_{2-11}：高校微信公众号的头条阅读数能够反映高校微信公众号的传播力；

H_{2-12}：高校微信公众号的头条篇均阅读数能够反映高校微信公众号的传播力；

---

① 姜秀芹. 高校微信公众号发展及运营策略研究——基于高校微信公众号排行的分析[J]. 湖北函授大学学报，2015，28（21）：40-41.

② 李静姝等. 基于对应因子分析法的高校微信号运营的评价[J]. 新闻研究导刊，2016，7（2）：204.

③ 张卫良，张平. 大学生对学校微信公众号的信息接受、认同差异及成因探讨——基于对 91 个高校共青团微信公众号推文的分析[J]. 现代传播（中国传媒大学学报），2017，39（12）：145.

H_{2-13}：高校微信公众号的头条日均阅读数能够反映高校微信公众号的传播力；

H_{2-14}：高校微信公众号的总点赞数能够反映高校微信公众号的传播力；

H_{2-15}：高校微信公众号的篇均点赞数能够反映高校微信公众号的传播力；

H_{2-16}：高校微信公众号的日均点赞数能够反映高校微信公众号的传播力；

H_{2-17}：高校微信公众号的最高点赞数能够反映高校微信公众号的传播力；

H_{2-18}：高校微信公众号的头条点赞数能够反映高校微信公众号的传播力；

H_{2-19}：高校微信公众号的头条篇均点赞数能够反映高校微信公众号的传播力；

H_{2-20}：高校微信公众号的头条日均点赞数能够反映高校微信公众号的传播力；

H_{2-21}：高校微信公众号的总在看数能够反映高校微信公众号的传播力；

H_{2-22}：高校微信公众号的篇均在看数能够反映高校微信公众号的传播力；

H_{2-23}：高校微信公众号的日均在看数能够反映高校微信公众号的传播力；

H_{2-24}：高校微信公众号的头条在看数能够反映高校微信公众号的传播力；

H_{2-25}：高校微信公众号的头条篇均在看数能够反映高校微信公众号的传播力；

H_{2-26}：高校微信公众号的头条日均在看数能够反映高校微信公众号的传播力。

微信自身作为富媒体平台，可融合图片、视频、音频、超链接等多种素材，因而微信公众号在推送形式上可以呈现出多样化。张飞飞（2016）在《基于内容分析法的我国高校微信公众平台研究》一文中认为，视频的直观形象能够提升公众号的关注度，链接则可以增强推送内容的层次感，并进一步指出"目前高校微信推送形式较为单一，多以图文形式呈现"[1] 的问题。陈婕妮（2017）在对广州三所高校的微信公众号进行传播策略的分析时，罗列并统计了文字、图片、音频、视频、链接各类素材的组合，同样发现图文结合的信息占大多数，

---

[1] 张飞飞. 基于内容分析法的我国高校微信公众平台研究［J］. 情报探索, 2016（2）: 132.

同时提及音频能够提升阅读体验，增加趣味性和互动性，具有独特优势。① 王正祎等人（2017）通过对5所辽宁省高校官方微信公众号的共714篇文章内容进行分析，发现含有图片的推送高达91%，而使用音频和视频的推送分别仅有3%和7%，表明高校官方微信平台的推送素材以图片为主，音频、视频等形式极少使用。② 基于此，本书对高校微信公众号推送中的图片、视频、音频、链接这四类素材分别进行统计，并提出以下假设：

H_{2-27}：高校微信公众号的推送中，与图片结合的数量和占比明显高于与视频、音频、链接结合的数量和频率，即以图文形式居多。

三、统计分析

（1）H_{2-1}：高校微信公众号发布推文数量多，推文密度均高于1，具有相当的活跃程度。

通过微信采集器对12所高校微信公众号2020年一年内推送文章的采集，统计出各个高校官方微信公众号的发布推文数、发布推文密度结果如表3-12所示。

表3-12　12所高校微信公众号发布推文数及推文密度汇总

高校名称	发布推文数	发布推文密度	高校名称	发布推文数	发布推文密度
上海交通大学	539	1.473	西安交通大学	421	1.150
电子科技大学	360	0.984	中国海洋大学	314	0.858
天津大学	517	1.413	浙江大学	691	1.888
北京大学	736	2.011	清华大学	682	1.863
武汉大学	736	2.011	厦门大学	417	1.139
北京航空航天大学	330	0.902	四川大学	402	1.098

从发布推文总数来看，高校之间呈现出参差不齐的状况，发布推文总数最

---

① 陈婕妮.高校官方微信传播策略研究［D］.广州：广东外语外贸大学，2017：20-21.
② 王正祎，彭小枚，李知，等.辽宁省高校官方微信公众平台传播内容分析［J］.新闻研究导刊，2017，8（3）：22-23.

多的北京大学和武汉大学（736条）比最少的中国海洋大学（314条）多出422条。由此可见，高校微信公众号在推文内容生产的数量上表现出较大的差异。

从发布推文密度来看，电子科技大学、中国海洋大学和北京航空航天大学微信公众号推文密度还未达到1，表明这3所高校微信公众号的活跃程度存在可提升空间。上述3所高校很大程度上受到高校假期安排的影响：一方面，放假期间3所高校各项事宜和活动相对上学期间少，推送内容类型相应地也缩减了；另一方面，3所高校官方微信公众号的运营团队通常由指导教师与学生组成，假期期间无论是商讨选题还是采集素材均受到时空上的限制。

（2）H_{2-2}：高校微信公众号每月发布的推文数量均不相同。

为了更清晰地呈现高校官方微信公众号在2020年一年内发布推文数量的情况，笔者进一步运用EXCEL绘制出12所高校微信公众号发布推文数量按月分布图，如图3-2所示。

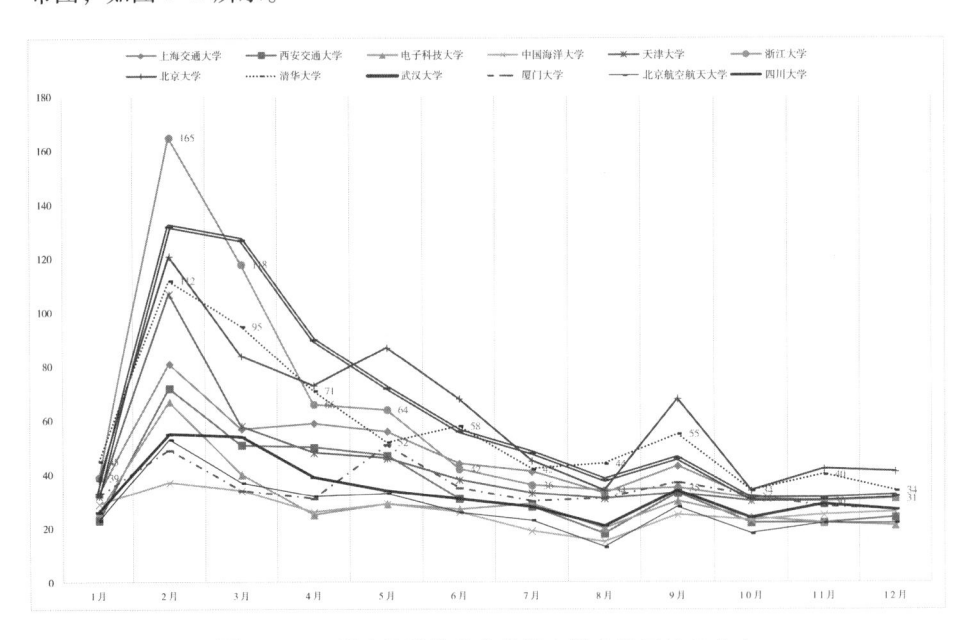

图3-2 12所高校微信公众号发布推文数量按月分布

由图3-2可知，12所高校微信公众号每月发布的推文数量存在波动，其中清华大学、北京大学、浙江大学、武汉大学、天津大学5所高校每月发布推文数波动较大，其他高校每月发布推文数相对平稳。

>>> 第三章 分析与讨论

从 12 所高校各自发布推文数高峰期和内容考察，发现每所高校关注点较为统一：12 所高校都是在 2 月发布推文数最高，因为 2 月是我国疫情最为严重的暴发期，需要动员、澄清、布局、警示等方面的疫情相关信息较多。12 所高校在 2 月发布的推文中，与疫情相关的推文占比都在 57%~85%，且内容主要集中于疫情影响方面，即围绕疫情给人们带来的影响展开的信息，包括各种线上疫情相关主题教育，教学方式的改变，以及生活方式的改变等。

（3）H_{2-3}：高校微信公众号发布推文有相对集中的月，表现为有若干月的推文密度较高。

为了便于呈现每月推送数量在 12 所高校微信公众号各自推文总数量中的占比，笔者运用 EXCEL 绘制出发布推文密度按月分布图（图 3-3）以验证高校微信公众号是否有集中发布推文的月。

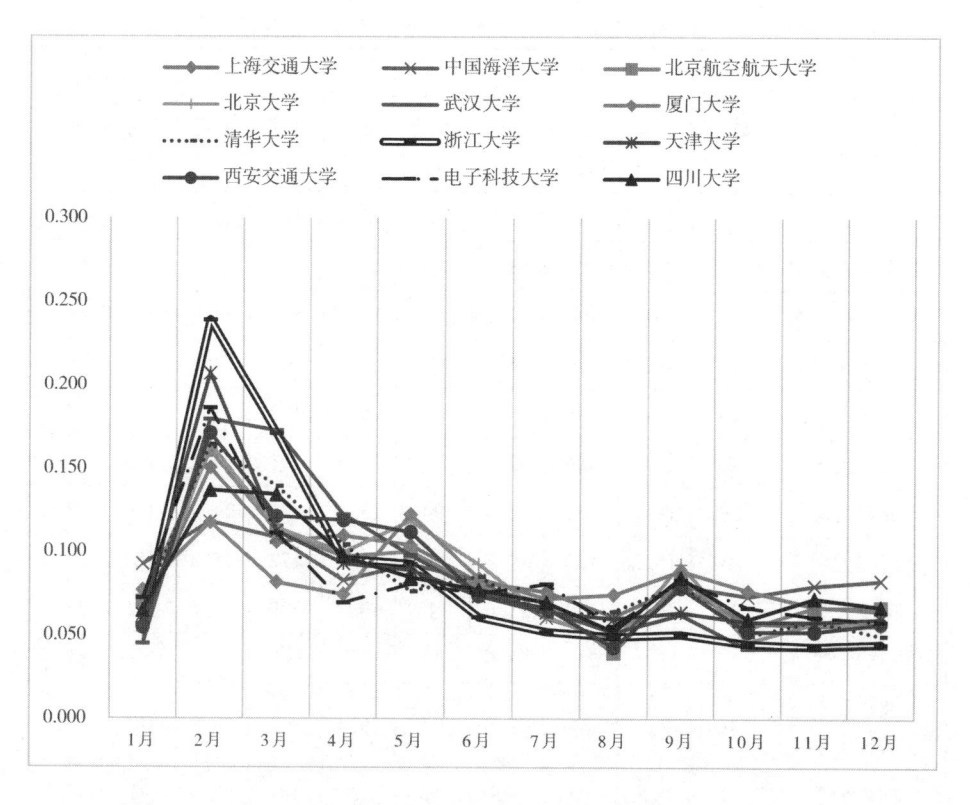

图 3-3 12 所高校微信公众号发布推文密度按月分布

正如图3-3中所展示，12所高校微信公众号在1月、7月、8月的推文密度要低于其余月的推文密度，高校微信公众号的推文主要集中在2月、3月、4月、5月、6月、9月、10月、11月、12月，这符合学生的在校时间。2—5月的推文密度总体上比9—12月推文密度更高，这与2020年上半年新冠肺炎疫情的暴发有关，到2020年下半年，疫情渐渐平息。发布推文密度按月分布图反映出高校微信公众号能够紧密围绕学生群体，对学生群体的状态把握得较为精准。

（4）H_{2-4}：就单独一所高校的微信公众号来看，推送时间存在分布不均的情况，会出现相对集中的推送时段。

采用微信推文采集器对12所高校微信公众号2020年一年内推文的推送时间进行抓取，统计出每所高校0—9时、9—12时、12—14时、14—18时、18—24时各个时段的微信推文数量，如表3-13所示。

表3-13　12所高校微信公众号各时段微信推文数量与密度汇总

推送时段 高校名称	0—9时 数量（条）	0—9时 密度（%）	9—12时 数量（条）	9—12时 密度（%）	12—14时 数量（条）	12—14时 密度（%）	14—18时 数量（条）	14—18时 密度（%）	18—24时 数量（条）	18—24时 密度（%）
上海交通大学	14	2.6	242	44.9	95	17.6	110	20.4	77	14.3
西安交通大学	8	1.9	79	18.8	30	7.1	135	32.1	169	40.1
电子科技大学	7	1.9	44	12.2	37	10.3	122	33.9	150	41.7
中国海洋大学	14	4.5	47	15.0	2	0.6	37	11.8	214	68.2
天津大学	24	4.6	190	36.8	81	15.7	132	25.5	90	17.4
浙江大学	26	3.8	226	32.7	89	12.9	201	29.1	149	21.6
北京大学	131	18.7	185	26.4	94	13.4	171	24.4	120	17.1
清华大学	104	15.2	135	19.8	84	12.3	172	25.2	187	27.4
武汉大学	17	2.3	159	21.6	145	19.7	229	31.1	186	25.3
厦门大学	17	5.2	211	63.9	42	12.7	90	27.3	57	17.3
北京航空航天大学	10	3.0	84	25.5	97	29.4	62	18.8	77	23.3
四川大学	2	0.5	96	3.9	52	12.9	181	45.0	71	17.7

考察表3-13中每一行的数据，不难发现12所高校微信公众号发布推文的

时间并非平均分布于各个时段,而是有相对集中的推送时段。除了北京航空航天大学(集中在 12—14 时)外,其他 11 所高校均集中在 9—12 时、14—18 时和 18—24 时推送。推送时段密度差距最大、集中程度最高的是中国海洋大学,12—14 时的密度仅为 0.6%,而 18—24 时的密度高达 68.2%;包括厦门大学在内的诸多高校均有某一时段的推文密度逾 40%,表明推送时段具有相当的集中程度。

高校微信公众号普遍显现推送时间集中的态势,可以理解为,这一结果是高校微信公众号结合受众接收信息的情况,以达成迎合或培养受众阅读习惯、巩固与受众之间联系的目的所致的。

(5) H_{2-5}:多所高校的微信公众号比较来看,推送时间分布存在较大差异,若有相对集中的推送时段,也不尽相同。

为便于挖掘 12 所高校微信公众号在推送时间上的具体差别,笔者对表 3-13 中的数据进行了进一步处理,绘制出 12 所高校微信公众号各时段推文数量和各时段推文密度分布图(图 3-4、图 3-5)。

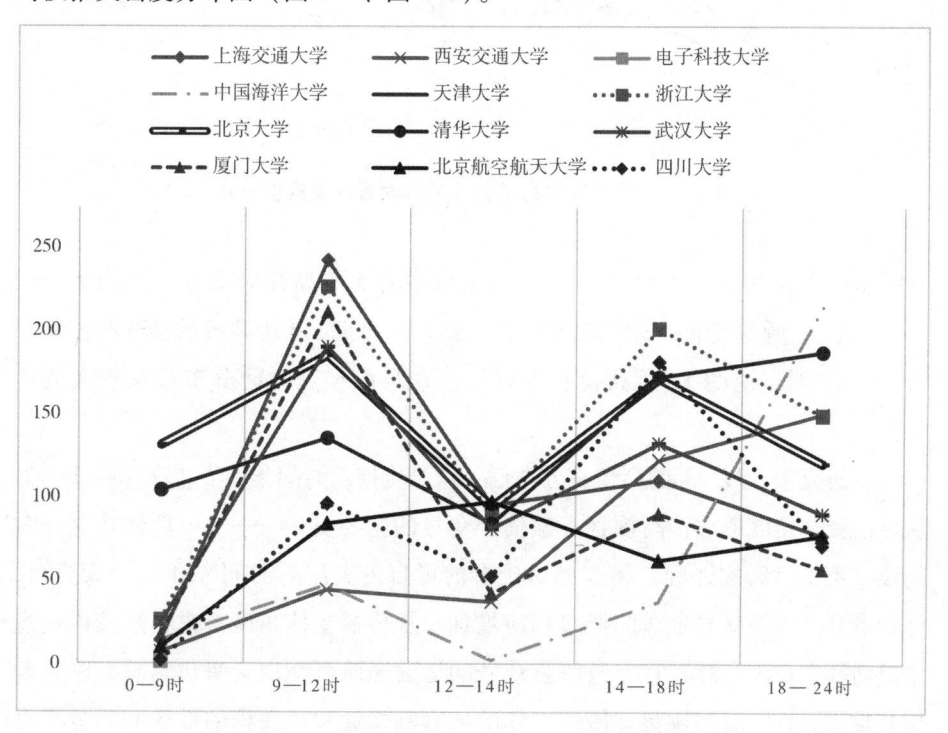

图 3-4　12 所高校微信公众号各时段推文数量分布

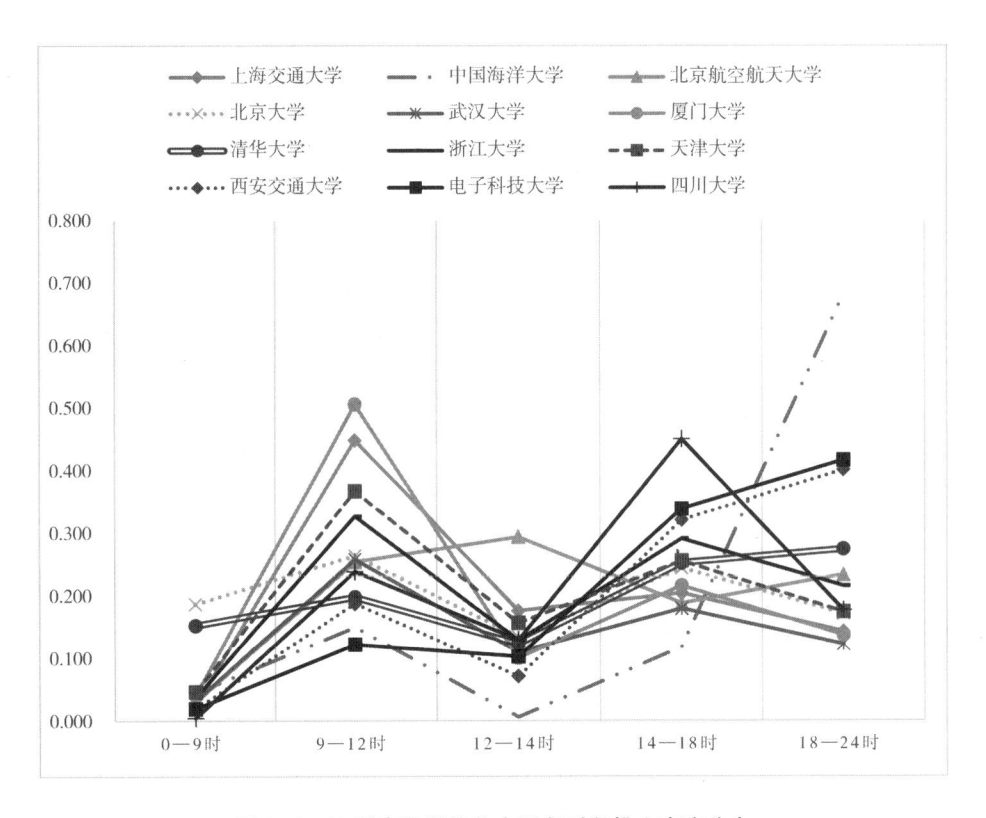

图 3-5 12 所高校微信公众号各时段推文密度分布

由图 3-4 和图 3-5 均可知，12 所高校中有 5 所高校的推送时段均集中于 9—12 时，2 所高校的推送时段相对集中于 14—18 时，4 所高校的推送时段集中于 18—24 时，说明 12 所高校官方微信公众号的推送时间分布存在较大的差异性。

本研究中，33.3%的高校官方微信公众号将推送时间集中安排在 18—24 时，从传播受众角度考虑，高校官方微信公众号的主要受众——学生群体在这一时间段结束了一天的课程，拥有相对较多的可自由支配的时间来获取一天资讯，受众点开微信公众号推送的概率相应增加；从传播主体角度考虑，高校内信息主要活跃在白天，高校官方微信公众号的运营团队可在白天采集素材，晚上制作并推送，这一时间段契合传播主体的内容制作流程。高校的推送时间分布有显著差异，表明推送在时间上并无绝对的最佳时段，结合高校官方微信公众号的受众特点，有助于获取良好的传播效果即可。

（6）H_{2-6}：高校微信公众号原创内容数量占比不高、密度不大，打造原创内容的意识薄弱。

笔者分别对12所高校微信公众号2020年一年中推文的原创数量进行统计，统计结果如表3-14所示。

表3-14　12所高校微信公众号原创推文数量及密度汇总

高校名称	原创数量	原创密度	高校名称	原创数量	原创密度
上海交通大学	38	0.705	西安交通大学	140	0.333
电子科技大学	109	0.303	中国海洋大学	25	0.080
天津大学	6	0.012	浙江大学	221	0.320
北京大学	270	0.367	清华大学	356	0.522
武汉大学	252	0.341	厦门大学	78	0.187
北京航空航天大学	264	0.800	四川大学	221	0.604

由表3-14可知，12所高校微信公众号的原创密度呈现出参差不齐的情况。上海交通大学、北京航空航天大学、清华大学、四川大学微信公众号的原创密度逾50%，反映出公众号注重对原创内容的打造；电子科技大学、北京大学、武汉大学、西安交通大学、浙江大学、厦门大学拥有一定的原创意识；而天津大学和中国海洋大学微信公众号的原创密度不低于10%，表明公众号缺乏生产原创内容的意识。

综上，目前已有部分高校具备生产原创内容以提升自主创新性的意识，但仍有许多高校在原创内容的打造方面较为薄弱，有很大的提升空间。高校微信公众号的原创内容密度低，从宏观环境层面来看，在一定程度上折射出当下微信公众号传播环境仍未获得良好的监管，随手转发、信息传播同质化现象依旧泛滥；从微观层面来看，高校自身在创作原创内容方面缺乏精良的运营团队，以学生为主，必然在时间、精力、专业培训上有颇多局限。

（7）微信传播指数（WCI）。

①阅读指标。

通过微信采集器对12所高校微信公众号2020年一年内每篇推文阅读数的采集和EXCEL的数据统计,阅读指数的汇总结果如表3-15所示。①

表3-15　12所高校微信公众号阅读数和阅读密度汇总

阅读指标 高校名称	总阅读数	篇均阅读数	日均阅读数	最高阅读数
上海交通大学	14518788	26936.527	39668.820	100000+
西安交通大学	9000825	21379.632	24592.418	100000+
电子科技大学	7006904	19463.622	19144.546	100000+
中国海洋大学	6064498	19313.688	16569.667	100000+
天津大学	8526766	16492.778	23297.175	100000+
浙江大学	26823811	38818.829	73289.101	100000+
北京大学	26958384	38457.039	73656.787	100000+
清华大学	27143081	39799.239	74161.423	100000+
武汉大学	27551795	37434.504	75278.128	100000+
厦门大学	8895900	21333.094	24305.738	100000+
北京航空航天大学	9030104	27363.952	24672.415	100000+
四川大学	11649444	28978.716	31829.082	100000+

从12所高校微信公众号的整体阅读指数来看,篇均阅读数和日均阅读数均破万,最高阅读数均突破100000,反映出高校微信公众号的整体阅读数较为可观。

将各个高校微信公众号的阅读指数比较来看,总阅读数上差距显著,其中北京大学、清华大学、武汉大学和浙江大学已进入两千万量级,与其余高校拉开了较大的差距。篇均阅读数最高的清华大学是最低的天津大学的2倍多,而日均阅读数最高的武汉大学是最低的中国海洋大学的近4.5倍。这般情形恰好与《中国青年报》高校微信公众号综合影响力排行榜中的数据相吻合。由是观之,总阅读数、篇均阅读数、日均阅读数能够在一定程度上反映出高校微信公

---

① 微信公众号中的推文阅读数若超过100000,一律显示"100000+"。受限于微信推文采集器无法采集到微信后台的具体阅读数,在计算总阅读数时,阅读数超过100000的推文阅读数均以100001计算,最高阅读数若超过100000,均标注"100000+"。

众号的传播力。

而从最高阅读数来看，无法显现出高校微信公众号的传播力差异，但可以由此进一步剖析阅读指数上的共性。笔者对12所高校微信公众号中阅读数超过100000的推文进行简单的汇总，发现推送内容主题主要围绕疫情相关、形象宣传、人物风采、通知告示这四个方面。

（ⅰ）疫情相关的典型推文有：浙江大学于2020年3月18日发布的推文《全部留在武汉！三支浙大援鄂医疗队紧急接受新任务，奔赴新战场》；厦门大学于2020年1月2日发布的推文《请你一定平安！致厦大最美逆行者！》等。

（ⅱ）形象宣传的典型推文有：清华大学在2020年6月7日发布的推文《清华大学2020年招生宣传片〈追光少年〉发布！》；天津大学于2020年9月29日发布的推文《震撼发布！天津大学2020年宣传片〈新之所向〉！》等。

（ⅲ）人物风采的典型推文有：北京大学于2020年8月18日发布的推文《挖好每一铲土，她在北大考古拿下最高荣誉奖学金！》；武汉大学于2020年10月31日发布的推文《全员直博！祝贺桂园六舍502》等。

（ⅳ）通知告示的典型推文有：上海交通大学于2020年5月7日发布的推文《权威发布｜上海交通大学2020年强基计划招生简章》；四川大学于2020年4月30日发布的推文《四川大学关于2020年春季学期学生返校的通知》等。

②头条阅读指标。

在采集到的12所高校微信公众号所有推文中选取位于头条位置的推文，运用EXCEL对其阅读数进行统计，所得结果汇总如表3-16所示。

表3-16　12所高校微信公众号头条阅读数和头条阅读密度汇总

头条阅读指标 高校名称	头条阅读数	头条日均阅读数	头条篇均阅读数
上海交通大学	14518788	39668.820	26936.527
西安交通大学	8942656	24433.486	21496.769
电子科技大学	6961334	19020.038	19609.392
中国海洋大学	6045557	16517.915	19628.432
天津大学	8526766	23297.175	16492.778

续表

头条阅读指标 高校名称	头条阅读数	头条日均阅读数	头条篇均阅读数
浙江大学	26751161	73090.604	38939.099
北京大学	25733351	70309.702	43176.763
清华大学	26056170	71191.721	40840.392
武汉大学	27255483	74468.533	37387.494
厦门大学	8721296	23828.678	22248.204
北京航空航天大学	8996119	24579.560	27427.192
四川大学	11603913	31704.680	29155.560

以 WCI 指数计算公式对头条的传播力单独进行考察，表明微信公众号推送的头条占据着关键位置，传播主体需要特别注重对推送头条的安排。由表 3-16 可知，结合总阅读数、日均阅读数和篇均阅读数，发现头条的总阅读数和日均阅读数均占据总阅读数和日均阅读数的大半（其中上海交通大学和天津大学的总阅读数等于头条阅读数，说明两所高校每次推文只推一条内容），且头条的篇均阅读数高于篇均阅读数，这些都能够表明头条是微信公众号传播影响力的火车头。

对各个高校微信公众号的头条阅读指标进行比较得出，从头条阅读数来看，武汉大学、浙江大学、清华大学和北京大学领先于其余高校，上海交通大学和四川大学次之。从头条阅读密度来看，无论是日均阅读数还是篇均阅读数，仍是北京大学、清华大学、浙江大学和武汉大学较为突出，而电子科技大学和中国海洋大学在头条日均阅读数和头条篇均阅读数表现相对较差。这与《中国青年报》高校微信公众号综合影响力排行榜中的数据相契合。因而，头条阅读数、头条日均阅读数、头条篇均阅读数均能一定程度上体现高校微信公众号的传播力。

③点赞指标。

运用与阅读指标类似的统计方法，对 12 所高校微信公众号的点赞指数统计结果如表 3-17 所示。从 12 所高校微信公众号的整体点赞指数来看，点赞数要明显低于阅读数，这符合微信公众号传播效果的规律。点赞是用户自主选择的行为，用户收到推送信息，先是点开推文阅读，在此基础上，才能进一步划至推文尾端选择是否执行点赞操作。点赞往往表达出用户对推文的肯定与欣赏，比较12所高校微信公众号的点赞指数可以看出，各项指数均呈现出参差不齐的现象。总点赞数层面，清华大学和北京大学的点赞数逾100000；点赞密度层面，北京航空航天大学异军突起，篇均点赞数最高，清华大学日均点赞数最高；最高点赞数花落北京大学。可以看出，这与《中国青年报》的排行榜数据相吻合，因而总点赞数、篇均点赞数、日均点赞数、最高点赞数均能一定程度上反映出高校微信公众号的传播力。

表3-17 12所高校微信公众号点赞数和点赞密度汇总

高校名称\点赞指标	总点赞数	篇均点赞数	日均点赞数	最高点赞数
上海交通大学	51228	95.043	139.967	2316
西安交通大学	40728	96.741	111.279	1260
电子科技大学	29389	81.636	80.299	782
中国海洋大学	38635	123.041	105.560	1685
天津大学	44444	85.965	121.432	3136
浙江大学	82233	119.006	224.680	4081
北京大学	102671	146.464	280.522	6220
清华大学	113686	166.695	310.617	3477
武汉大学	89182	121.171	243.667	3736
厦门大学	59051	141.609	161.342	3188
北京航空航天大学	67177	203.567	183.544	2685
四川大学	57877	143.973	158.134	3975

比较12所高校微信公众号的头条点赞指数可以发现（表3-18），尽管清华大学和北京大学的头条点赞数和头条日均点赞数位列前两位，但北京航空航天大学在头条篇均点赞数上位居第一。此外，与篇均点赞数、日均点赞数相比，头条篇均点赞数和头条日均点赞数并非都超过前者。西安交通大学的篇均点赞数、日均点赞数都比头条篇均点赞数和头条日均点赞数低，表明头条微信推文

的点赞数并非总是具备最强势的影响力。

表 3-18　12 所高校微信公众号头条点赞数和头条点赞密度汇总

头条点赞指标 高校名称	头条点赞数	头条篇均点赞数	头条日均点赞数
上海交通大学	51228	95.043	139.967
西安交通大学	40008	96.173	109.311
电子科技大学	29129	82.054	79.587
中国海洋大学	38532	125.104	105.279
天津大学	44444	85.965	121.432
浙江大学	82232	119.697	224.678
北京大学	97593	163.747	266.648
清华大学	108742	170.442	297.109
武汉大学	88843	121.870	242.740
厦门大学	58322	148.781	159.350
北京航空航天大学	67174	204.799	183.536
四川大学	57811	145.254	157.954

为进一步挖掘 12 所高校获得最高点赞数的推文特点，笔者对 12 篇相应的推文进行了整理，汇总结果如表 3-19 所示。

表 3-19　12 所高校 2020 年获得最高点赞数的推文汇总

高校名称	推送日期	推文标题	阅读数	点赞数
上海交通大学	2020-7-30	华为公司 CEO 任正非带队访问上海交通大学	100001	2316
西安交通大学	2020-11-13	中共中央任命卢建军为西安交通大学党委书记	68721	1260
电子科技大学	2020-9-27	秋天的第一个月饼，是"成电"味儿的！	100001	782
中国海洋大学	2020-10-25	亲爱的中国海洋大学，96 岁生日快乐！	100001	1685

续表

高校名称	推送日期	推文标题	阅读数	点赞数
天津大学	2020-10-2	125！521！天津大学125岁生日快乐！	100001	3136
浙江大学	2020-7-21	情况通报	100001	4081
北京大学	2020-10-29	北大与你，平分秋色	100001	6227
清华大学	2020-11-21	初雪如约，与清华共赴白首	100001	3477
武汉大学	2020-12-2	预警！武大学霸的爱情，甜度绝对超标	100001	3736
厦门大学	2020-11-28	超清返图！刷屏朋友圈的他们，在厦大上了星辰大海第一课！	100001	3188
北京航空航天大学	2020-10-25	今天，纪念抗美援朝出国作战70周年，祝福北航68岁生日快乐！	80705	2685
四川大学	2020-10-28	四川大学的一些风景	100001	3975

从阅读数和点赞数看，点赞数最高的推文未必是阅读数最高的推文，例如，西安交通大学点赞数最高的推文，阅读数仅有68721。从推送标题与内容上看，点赞数最高的推文内容主题丰富，但不难归纳出，结合校庆活动、澄清谣言、重大任命、重要来访与情感共鸣的内容最能获得认同感。这其中，浙江大学的《情况通报》是对高校自身形象的修正，点赞高表明受众对浙江大学形象的认可度高；武汉大学的《预警！武大学霸的爱情，甜度绝对超标》介绍了两位本科生张兆基和张雨林一起恋爱、一起学习、一起成长，最后分别直博清华大学和人民大学的爱情故事，洋溢着青春和主旋律，受到网友们的高度肯定。

④在看指标。

采用与头条阅读指标类似的统计方法，对12所高校微信公众号的头条点赞指数统计结果如表3-20所示。

表 3-20 12所高校微信公众号头条在看数和在看密度汇总

高校名称 \ 在看指标	总在看数	篇均在看数	日均在看数	最高在看数
上海交通大学	111392	206.664	304.350	3653
西安交通大学	98557	234.102	269.281	6644
电子科技大学	56107	155.853	153.298	3042
中国海洋大学	53610	170.732	146.475	4148
天津大学	73630	142.418	201.175	3157
浙江大学	239371	346.412	654.019	11738
北京大学	215210	307.004	588.005	10934
清华大学	210962	309.328	576.399	5143
武汉大学	313420	425.842	856.339	10174
厦门大学	101994	244.90	278.672	6759
北京航空航天大学	142433	431.615	389.161	4113
四川大学	100633	250.331	274.954	3332

由表3-20可知，结合总在看数、篇均在看数和日均在看数，发现总在看数武汉大学、浙江大学、北京大学位列前三，但篇均在看数北京航空航天大学位列第一，日均在看数武汉大学位列第一，最高在看数浙江大学位列第一。表3-21显示，最高在看数的推文绝大多数与疫情有关，武汉又是疫情的最初暴发地，因为疫情的沉重没法去点赞，在看是最好的关注方式。

表 3-21 12所高校 2020 年获得最高在看数的推文汇总

高校名称	推送日期	推文标题	阅读数	在看数
上海交通大学	2020-4-8	今天，上海交大124岁！抗疫故事刷屏北京、上海！致敬英雄，不负时代！	100001	3653
西安交通大学	2020-1-24	除夕，22名交大人集结完毕驰援武汉！请平安归来！	100001	6644

续表

高校名称	推送日期	推文标题	阅读数	在看数
电子科技大学	2020-6-5	特别的毕业季和成电来张"云合影"!!	83117	3042
中国海洋大学	2020-4-29	今天,一起点亮海大!	100001	4148
天津大学	2020-10-2	125！521！天津大学125岁生日快乐！	100001	3157
浙江大学	2020-4-26	今夜,一起点亮浙大!	100001	11738
北京大学	2020-5-3	今天,一起点亮北大!	100001	10933
清华大学	2020-6-7	清华大学2020年招生宣传片《追光少年》发布！	100001	5143
武汉大学	2020-2-7	李文亮校友,一路走好	100001	10174
厦门大学	2020-4-5	九九爱厦大,爱厦大久久！｜祝我们最爱的厦门大学99岁生日快乐！	100001	6759
北京航空航天大学	2020-4-29	胜利在望！现在,我们一起点亮北航！	80821	4113
四川大学	2020-4-3	江安。江安。	100001	3332

（8）H_{2-27}：高校微信公众号的推送中,与图片结合的数量和占比明显高于与视频、音频、链接结合的数量和频率,即以图文形式居多。

微信公众平台可支持图片、视频、语音、超链接等多种表现形式,因而一篇推文中可能会出现若干种推送素材。本书对高校微信公众号各类素材使用情况的考察采取可重复计数,统计包含图片、视频、音频、链接的推文数量以及四类推文素材分别在2020年一年内推文总数中的占比,结果如表3-22所示。

表 3-22 12所高校微信公众号使用推文素材数量和占比汇总

素材类别 高校名称	图片 数量（条）	图片 占比（%）	视频 数量（条）	视频 占比（%）	音频 数量（条）	音频 占比（%）	链接 数量（条）	链接 占比（%）
上海交通大学	496	92	90	17	6	1	67	12
西安交通大学	398	95	65	15	4	1	4	1
电子科技大学	347	96	81	23	7	2	15	4
中国海洋大学	282	90	62	20	30	10	19	6
天津大学	458	89	108	21	4	1	19	4
浙江大学	643	93	151	22	7	1	29	4
北京大学	715	97	279	38	8	1	149	20
清华大学	651	95	135	20	3	<1	58	9
武汉大学	669	91	264	36	15	2	53	7
厦门大学	384	92	83	20	11	3	29	7
北京航空航天大学	318	96	95	29	12	4	105	32
四川大学	380	95	44	11	8	2	23	6

根据表 3-22 中各类素材的数量和占比，推文素材之间进行比较可以得出，图片、视频、音频三类素材按使用排列，基本满足：图片最高、视频其次，且图片素材的使用密度均逾90%，要明显高于视频和音频。总体而言，图片是12所高校微信公众号使用最为频繁的素材，这表示高校微信公众号的推送以图文结合的形式为主。视频是一种更为直观、形象、生动的呈现方式，音频则能够优化阅读体验，增强互动性，但视频和音频的制作成本相对较高，且对受众接收环境有一定的要求。而链接素材的使用具有较强的灵活性，数量和密度普遍高于音频，高校可结合自身特色或推文内容合理放置链接。中国海洋大学的音频数量和占比最高，北京航空航天大学的链接数量和占比超过了其音频的数量和占比。

为更深入地探析四大类推文素材在12所高校微信公众号中的使用情况，笔者进一步按月考察了各个高校包含四大类素材的推文数量和推文占比，统计结果如图 3-6 至图 3-13 所示。根据统计图所示结果，图片的数量随月增加不断降低，2 月是图片和视频使用的波峰，10 月是音频使用的波峰，5 月是链接使用的波峰。总体而言，随着疫情管控的不断发展，图片和视频的数量不断下降，但音频和链接的数量变化与疫情无关。而在链接使用上，北京航空航天大学和北京大学要显著多于其他高校。通过对两所高校推文链接的考证，北京航空航天大学的推文链接主要与各种媒体上学校的荣誉报道、北航团队成果和往期每月回顾有关，而北京大学几乎每篇推文链接都跟该推文内容相关。这样在增加推文层次感的同时，有益于对传播效果的优化。

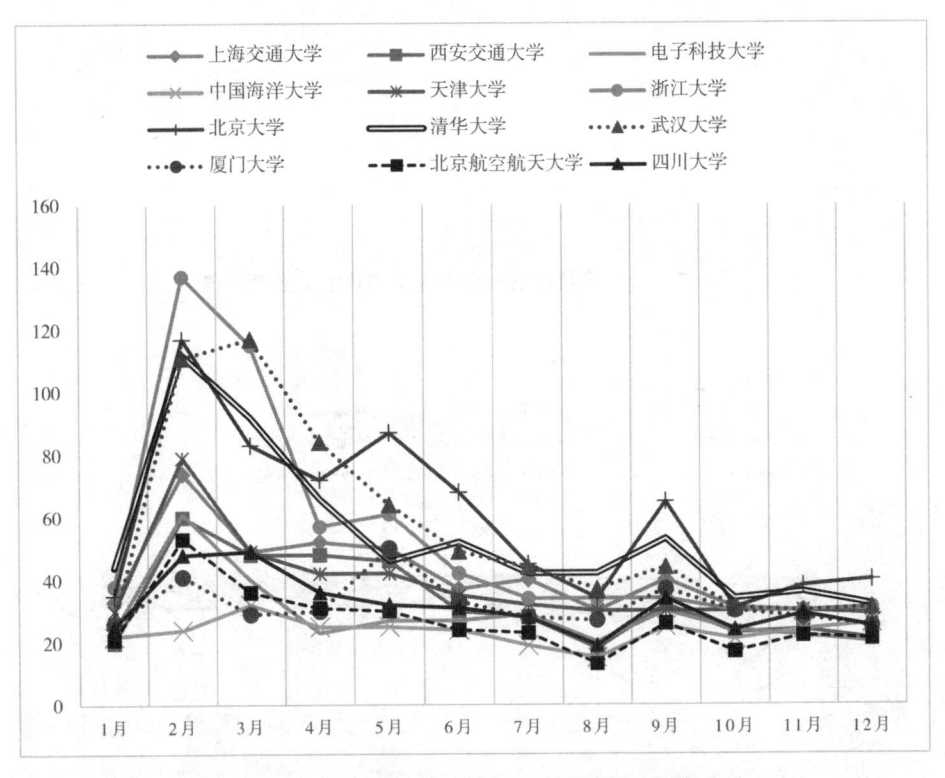

图 3-6　12 所高校微信公众号包含图片推文数量分布

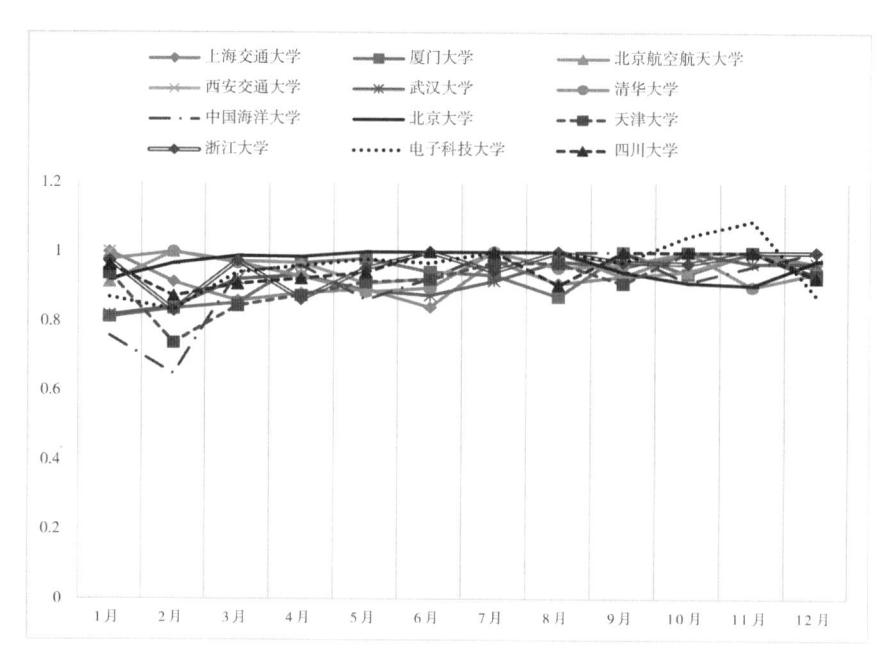

图 3-7　12 所高校微信公众号包含图片推文密度分布

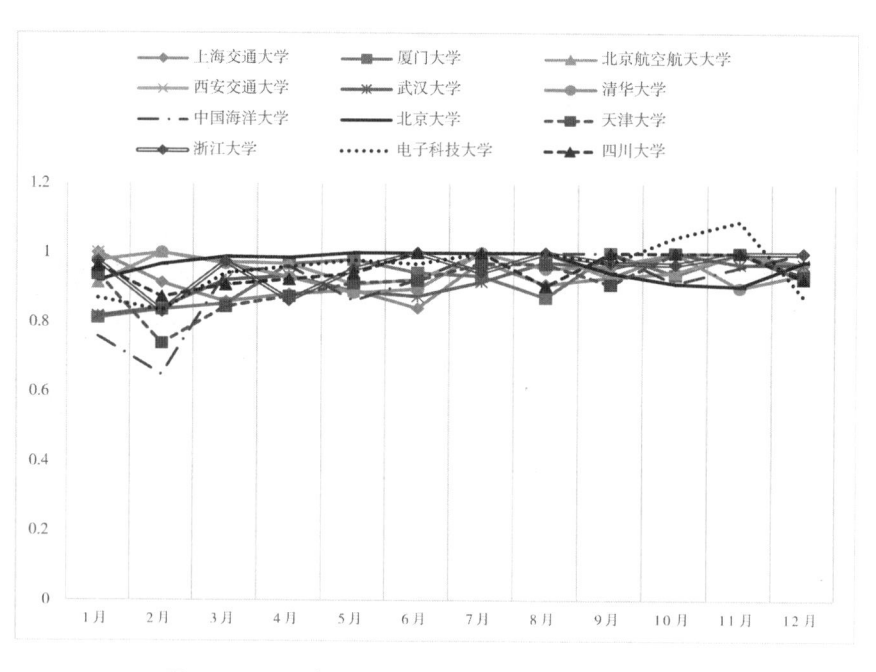

图 3-8　12 所高校微信公众号包含视频推文数量分布

第三章 分析与讨论

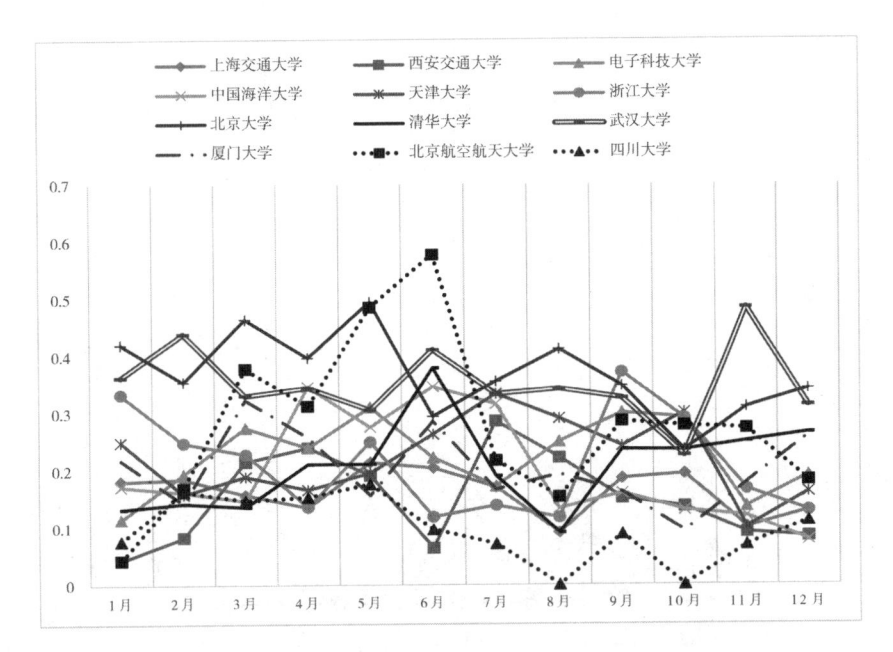

图 3-9 12 所高校微信公众号包含视频推文密度分布

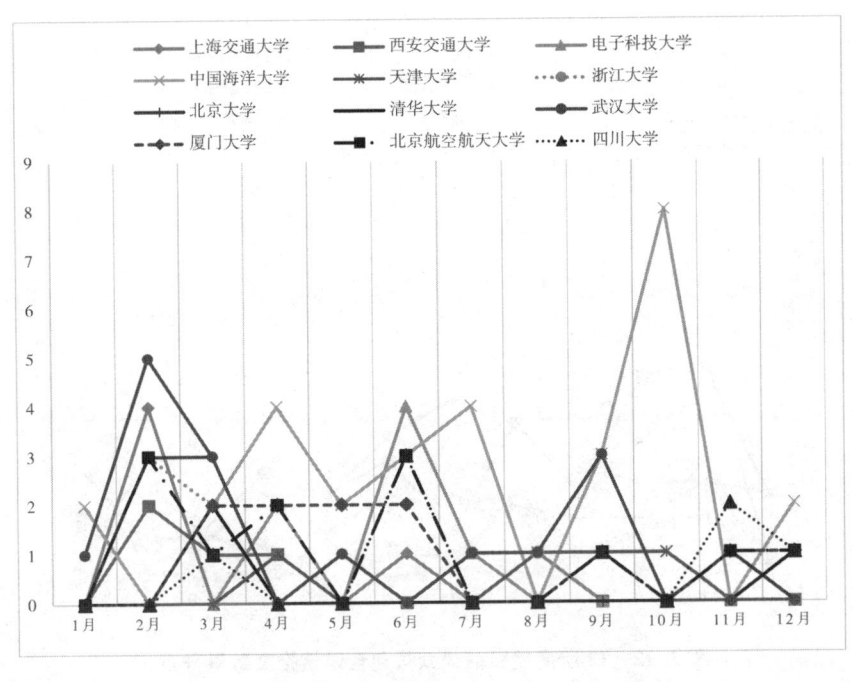

图 3-10 12 所高校微信公众号包含音频推文数量分布

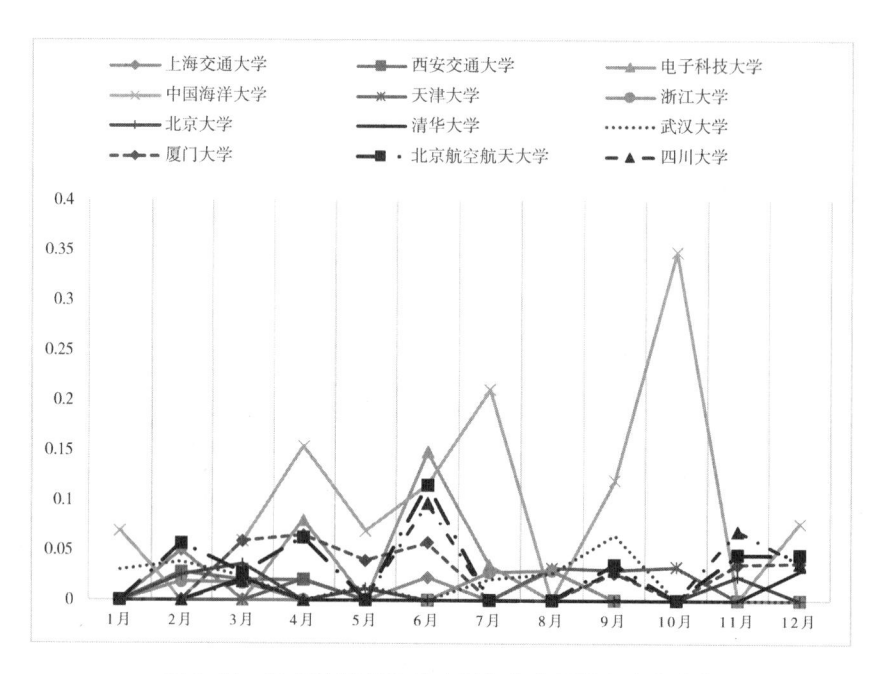

图 3-11 12 所高校微信公众号包含音频推文密度分布

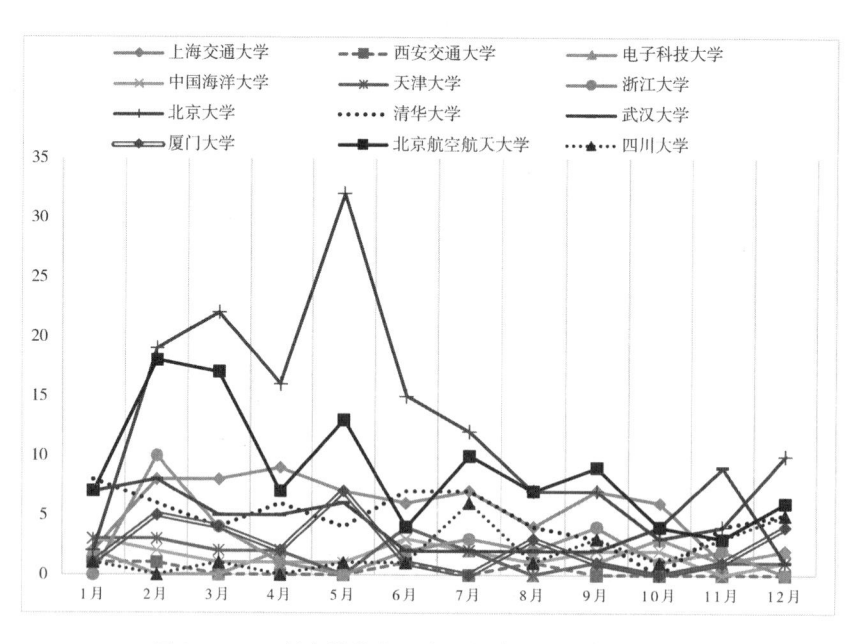

图 3-12 12 所高校微信公众号包含链接推文数量分布

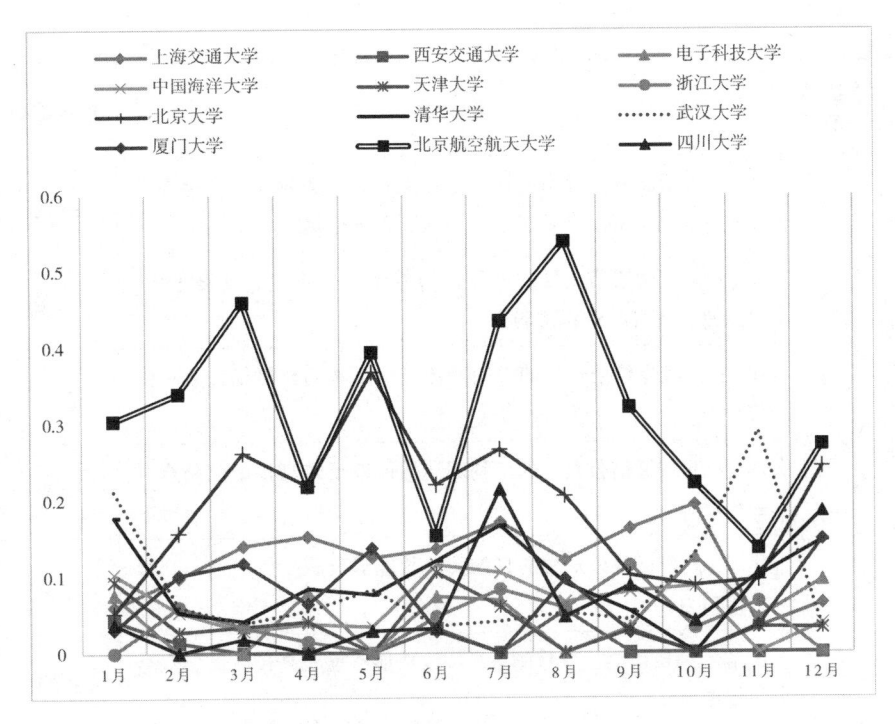

图 3-13　12 所高校微信公众号包含链接推文密度分布

四、检定结果

高校微信公众号表层形式研究假设的检定结果如表 3-23 所示。

表 3-23　表层形式研究假设的检定结果

样本信息分类	研究假设	检定结果
表层形式	H_{2-1}：高校微信公众号发布推文数量多，推文密度均高于 1，具有相当的活跃程度	部分接受
	H_{2-2}：高校微信公众号每月发布的推文数量均不相同	接受
	H_{2-3}：高校微信公众号发布推文有相对集中的月，表现为有若干月的推文密度较高	接受
	H_{2-4}：就单独一所高校的微信公众号来看，推送时间存在分布不均的情况，会出现相对集中的推送时段	接受

续表

样本信息分类	研究假设	检定结果
表层形式	H_{2-5}：多所高校的微信公众号比较来看，推送时间分布存在较大差异，若有相对集中的推送时段，也不尽相同	接受
	H_{2-6}：高校微信公众号的原创内容数量占比不高、密度不大，打造原创内容的意识薄弱	部分接受
	H_{2-7}：高校微信公众号的总阅读数能够反映高校微信公众号的传播力	接受
	H_{2-8}：高校微信公众号的篇均阅读数能够反映高校微信公众号的传播力	接受
	H_{2-9}：高校微信公众号的日均阅读数能够反映高校微信公众号的传播力	接受
	H_{2-10}：高校微信公众号的最高阅读数能够反映高校微信公众号的传播力	拒绝
	H_{2-11}：高校微信公众号的头条阅读数能够反映高校微信公众号的传播力	接受
	H_{2-12}：高校微信公众号的头条篇均阅读数能够反映高校微信公众号的传播力	接受
	H_{2-13}：高校微信公众号的头条日均阅读数能够反映高校微信公众号的传播力	接受
	H_{2-14}：高校微信公众号的总点赞数能够反映高校微信公众号的传播力	接受
	H_{2-15}：高校微信公众号的篇均点赞数能够反映高校微信公众号的传播力	接受
	H_{2-16}：高校微信公众号的日均点赞数能够反映高校微信公众号的传播力	接受
	H_{2-17}：高校微信公众号的最高点赞数能够反映高校微信公众号的传播力	拒绝

续表

样本信息分类	研究假设	检定结果
表层形式	H_{2-18}：高校微信公众号的头条点赞数能够反映高校微信公众号的传播力	部分接受
	H_{2-19}：高校微信公众号的头条篇均点赞数能够反映高校微信公众号的传播力	部分接受
	H_{2-20}：高校微信公众号的头条日均点赞数能够反映高校微信公众号的传播力	部分接受
	H_{2-21}：高校微信公众号的总在看数能够反映高校微信公众号的传播力	接受
	H_{2-22}：高校微信公众号的篇均在看数能够反映高校微信公众号的传播力	接受
	H_{2-23}：高校微信公众号的日均在看数能够反映高校微信公众号的传播力	接受
	H_{2-24}：高校微信公众号的头条在看数能够反映高校微信公众号的传播力	接受
	H_{2-25}：高校微信公众号的头条篇均在看数能够反映高校微信公众号的传播力	接受
	H_{2-26}：高校微信公众号的头条日均在看数能够反映高校微信公众号的传播力	接受
	H_{2-27}：高校微信的推送中，与图片结合的数量和占比明显高于与视频、音频、链接结合的数量和频率，即以图文形式居多	接受

第三节 深层内容

一、深层内容相关指标说明

高校微信公众号深层内容相关变量说明及编码标准如表 3-24 所示。

表 3-24 高校微信公众号深层内容相关变量说明及编码标准

样本信息分类	变量分类	设立依据及补充说明
深层内容	思想政治类的微信推文数	与思想政治主题相关的信息。如党内会议、报告、讲话、发言、学习体会解读、文件解读等
	形象宣传类的微信推文数	涉及高校整体形象，为高校做宣传的相关信息。包括校庆宣传片、迎新宣传片、校徽和吉祥物的设计等
	校园建设类的微信推文数	牵涉高校自身发展的相关工作，包括校园基础设施建设、学科建设、人才储备与培养等
	校生互动类的微信推文数	关于高校领导和学生直接进行交流与互动的相关信息，如组织各式座谈会、茶话会等
	领导讲话类的微信推文数	围绕高校领导重要讲话内容的有关信息，如毕业致辞、新生寄语等
	师生寄语类的微信推文数	在校师生、校友、曾经在高校任职的教工的寄语，一般为特殊节日的问候或是表达对母校的谢意与祝福
	合作交流类的微信推文数	与其他高校或校外资源进行交流或合作，包括领导、师生访学，与其他高校开展交流会，与校外企业洽谈资源合作等
	校园荣誉类的微信推文数	与高校本身、高校中领导、师生或校友获得荣誉有关的信息，如高校 QS 排名、获得国家级别的表彰等
	科研成果类的微信推文数	关于高校师生获得具有学术意义和实用价值的创造性结果的信息，包括发表论文、自主研发新产品、设计专利等形式

续表

样本信息分类	变量分类	设立依据及补充说明
深层内容	教学成果类的微信推文数	关于高校教师教学过程中取得的成果，反映教育教学规律的信息
	生活资讯类的微信推文数	高校学生的身边事、新鲜事，如校园生活贴士、技巧指导、攻略、奇闻逸事等
	人物风采类的微信推文数	与高校人物、组织或群体有关的信息，如知名校友、优秀教职员、优秀学生或团队的介绍、访谈等
	历史文化类的微信推文数	展现高校历史轨迹和文化底蕴的有关信息，如介绍高校的建筑史、校训的文化意蕴等
	校园风景类的微信推文数	与高校风光、景物等相关的信息，如校园景色、建筑、雕塑、具体物件等
	教工生活类的微信推文数	与高校教师、职工日常生活相关的信息，如教职工代表大会、教职工趣味运动会等
	学生活动类的微信推文数	与高校学生课外活动相关的信息，包括十佳歌手、演讲比赛、军训、红歌会、运动会、社团活动、支教活动、各类征集活动等
	就业升学类的微信推文数	关于高校学生毕业去向的信息，如就业、创业、考研/考博、保研、考公、考证等
	通知告示类的微信推文数	关于高校近期需要广而告知的相关信息，包括高校招生信息、重要文件公告、各级组织纳新、重要评选结果公示等
	人事变动类的微信推文数	有关高校内各层级人事安排与调动的通知
	讲座信息类的微信推文数	关于高校举办的各类讲座、学术会议的相关信息，包括讲座、会议的预告和现场报道
	节假庆典类的微信推文数	与特殊时日相关的信息，如节日、假日、节气、校庆、颁奖典礼、纪念日等

续表

样本信息分类	变量分类	设立依据及补充说明
深层内容	书文选送类的微信推文数	各式具有文学、文艺色彩的信息，如著作介绍、美文品读、读后感、观后感、名言警句、诗词歌赋等
	影视推荐类的微信推文数	电视、电影、戏曲、话剧等影视类相关作品的推荐，包括作品推荐、观影感受、经典台词等
	平台互动类的微信推文数	微信平台本身与高校师生进行线上双向互动的信息，如投票、投稿、电台选歌等
	数据分析类的微信推文数	主要结合数据、图表展现主题的相关信息，如新媒体榜单、学生构成、大数据分析或预测校园动态等
	综合成果类的微信推文数	多方位展现高校所取得的成果的相关信息，囊括学科建设、人才培养、科研教学成果等两个及以上层面，如高校近一年成绩单等
	趣味段子类的微信推文数	根据时下流行的网络段子，结合高校特色或是校园生活进行改编的相关信息，往往具有趣味性
	新闻合集类的微信推文数	高校新近发生的时事汇总，包含两条及以上，如高校的一周要闻速递
	疫情相关类的微信推文数	新冠肺炎疫情暴发前后各高校推送的与疫情相关的内容
	其他类的微信推文数	上述类型以外的微信推文
	思想政治类的微信推文密度	思想政治类的微信推文数÷微信推文总数
	形象宣传类的微信推文密度	形象宣传类的微信推文数÷微信推文总数
	校园建设类的微信推文密度	校园建设类的微信推文数÷微信推文总数
	校生互动类的微信推文密度	校生互动类的微信推文数÷微信推文总数

续表

样本信息分类	变量分类	设立依据及补充说明
深层内容	领导讲话类的微信推文密度	领导讲话类的微信推文数÷微信推文总数
	师生寄语类的微信推文密度	师生寄语类的微信推文数÷微信推文总数
	合作交流类的微信推文密度	合作交流类的微信推文数÷微信推文总数
	校园荣誉类的微信推文密度	校园荣誉类的微信推文数÷微信推文总数
	科研成果类的微信推文密度	科研成果类的微信推文数÷微信推文总数
	教学成果类的微信推文密度	教学成果类的微信推文数÷微信推文总数
	生活资讯类的微信推文密度	生活资讯类的微信推文数÷微信推文总数
	人物风采类的微信推文密度	人物风采类的微信推文数÷微信推文总数
	历史文化类的微信推文密度	历史文化类的微信推文数÷微信推文总数
	校园风景类的微信推文密度	校园风景类的微信推文数÷微信推文总数
	教工生活类的微信推文密度	教工生活类的微信推文数÷微信推文总数
	学生活动类的微信推文密度	学生活动类的微信推文数÷微信推文总数
	就业升学类的微信推文密度	就业升学类的微信推文数÷微信推文总数

续表

样本信息分类	变量分类	设立依据及补充说明
深层内容	通知告示类的微信推文密度	通知告示类的微信推文数÷微信推文总数
	人事变动类的微信推文密度	人事变动类的微信推文数÷微信推文总数
	讲座信息类的微信推文密度	讲座信息类的微信推文数÷微信推文总数
	节假庆典类的微信推文密度	节假庆典类的微信推文数÷微信推文总数
	书文选送类的微信推文密度	书文选送类的微信推文数÷微信推文总数
	影视推荐类的微信推文密度	影视推荐类的微信推文数÷微信推文总数
	平台互动类的微信推文密度	平台互动类的微信推文数÷微信推文总数
	数据分析类的微信推文密度	数据分析类的微信推文数÷微信推文总数
	综合成果类的微信推文密度	综合成果类的微信推文数÷微信推文总数
	趣味段子类的微信推文密度	趣味段子类的微信推文数÷微信推文总数
	新闻合集类的微信推文密度	新闻合集类的微信推文数÷微信推文总数
	疫情相关类的微信推文密度	疫情相关类的微信推文数÷微信推文总数
	其他类的微信推文密度	其他类的微信推文数÷微信推文总数
	年度微信推文关键词	对2017年各高校微信推文标题和正文中的关键词进行词频分析和语义网络分析

二、假说形成

面对当下的移动互联网时代,海量信息以多样化的呈现形式向我们涌来,而"内容为王"依然是新媒体平台经久不衰的论题。已有的多项高校微信公众号的推送内容研究中,均包含对内容选题的考察与细分。赵雨晴(2015)通过对北京6所高校微信公众平台进行研究,将推送内容细分为"校园新闻热点""校内活动及通知""社会新闻及评论""海外游学纪实""校园人物专题""校园美食""文体及娱乐""校园生活权益""趣闻逸事""其他特色内容"十大类,同时指出校园新闻、活动占有较大比重,但高校的不同微信平台定位存在差异,导致推送内容各有侧重。[1] 王蓓悦(2017)等人在《高校官方微信公众号运营的现状、困境以及对策分析》一文中通过分析稳居《中国青年报》"全国普通高校微信公众号综合影响力排行榜"前20名的5所影响力较大的高校官方微信推送的内容,将推送内容细分为"校园新闻""特别专题""校园活动""校园文史""校园风景""线上互动"和"励志名言或者感悟"七大类,并提出校园资讯类的内容占比大且受欢迎。[2] 祁如玉(2017)以山东师范大学官方微信为例探讨高校官方微信发展现状、问题及对策研究,构建了发布内容的类目,并将选题类型划分为新闻类信息、服务类信息、人物景观类、休闲娱乐类、宣传推广类这五大类,发现山东师范大学的官方微信以新闻类和休闲娱乐类的推送内容为主,而缺乏服务类信息。[3]

基于现有的对高校微信推送内容的划分,本书依据微信推文内容的丰富性,进一步扩充深层内容类别,划分为30类,从数量和密度入手,加上年度关键词,共构成61个深层内容的变量,并提出以下假设:

H_{3-1}:高校微信公众号推送的深层内容涵盖多项类别。

H_{3-2}:按深层指标推送数量的时间分布来看,部分指标存在相对集中的推送

---

[1] 赵雨晴. 校园微信公众平台的现状及发展方向——基于北京六所高校微信公众平台的研究[J]. 科技传播, 2015, 7(5): 133-134.

[2] 王蓓悦, 王莹, 魏颖. 高校官方微信公众号运营的现状、困境以及对策分析——以"东华大学"为例的实证分析[J]. 新媒体研究, 2017, 3(7): 59.

[3] 祁如玉. 高校官方微信发展现状、问题及对策研究[D]. 济南: 山东师范大学, 2017: 34.

时间，即表现为各个高校微信公众号会在特定时间集中推送某一类别的内容。

H_{3-3}：按高校微信公众号深层指标的密度分布来看，各个高校微信公众号推送的深层内容存在共同的侧重类别，同时也存在相异的侧重类别。

吴中堂等人（2015）在《微信公众号信息传播的影响因素研究》一文中聚焦于微信公众号推送标题的关键词热度、语义变量与信息阅读率的关系，并提出标题的导向性词、句式是影响微信阅读量的重要因素，且微信公众号的推文标题要有叙述策略。① 基于已有研究，本书在深层内容的探析中加入对高校微信公众号推文标题的词频分析和语义网络分析，并提出以下假设：

H_{3-4}：高校微信公众号推文的标题关键词能够展现高校自身特色。

H_{3-5}：高校微信公众号推文的标题语义网络能够展现高校自身特色。

吴茵茵（2015）以 20 所大学图书馆发布的 1062 篇微信推文为研究对象，量化分析了微信公众号推文内容的高频词及其语义网络，发现"图书馆""数据库""资源""讲座"等词处于网络中心，符合大学图书馆主要服务于高等教育的定位。② 故而，本书进一步将推文正文的词频和语义网络纳入考察范畴，并提出以下假设：

H_{3-6}：高校微信公众号推文的正文关键词能够展现高校自身特色。

H_{3-7}：高校微信公众号推文的正文语义网络能够展现高校自身特色。

三、统计分析

（一）深层内容指标分析

（1）H_{3-1}：高校微信公众号推送的深层内容涵盖多项类别。

通过微信推文采集器对 12 所高校微信公众号 2020 年一年内推文的抓取，笔者对每篇推文的内容进行考察并细分，各个高校深层内容的数量与密度分析结果如表 3-25 所示。

---

① 吴中堂，刘建徽，唐振华. 微信公众号信息传播的影响因素研究［J］. 情报杂志，2015，34（4）：125.

② 吴茵茵. 基于 Web 挖掘的图书馆微信服务可视化研究［J］. 农业图书情报学刊，2015，27（12）：21-24.

表 3-25　12所高校微信公众号深层内容数量与密度汇总

内容类别＼高校名称	上海交通大学 数量	上海交通大学 密度	西安交通大学 数量	西安交通大学 密度	电子科技大学 数量	电子科技大学 密度	中国海洋大学 数量	中国海洋大学 密度
思想政治	11	0.0204	14	0.0333	3	0.0083	4	0.0159
形象宣传	2	0.0037	12	0.0285	3	0.0083	16	0.0510
校园建设	14	0.0260	30	0.0713	5	0.0139	17	0.0541
校生互动	0	0	0	0	0	0	1	0.0032
领导讲话	9	0.0167	11	0.0261	4	0.0111	2	0.0064
师生寄语	2	0.0037	2	0.0048	0	0	9	0.0287
合作交流	27	0.0501	18	0.0428	12	0.0333	15	0.0478
校园荣誉	33	0.0612	35	0.0831	22	0.0611	13	0.0414
科研成果	10	0.0186	18	0.0428	10	0.0278	3	0.0096
教学成果	0	0	9	0.0214	5	0.0139	7	0.0223
生活资讯	44	0.0816	22	0.0523	34	0.0944	24	0.0764
人物风采	76	0.1410	36	0.0855	64	0.1778	26	0.0828
历史文化	8	0.0148	6	0.0143	0	0	3	0.0096
校园风景	27	0.0501	18	0.0428	19	0.0528	24	0.0764
教工生活	3	0.0056	1	0.0024	1	0.0028	5	0.0159
学生活动	7	0.0130	10	0.0238	3	0.0083	15	0.0478
就业升学	3	0.0056	6	0.0143	7	0.0194	2	0.0064
通知告示	123	0.2282	65	0.1544	58	0.1611	51	0.1624
人事变动	2	0.0037	0	0	0	0	0	0
讲座信息	8	0.0148	13	0.0309	3	0.0083	5	0.0159
节假庆典	24	0.0445	7	0.0166	17	0.0472	15	0.0478
书文选送	4	0.0074	1	0.0024	0	0	1	0.0032
影视推荐	3	0.0056	1	0.0024	1	0.0028	0	0

续表

高校名称 内容类别	上海交通大学 数量	密度	西安交通大学 数量	密度	电子科技大学 数量	密度	中国海洋大学 数量	密度
平台互动	1	0.0019	4	0.0095	7	0.0194	0	0
数据分析	4	0.0074	0	0	4	0.0111	2	0.0064
综合成果	2	0.0037	8	0.0190	2	0.0056	3	0.0096
趣味段子	0	0	1	0.0024	0	0	8	0.0255
新闻合集	2	0.0037	2	0.0048	3	0.0083	0	0
疫情相关	127	0.2356	101	0.2399	84	0.2333	70	0.2229
其他	24	0.0445	4	0.0095	10	0.0278	3	0.0096

高校名称 内容类别	天津大学 数量	密度	浙江大学 数量	密度	北京大学 数量	密度	清华大学 数量	密度
思想政治	14	0.0271	9	0.0130	21	0.0286	20	0.0293
形象宣传	25	0.0484	2	0.0029	4	0.0054	9	0.0132
校园建设	5	0.0097	19	0.0275	12	0.0163	36	0.0528
校生互动	0	0	0	0	0	0	4	0.0059
领导讲话	13	0.0251	4	0.0058	7	0.0095	35	0.0513
师生寄语	12	0.0232	9	0.0130	13	0.0177	26	0.0381
合作交流	23	0.0445	12	0.0174	12	0.0163	26	0.0381
校园荣誉	18	0.0348	16	0.0232	22	0.0299	17	0.0249
科研成果	18	0.0348	32	0.0463	22	0.0299	27	0.0396
教学成果	13	0.0251	20	0.0289	10	0.0136	25	0.0367
生活资讯	55	0.1064	32	0.0463	61	0.0830	38	0.0557
人物风采	46	0.0890	96	0.1389	59	0.0803	34	0.0499
历史文化	10	0.0193	0	0	9	0.0122	6	0.0088
校园风景	33	0.0638	33	0.0478	28	0.0381	22	0.0323
教工生活	1	0.0019	4	0.0058	0	0	2	0.0029

续表

高校名称\内容类别	天津大学 数量	天津大学 密度	浙江大学 数量	浙江大学 密度	北京大学 数量	北京大学 密度	清华大学 数量	清华大学 密度
学生活动	12	0.0232	5	0.0072	19	0.0259	20	0.0293
就业升学	3	0.0058	1	0.0014	9	0.0122	5	0.0073
通知告示	75	0.1451	127	0.1838	129	0.1755	68	0.0997
人事变动	0	0	3	0.0043	0	0	1	0.0015
讲座信息	2	0.0039	31	0.0449	33	0.0449	40	0.0587
节假庆典	18	0.0348	30	0.0434	39	0.0531	61	0.0894
书文选送	6	0.0116	11	0.0159	5	0.0068	10	0.0147
影视推荐	0	0	4	0.0058	13	0.0177	4	0.0059
平台互动	4	0.0077	6	0.0087	3	0.0041	8	0.0117
数据分析	4	0.0077	4	0.0058	3	0.0041	2	0.0029
综合成果	1	0.0019	1	0.0014	0	0	1	0.0015
趣味段子	5	0.0097	0	0	0	0	6	0.0088
新闻合集	3	0.0058	1	0.0014	46	0.0626	4	0.0059
疫情相关	141	0.2727	196	0.2836	216	0.2939	164	0.2405
其他	4	0.0077	34	0.0492	25	0.0340	23	0.0337

高校名称\内容类别	武汉大学 数量	武汉大学 密度	厦门大学 数量	厦门大学 密度	北京航空航天大学 数量	北京航空航天大学 密度	四川大学 数量	四川大学 密度
思想政治	9	0.0122	11	0.0264	15	0.0455	6	0.0149
形象宣传	20	0.0272	26	0.0624	12	0.0364	5	0.0124
校园建设	15	0.0204	4	0.0096	26	0.0788	28	0.0695
校生互动	0	0	2	0.0048	1	0.0030	0	0
领导讲话	8	0.0109	3	0.0072	5	0.0152	4	0.0099
师生寄语	20	0.0272	9	0.0216	4	0.0121	5	0.0124
合作交流	13	0.0177	10	0.0240	3	0.0091	10	0.0248

续表

高校名称 内容类别	武汉大学 数量	武汉大学 密度	厦门大学 数量	厦门大学 密度	北京航空航天大学 数量	北京航空航天大学 密度	四川大学 数量	四川大学 密度
校园荣誉	27	0.0367	10	0.0240	9	0.0273	25	0.0620
科研成果	10	0.0136	17	0.0408	6	0.0182	5	0.0124
教学成果	15	0.0204	7	0.0168	8	0.0242	3	0.0074
生活资讯	62	0.0842	48	0.1151	48	0.1455	32	0.0794
人物风采	89	0.1209	23	0.0552	20	0.0606	61	0.1514
历史文化	5	0.0068	52	0.1247	5	0.0152	2	0.0050
校园风景	48	0.0652	17	0.0408	11	0.0333	30	0.0744
教工生活	2	0.0027	1	0.0024	0	0	0	0
学生活动	26	0.0353	14	0.0336	6	0.0182	3	0.0074
就业升学	8	0.0109	3	0.0072	1	0.0030	2	0.0050
通知告示	47	0.0639	51	0.1223	52	0.1576	55	0.1365
人事变动	0	0	0	0	0	0	0	0
讲座信息	2	0.0027	10	0.0240	16	0.0485	5	0.0124
节假庆典	20	0.0272	16	0.0384	18	0.0545	20	0.0496
书文选送	9	0.0122	2	0.0048	0	0	1	0.0025
影视推荐	0	0	0	0	0	0	6	0.0149
平台互动	1	0.0014	4	0.0096	0	0	6	0.0149
数据分析	2	0.0027	1	0.0024	3	0.0091	2	0.0050
综合成果	0	0	0	0	0	0	3	0.0074
趣味段子	25	0.0340	6	0.0144	1	0.0030	0	0
新闻合集	4	0.0054	2	0.0048	12	0.0364	1	0.0025
疫情相关	316	0.4293	113	0.2710	71	0.2152	93	0.2308
其他	6	0.0082	2	0.0048	9	0.0273	12	0.0298

由表3-25可知，12所高校微信公众号的推送内容明显涵盖多项类别，且每所高校的深层内容指标不为0的项均超过20个，说明高校微信公众号推送的内容丰富程度均相当可观，注重信息传播内容的多样化，可以使用户保持一定程度的新鲜感。

（2）H_{3-2}：按深层指标推送数量的时间分布来看，部分指标存在相对集中的推送时间，即表现为各个高校微信公众号会在特定时间集中推送某一类别的内容。

因表3-25中深层内容指标的考察时段是2020年一整年，只能呈现出每项指标在一年内的整体分布，而无法更为清晰地展现深层内容指标在一年内的变动图景。由此，笔者借助EXCEL按月统计出12所高校微信公众号深层内容的各项指标，绘制出的分布图如图3-14至图3-43所示。

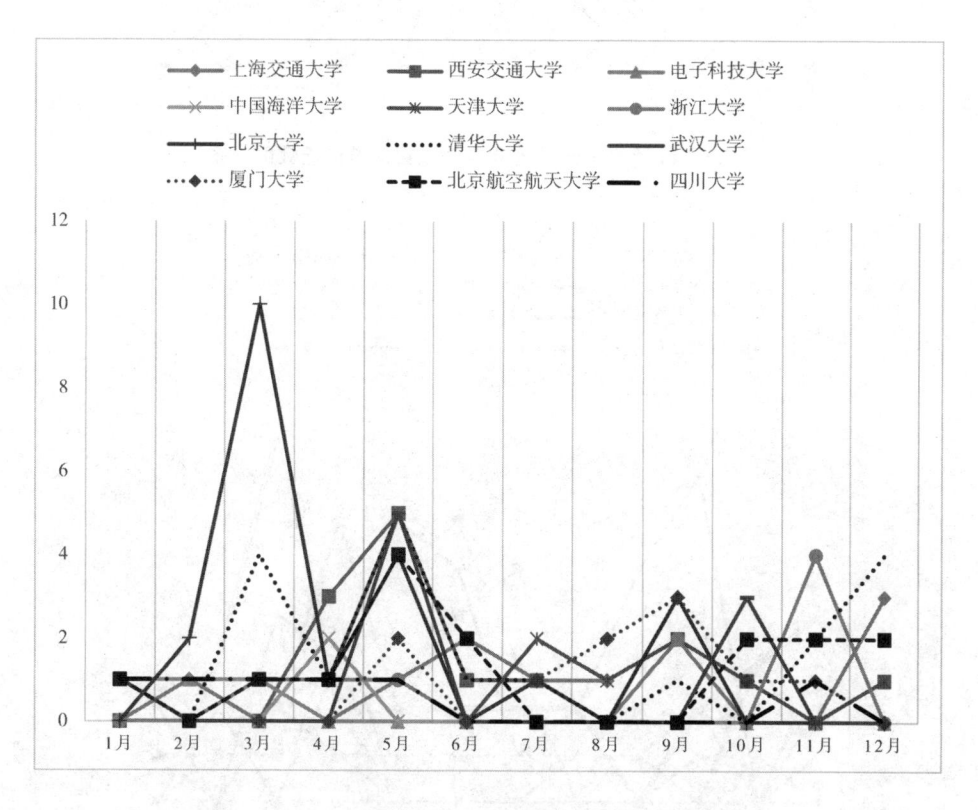

图3-14　12所高校微信公众号思想政治类推送数量分布

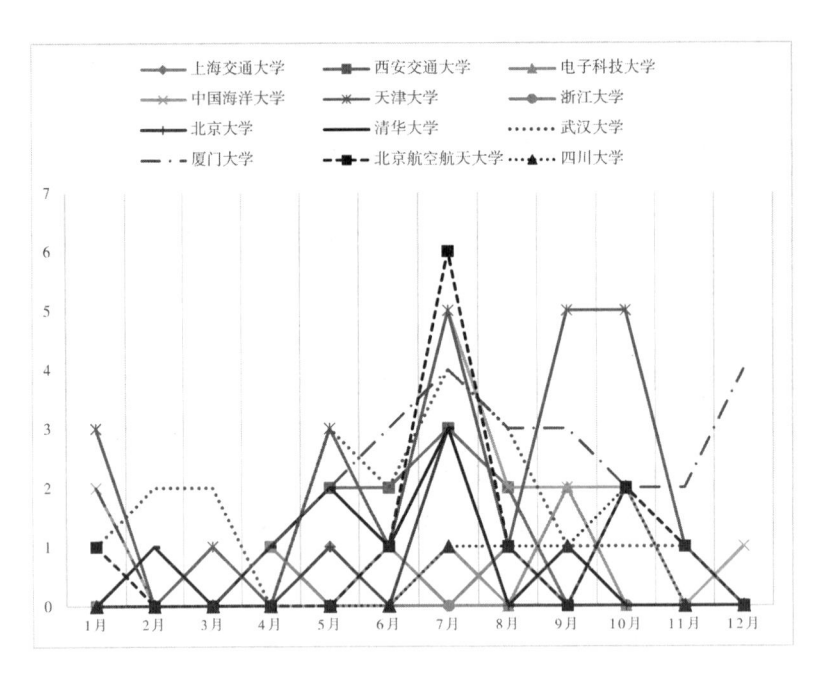

图 3-15　12 所高校微信公众号形象宣传类推送数量分布

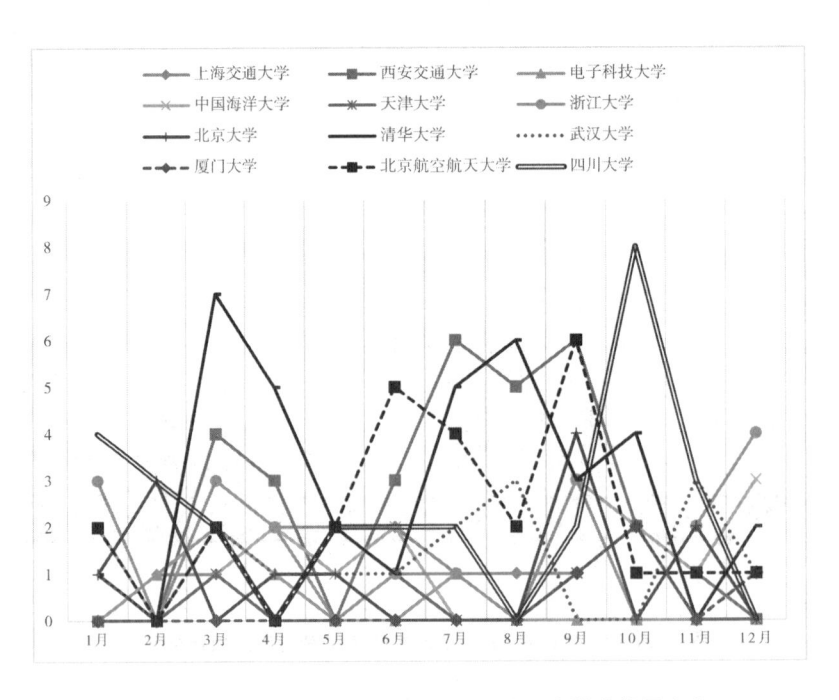

图 3-16　12 所高校微信公众号校园建设类推送数量分布

>>> 第三章 分析与讨论

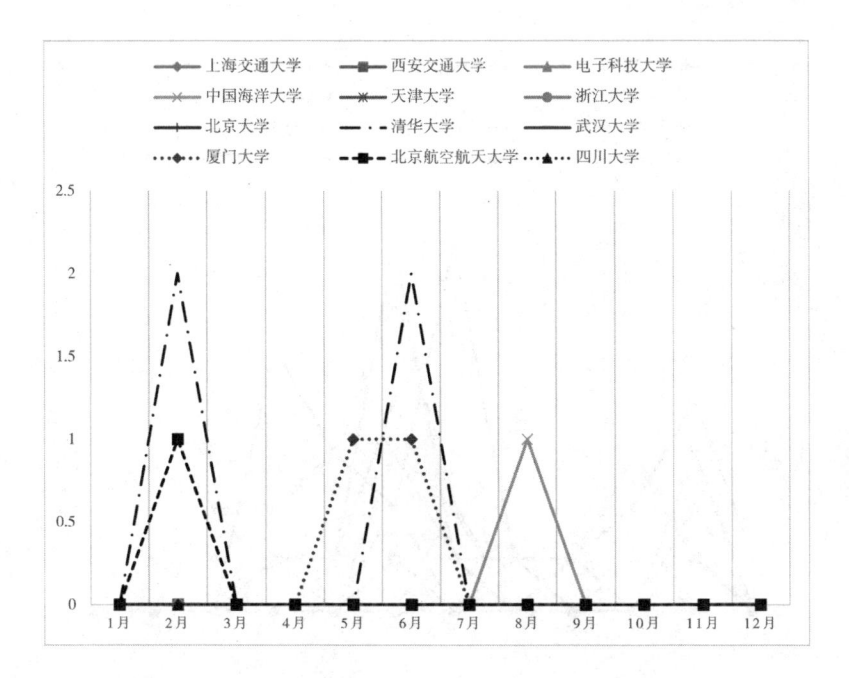

图 3-17 12所高校微信公众号校生互动类推送数量分布

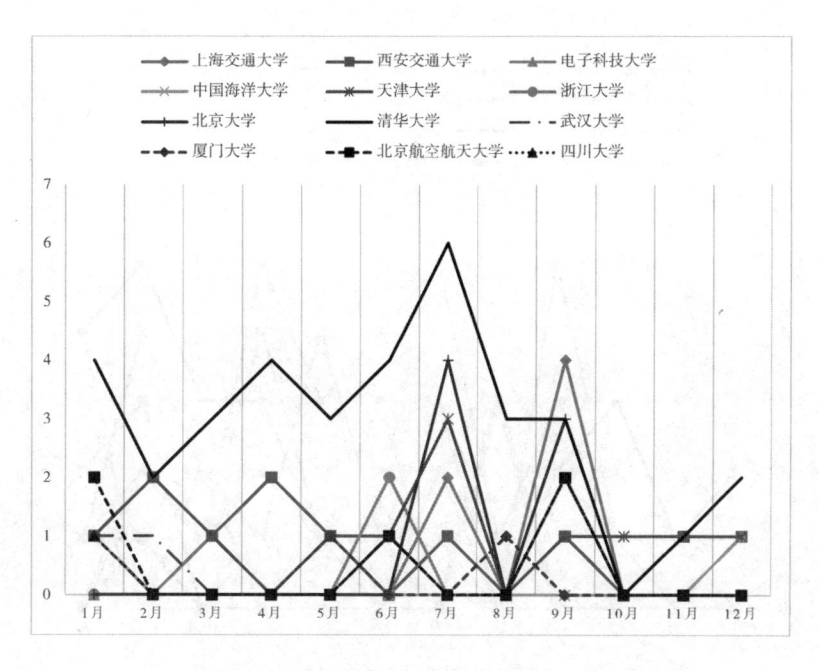

图 3-18 12所高校微信公众号领导讲话类推送数量分布

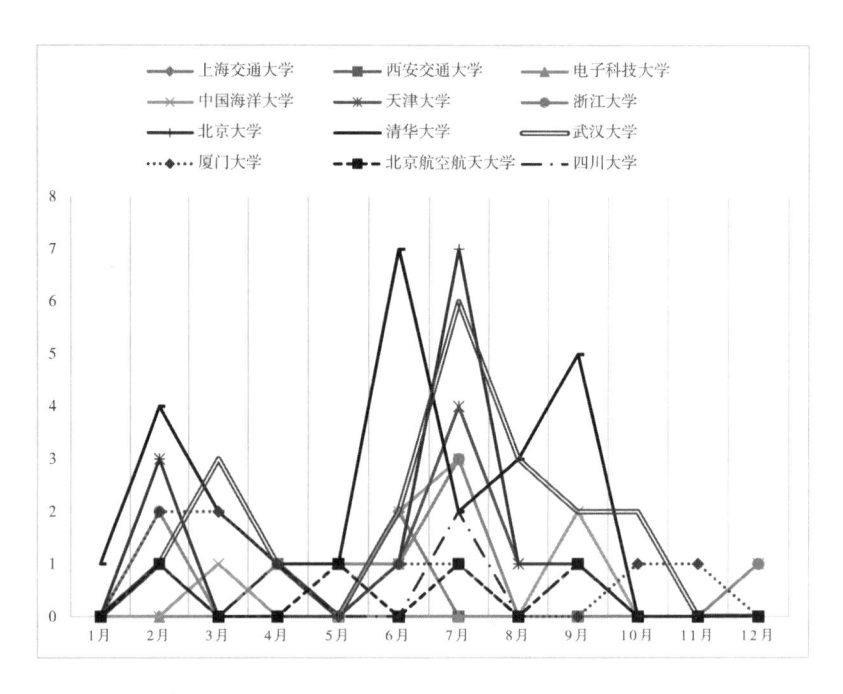

图 3-19　12 所高校微信公众号师生寄语类推送数量分布

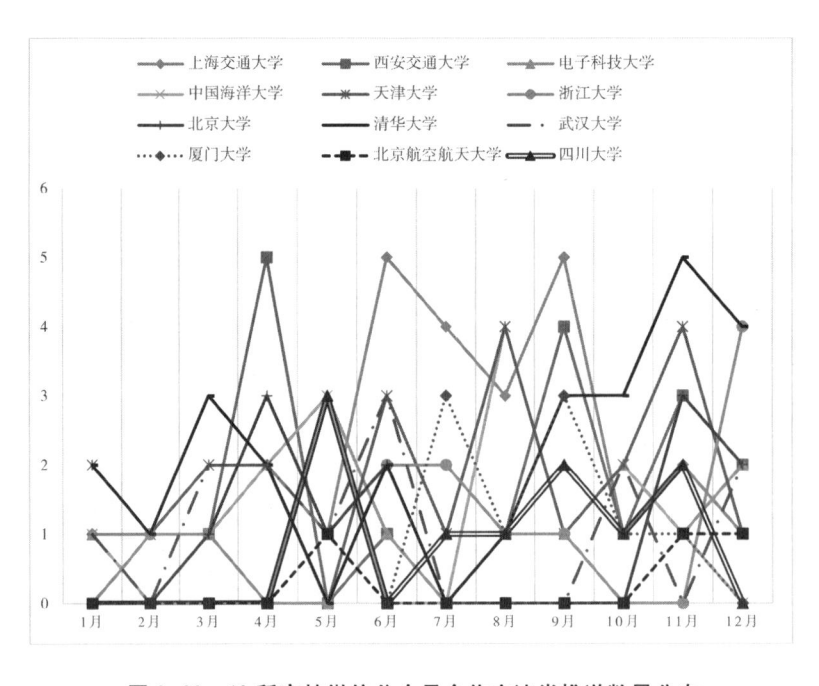

图 3-20　12 所高校微信公众号合作交流类推送数量分布

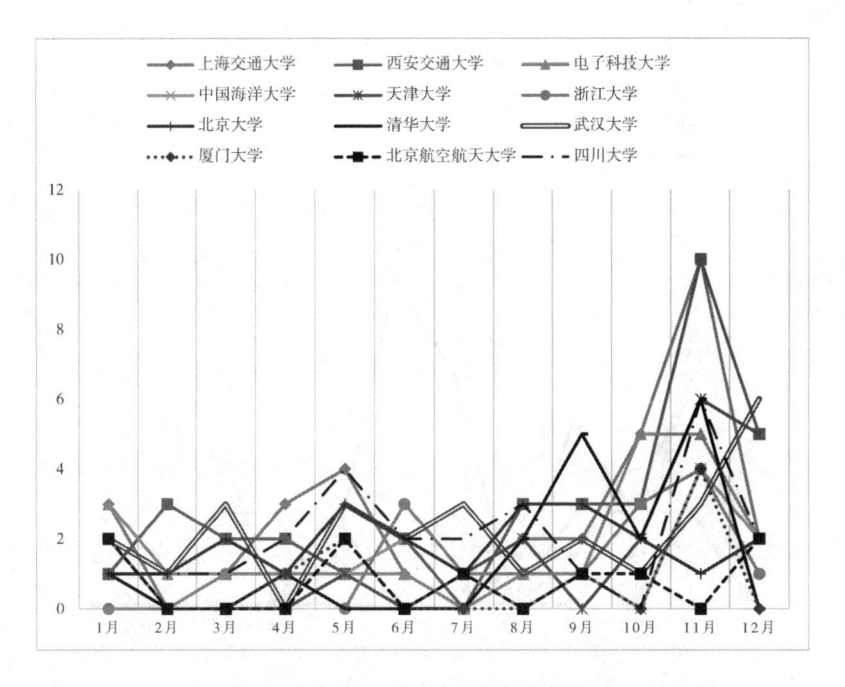

图 3-21 12 所高校微信公众号校园荣誉类推送数量分布

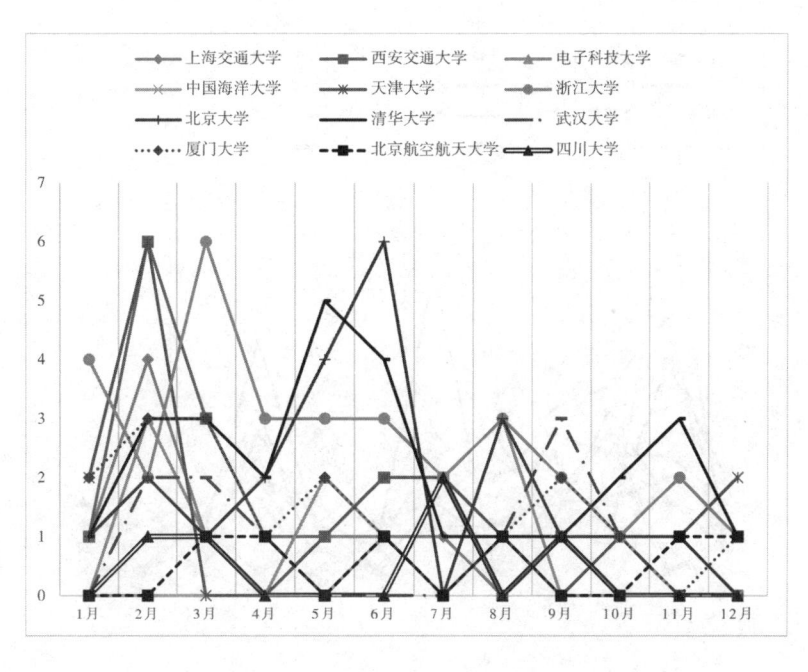

图 3-22 12 所高校微信公众号科研成果类推送数量分布

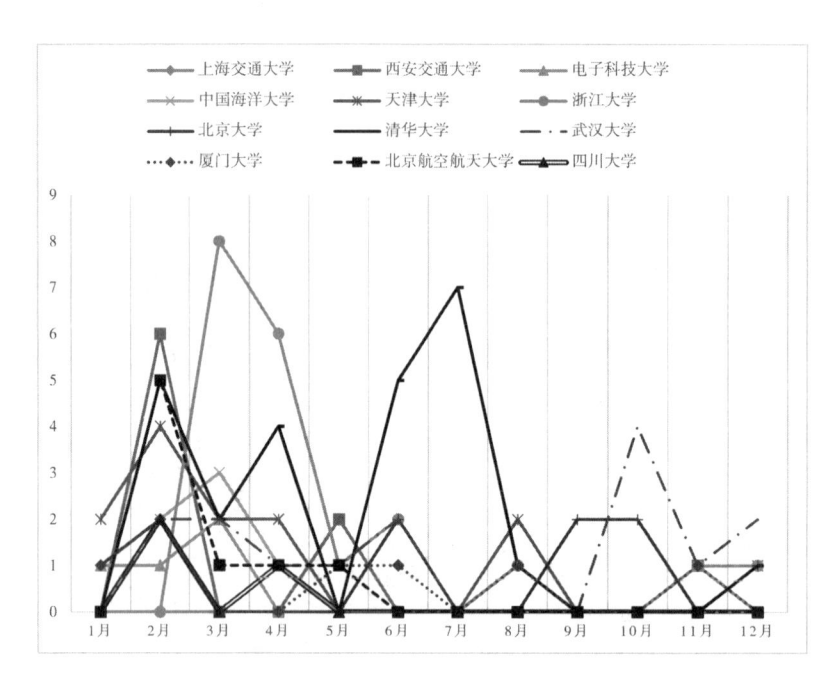

图 3-23　12 所高校微信公众号教学成果类推送数量分布

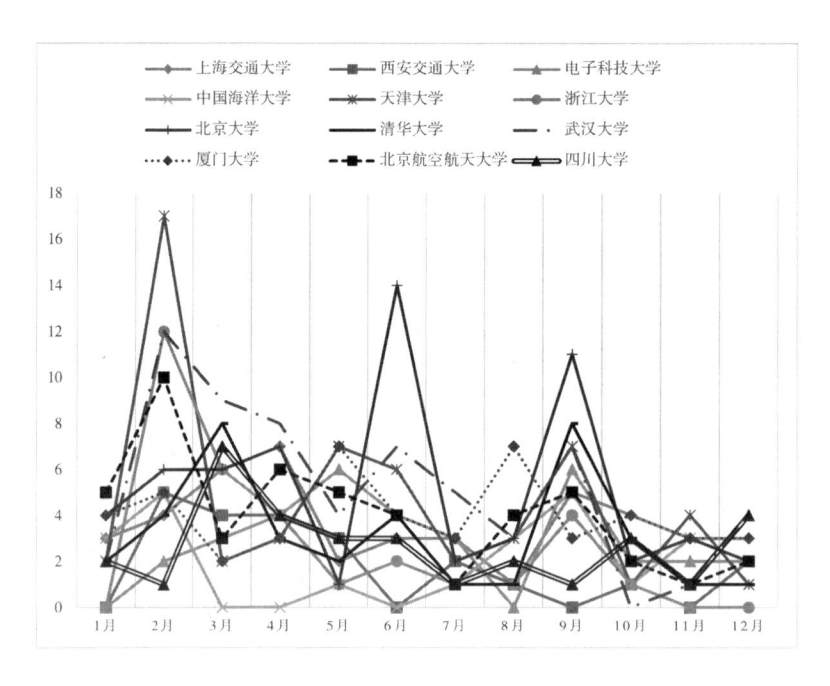

图 3-24　12 所高校微信公众号生活资讯类推送数量分布

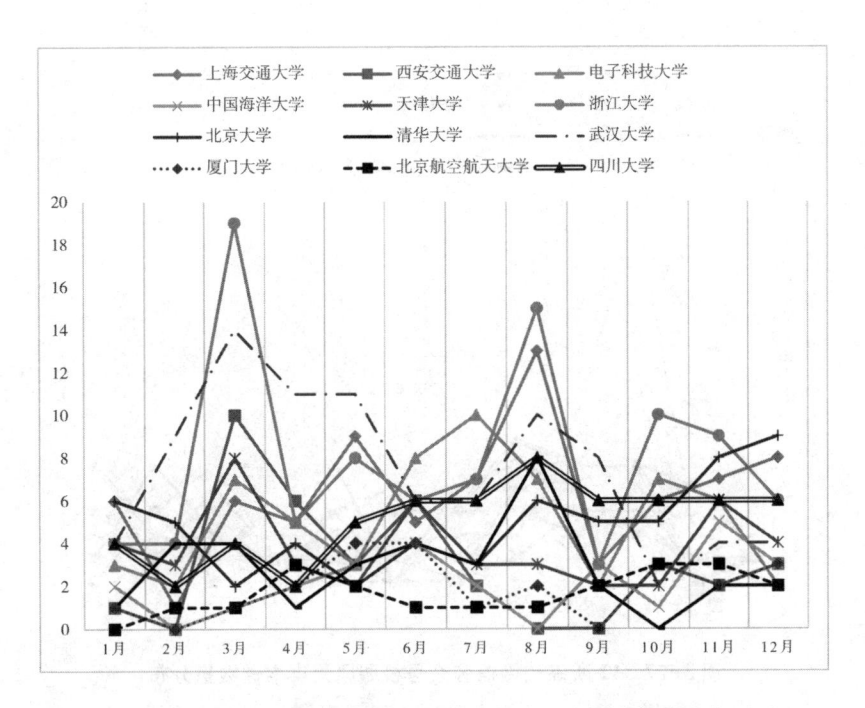

图 3-25　12 所高校微信公众号人物风采类推送数量分布

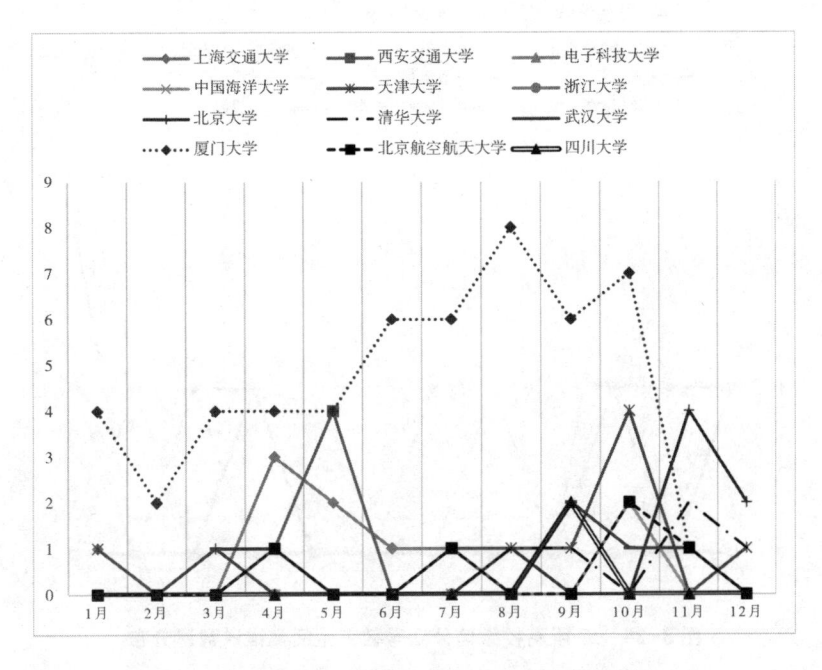

图 3-26　12 所高校微信公众号历史文化类推送数量分布

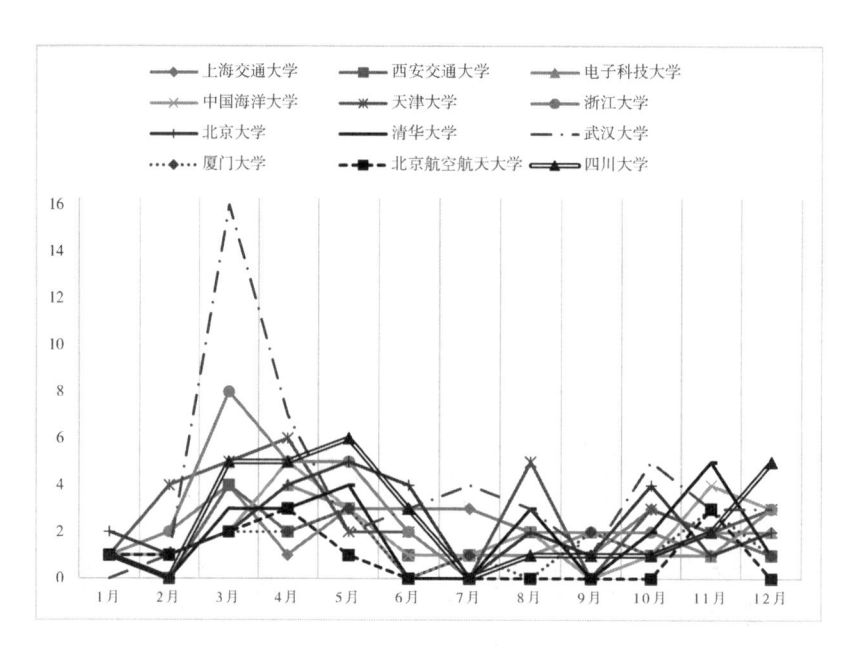

图 3-27　12 所高校微信公众号校园风景类推送数量分布

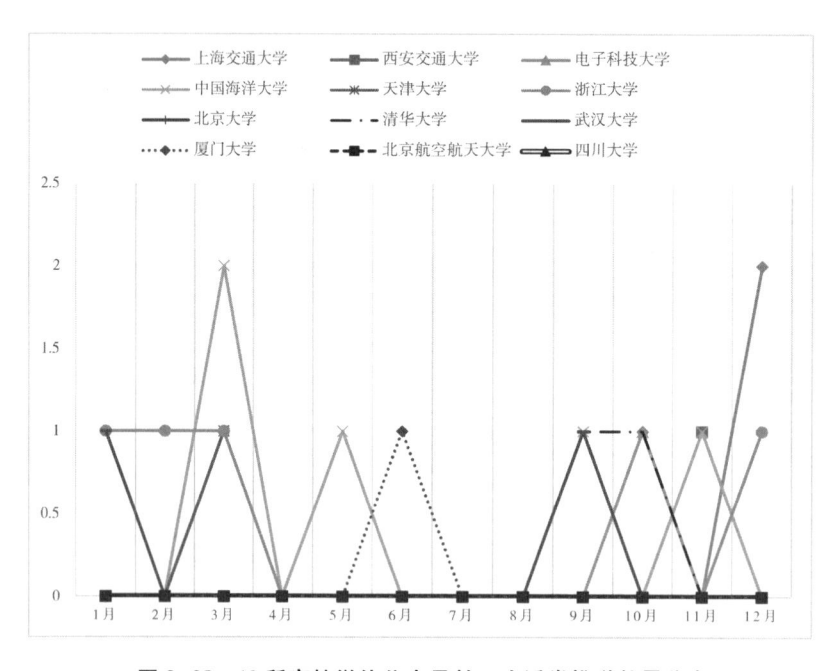

图 3-28　12 所高校微信公众号教工生活类推送数量分布

<<< 第三章 分析与讨论

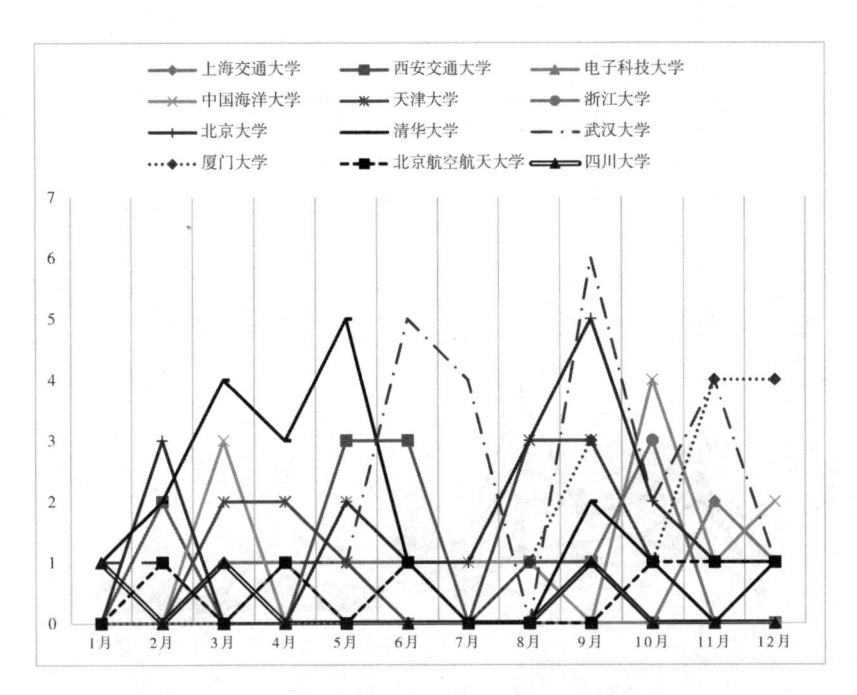

图 3-29 12 所高校微信公众号学生活动类推送数量分布

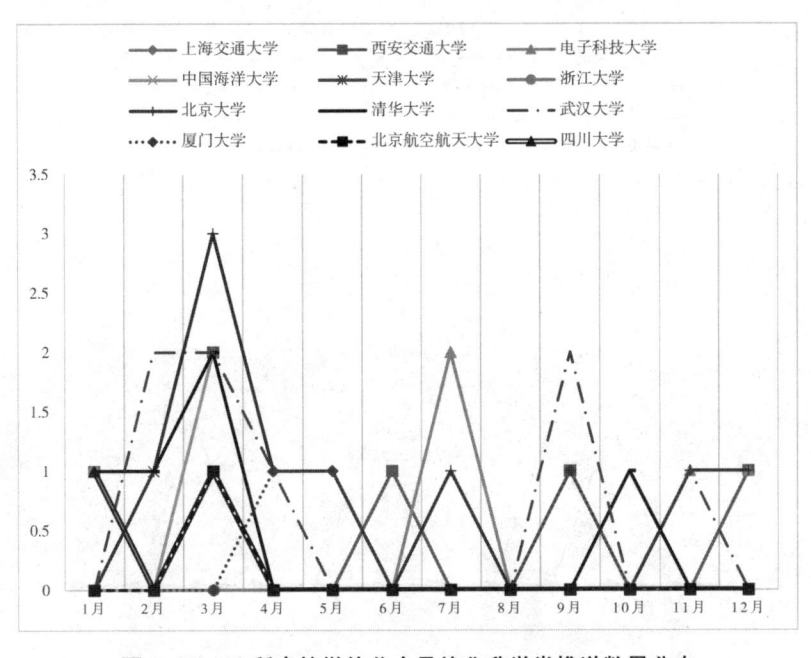

图 3-30 12 所高校微信公众号就业升学类推送数量分布

97

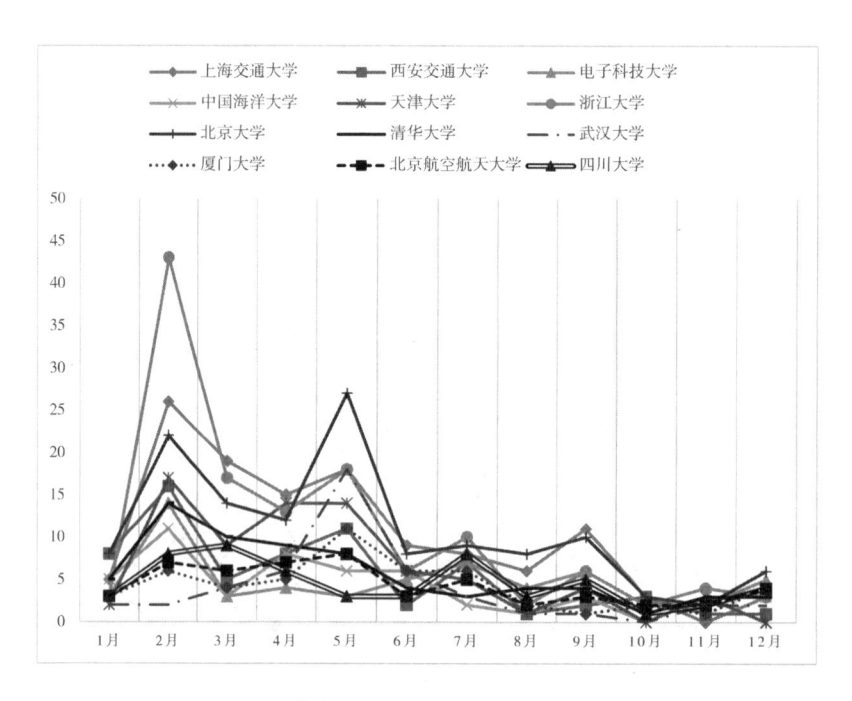

图 3-31　12所高校微信公众号通知告示类推送数量分布

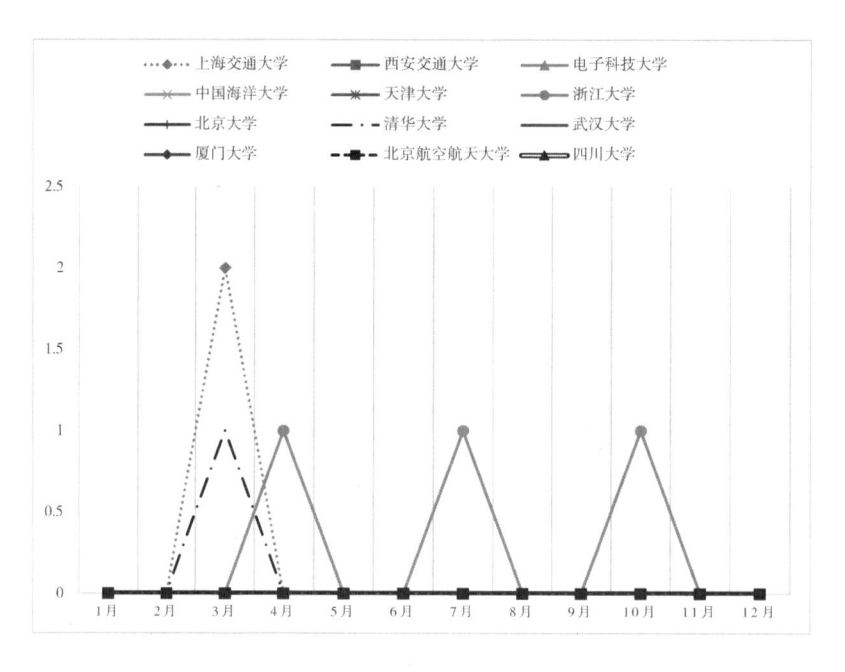

图 3-32　12所高校微信公众号人事变动类推送数量分布

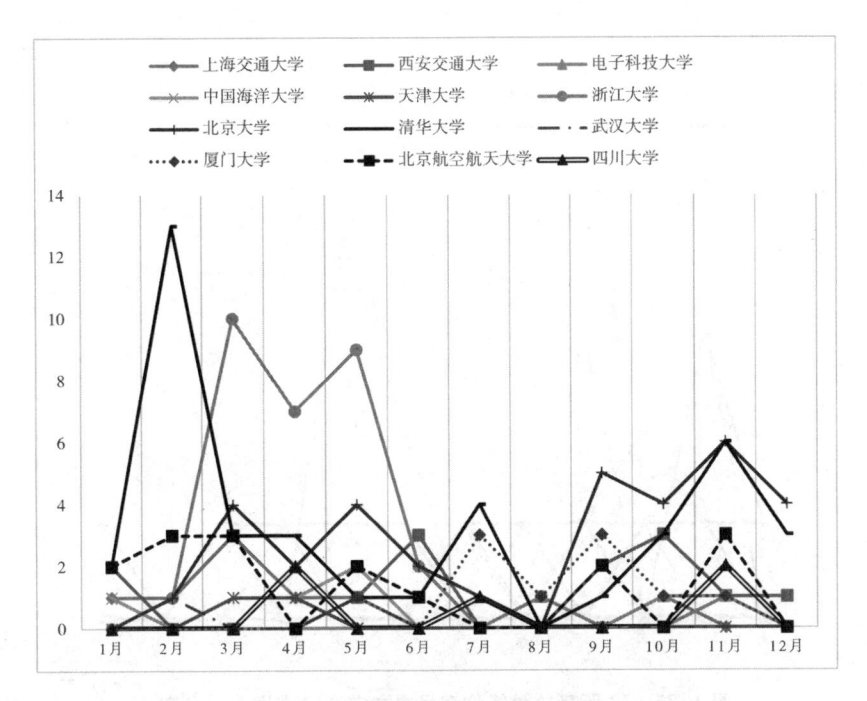

图 3-33　12 所高校微信公众号讲座信息类推送数量分布

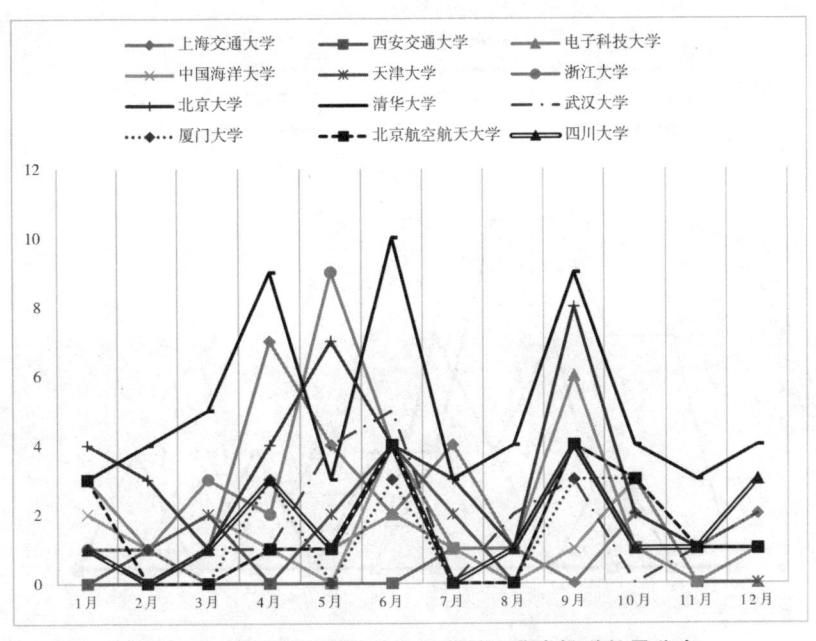

图 3-34　12 所高校微信公众号节假庆典类推送数量分布

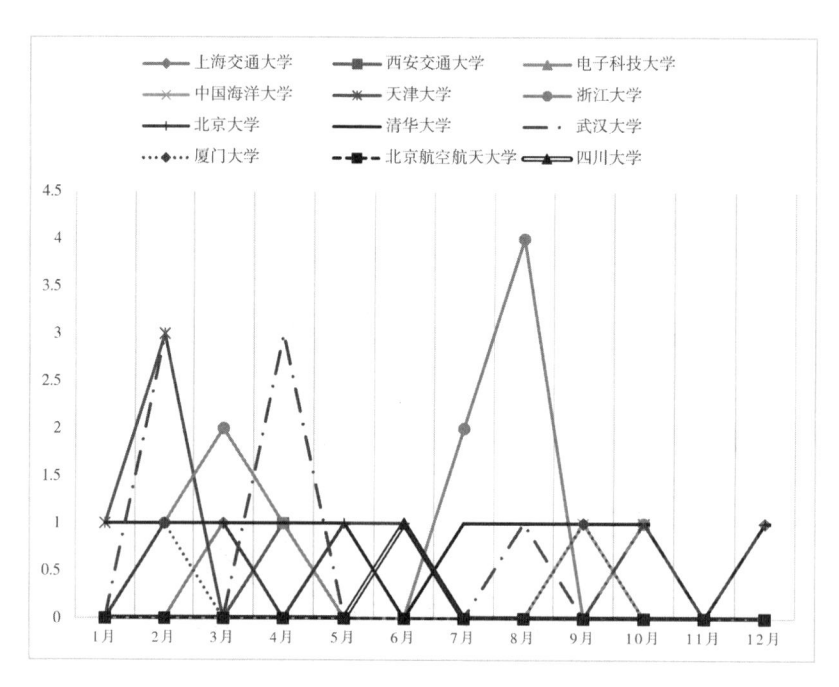

图 3-35　12 所高校微信公众号书文选送类推送数量分布

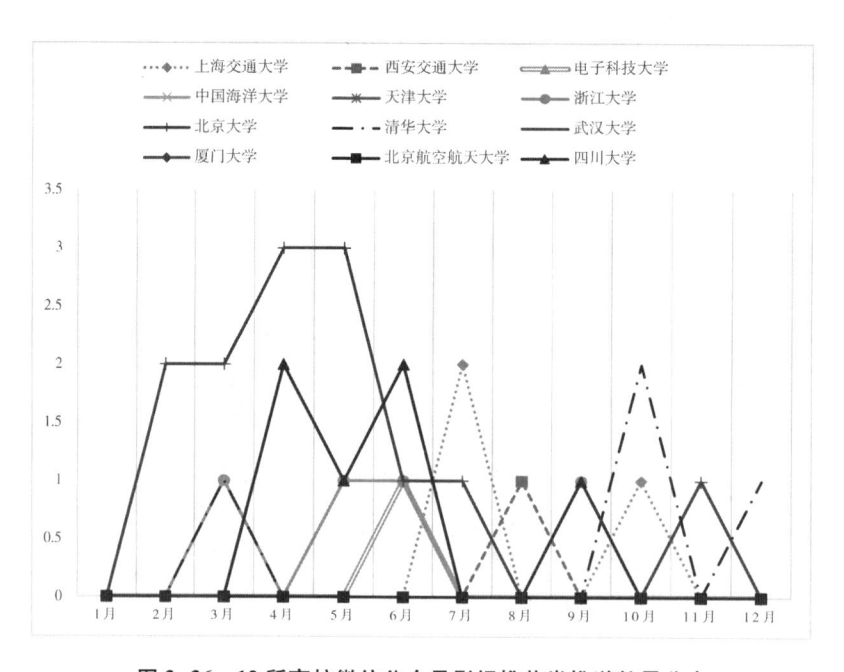

图 3-36　12 所高校微信公众号影视推荐类推送数量分布

<<< 第三章 分析与讨论

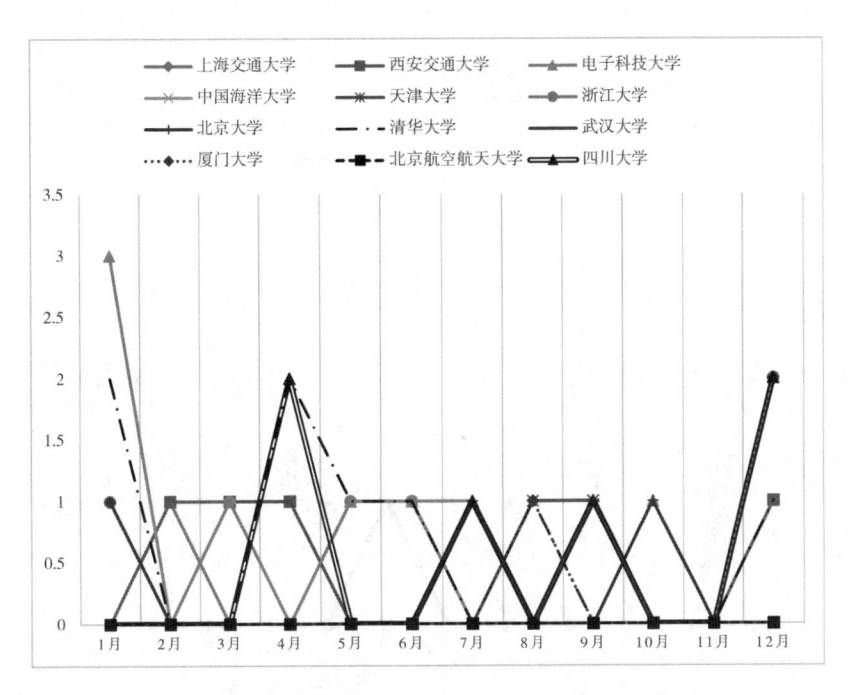

图 3-37 12 所高校微信公众号平台互动类推送数量分布

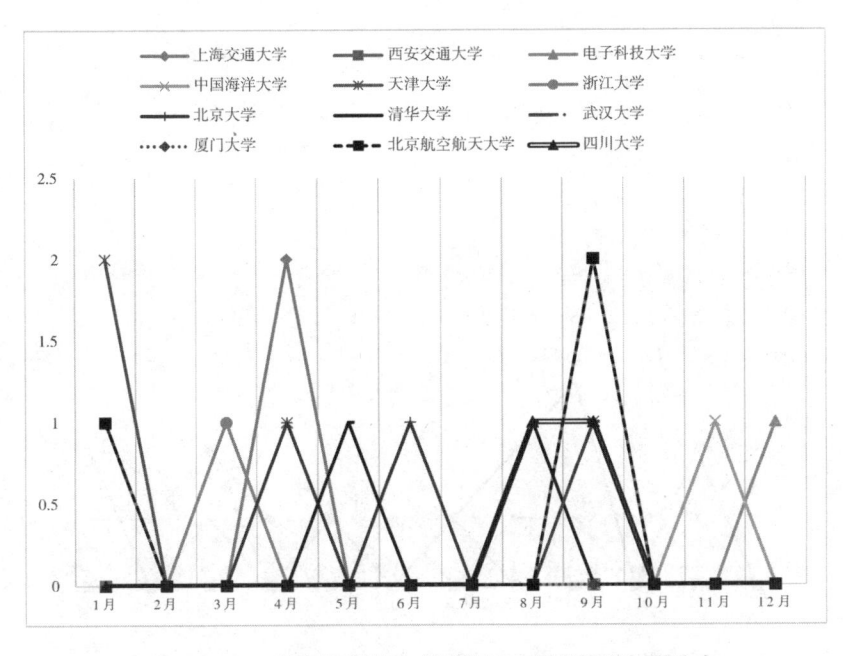

图 3-38 12 所高校微信公众号数据分析类推送数量分布

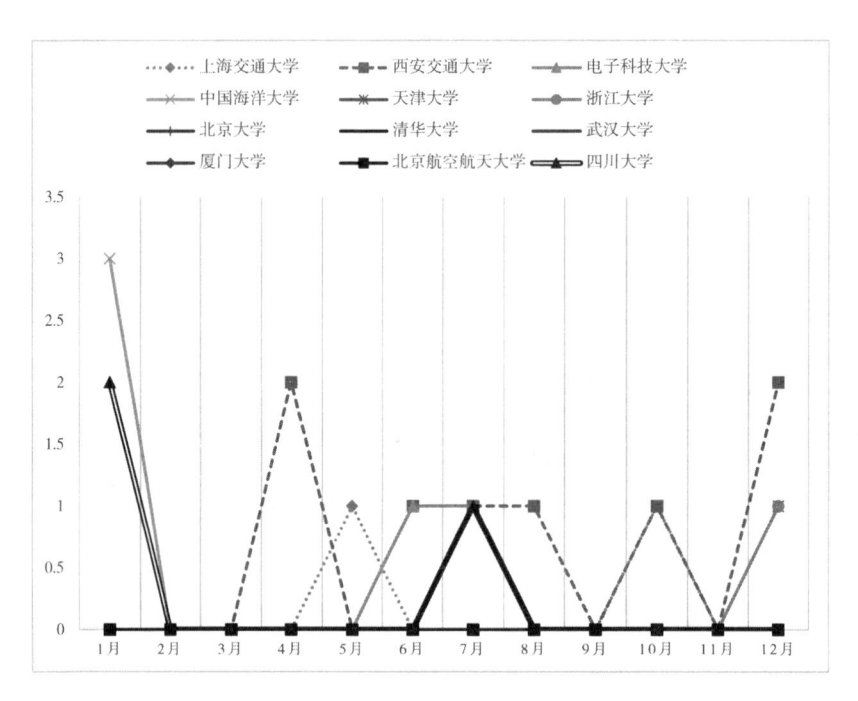

图 3-39 12 所高校微信公众号综合成果类推送数量分布

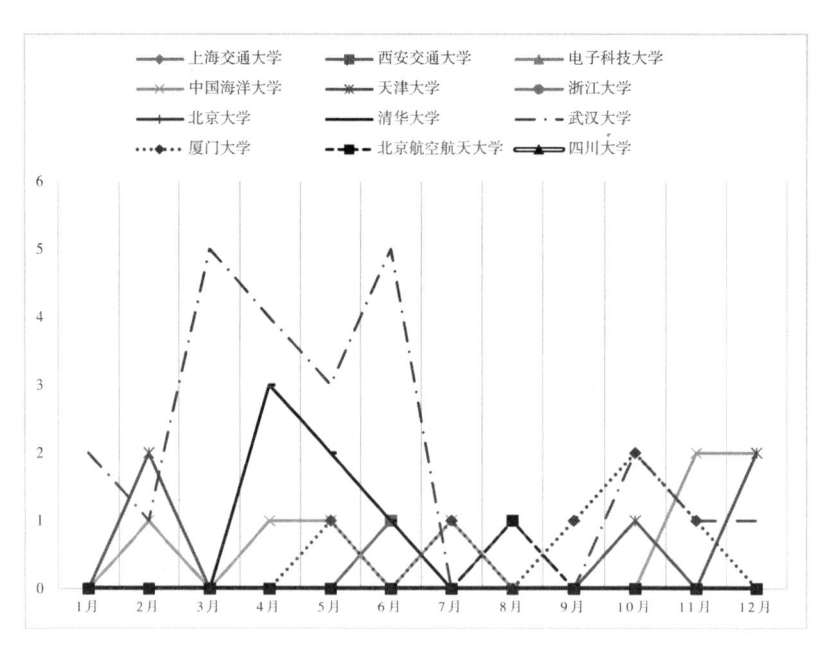

图 3-40 12 所高校微信公众号趣味段子类推送数量分布

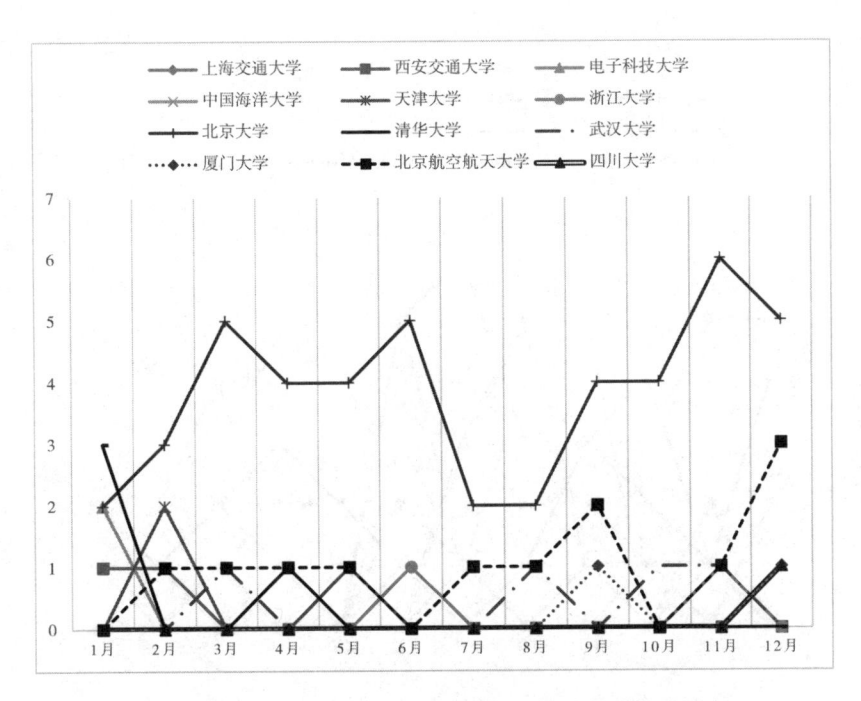

图 3-41 12 所高校微信公众号新闻合集类推送数量分布

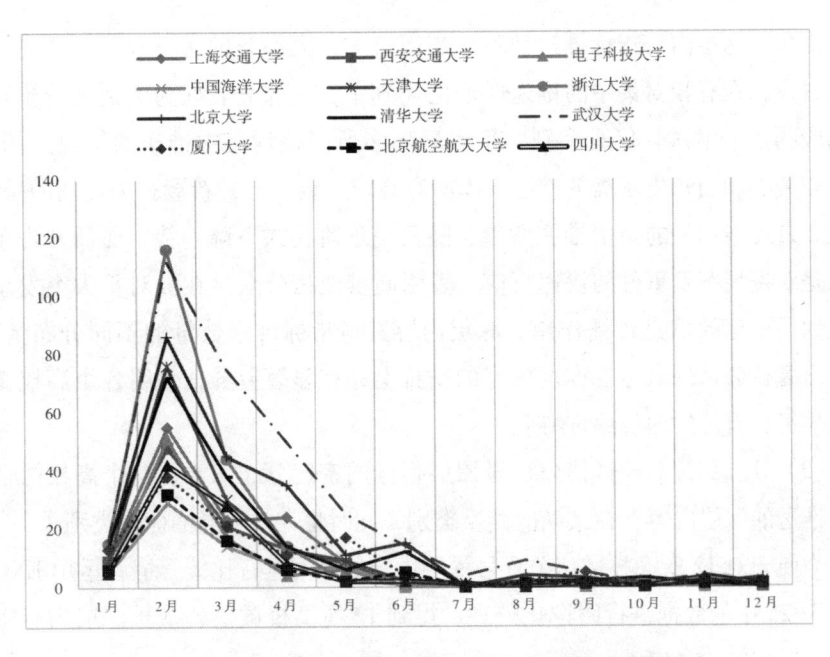

图 3-42 12 所高校微信公众号疫情相关类推送数量分布

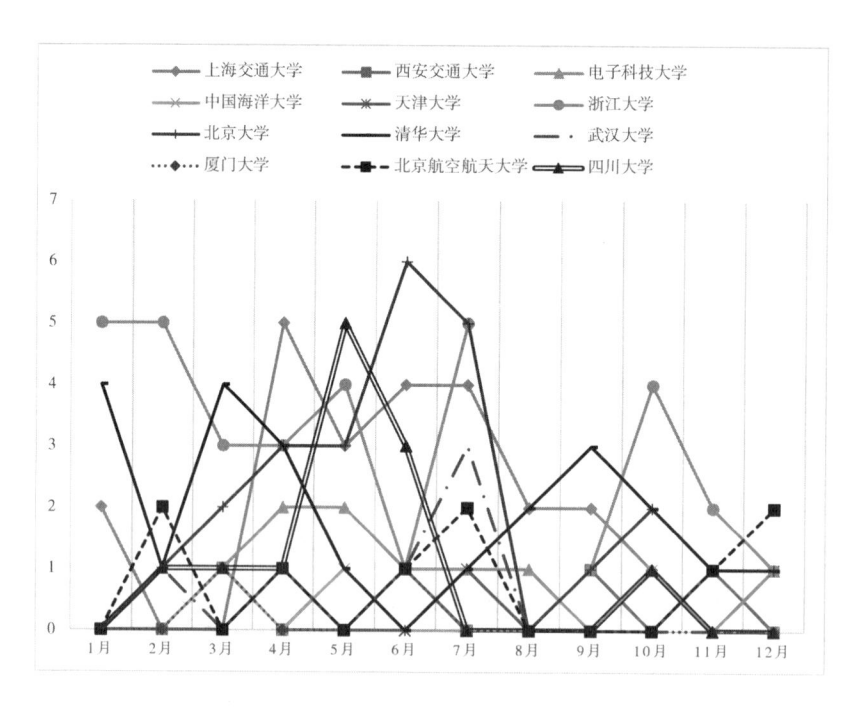

图 3-43　12 所高校微信公众号其他类推送数量分布

由各个深层内容指标推送数量分布图可知，大部分推送类别并无相对集中的推送月。在有相对集中的推送时段的类别中，一部分表现为个别高校于特定时间段的集中推送，仅有个别类别表现出多所高校均集中推送的情况。例如，疫情相关类和通知告示类的推送规律所有高校大致一样，新冠肺炎疫情的暴发，导致 2 月疫情相关的微信推文激增，随后呈现阶梯式下降趋势，而通知告示类多数是对疫情突发事件的快速反应，表明高校微信公众号在面对重大突发事件时起到了一定的信息传播作用。深层内容其他指标推送数量的不同分布情况，反映出高校微信公众号在推送内容的安排上存在显著差异，表明各个高校微信公众号都有自己的内容编排特色。

（3）H_{3-3}：按高校微信公众号深层指标的密度分布来看，各个高校微信公众号推送的深层内容存在共同的侧重类别，同时也存在相异的侧重类别。

为便于对 12 所高校微信公众号深层内容的异同进行比较，笔者运用 EXCEL 对表 3-25 中的数据进行图像化处理，得到 12 所高校微信公众号深层内容密度分布情况如图 3-44 所示。

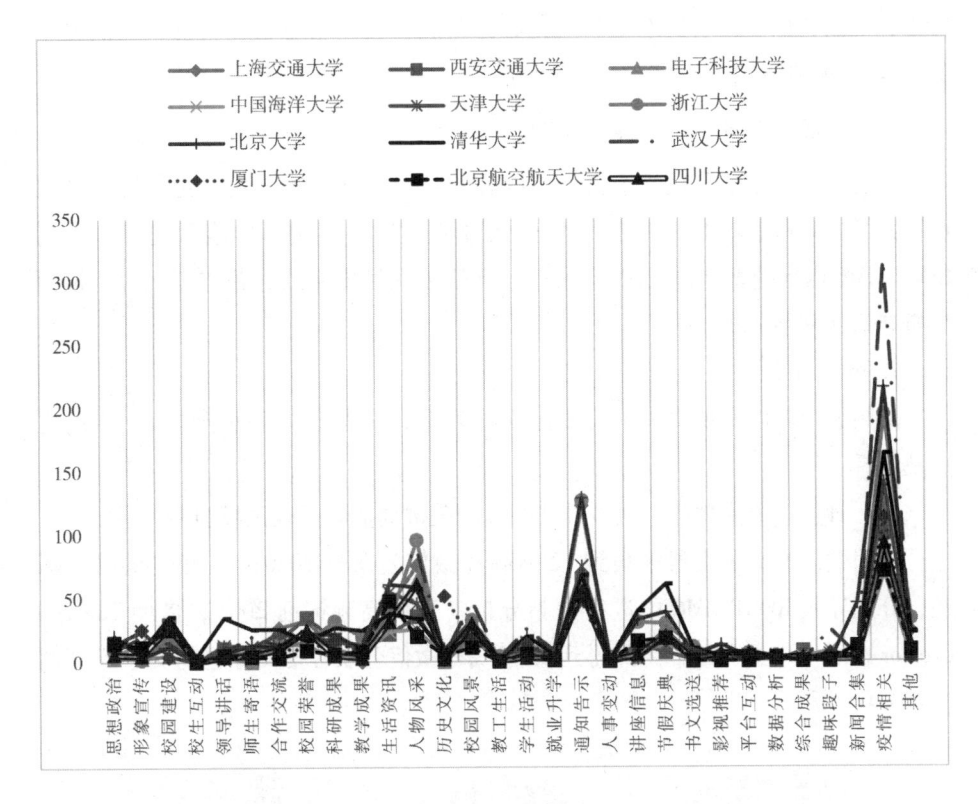

图 3-44　12 所高校微信公众号深层内容密度分布汇总

正如深层内容密度分布的汇总图所示，12 条折线整体走势的差异不大，且折线"隆起"的部分也存在诸多一致之处，表明 12 所高校微信公众号在深层内容层面上有共同侧重的类别，疫情相关、通知告示、生活资讯、人物风采这四类深层内容相较于其他类别密度更大，为高校微信公众号所倚重的推送类别。

而进一步单独来看 12 条折线，每条折线的峰值差异也不大，这反映出每所高校微信公众号在疫情之年推送的内容呈现惊人的相似性，峰值集中在疫情相关、通知告示、生活资讯、人物风采这四类深层内容上，而通知告示、生活资讯、人物风采仍然多数与疫情有关。这表明重大突发事件对高校微信公众号推文的影响是决定性的。

若是深层内容的分析仅停留在类别层面，就会导致只能窥见高校微信公众号推送内容的整体轮廓，而无法从更细微的层面去把控各个高校微信公众号传播内容上的特色。因而，本书引入词频分析和语义网络分析的方法，对高校微信公众号的深层内容进行更细致的研究。

（二）词频分析与语义网络分析

上述对高校微信公众号推文深层内容的类别划分无法避免一定程度的主观性。为了更系统、更贴合高校微信公众号的推送内容实际，笔者进一步采用ROST CM6 内容挖掘软件，对 12 所高校微信公众号推文的标题与正文进行词频分析与语义网络分析。

1. 词频分析

词频统计可以发现文本中反复出现的关键词，从而能够便于抓住文本的要点及主旨。

（1）H_{3-4}：高校微信公众号推文的标题关键词能够展现高校自身特色。

运用微信推文采集器采集到 12 所高校微信公众号 2020 年一年内的推文标题，分别导入 ROST CM6 中进行词频分析（选取高频词前 200），借助 Tagxedo Creator 在线生成文字云，由此得到 12 所高校微信公众号推文标题的文字云（图 3-45）。[①]

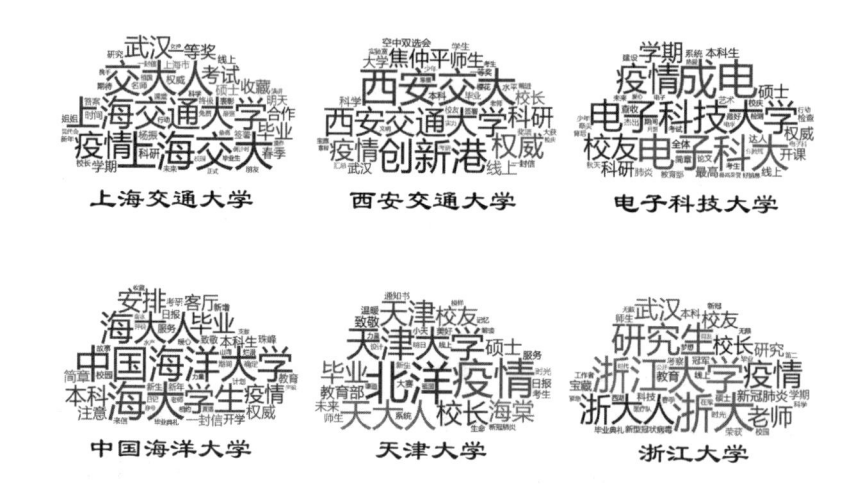

上海交通大学　西安交通大学　电子科技大学

中国海洋大学　天津大学　浙江大学

---

① Tagxedo Creator 在生成词云时，会对高频词进行筛选呈现，并通过字体大小不同来反映词频数量的高低。推文正文的文字云亦同。

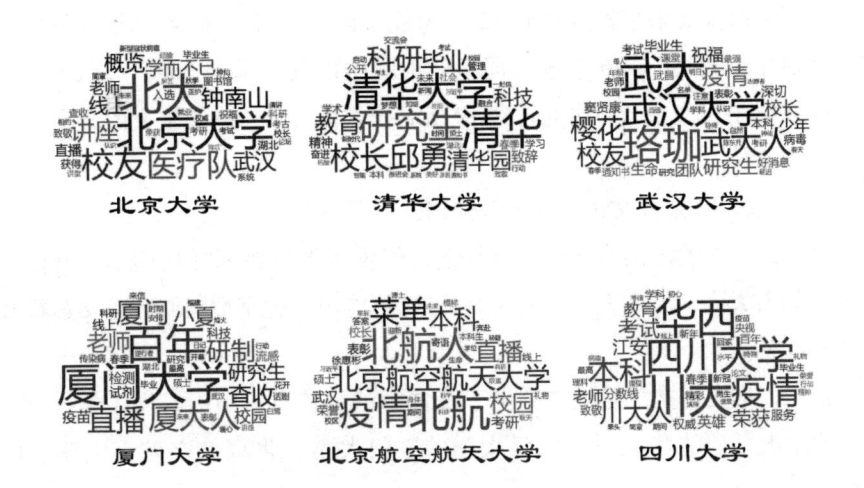

图 3-45　12 所高校微信公众号推文标题关键词词云图

　　从 12 朵推文标题关键词词云汇总来看，其中最为醒目的均是高校自身的全称或是简称，侧面反映出高校微信公众号是高校自身的"发声者"，基本围绕高校传播资讯。中国海洋大学、北京大学、清华大学、厦门大学推文标题里"疫情"关键词不是很突出，而其他 8 所高校推文标题里均突出"疫情"关键词。此外，各个高校推文标题里用以指代学生群体的名称出现频次较高，例如，中国海洋大学的"海大人"、厦门大学的"厦大人"、浙江大学的"浙大人"、武汉大学的"武大人"等，体现出高校微信公众号对传播受众给予了相当程度的关注。

　　除去疫情主题外，笔者分别对 12 朵推文标题关键词词云进行考察，发现部分高校微信公众号的推文标题关键词具有高校自身特色。例如，武汉大学推送标题中的关键词"樱花"和天津大学推送标题中的关键词"海棠"均是高校的特色风景，"武大赏樱花，天大观海棠"，彰显微信公众号标题善于结合高校自身的特色元素。西安交通大学推送标题中的关键词"创新港"是西安交通大学正在部署的一项重要的校园建设工程，反映出西安交通大学对校园建设的高度关注。天津大学前身为北洋大学，是我国近代高等教育史上建校最早的高等学府，其推文标题"北洋"也成为关键词之一。厦门大学 2021 年举行百年校庆，所以在 2020 年开始隆重准备，"百年"成为推文标题关键词之一。

　　（2）H_{3-6}：高校微信公众号推文的正文关键词能够展现高校自身特色。

运用微信推文采集器采集到 12 所高校微信公众号 2020 年一年内的推文正文，分别导入 ROST CM6 中进行词频分析（选取高频词前 300），借助 Tagxedo Creator 在线生成文字云，由此得到 12 所高校微信公众号推文正文的文字云（图 3-46）。

通过比较 12 朵推文正文的关键词词云可以发现：

第一，正文关键词均强调自身校名，但没有像标题那样强调学生群体的缩略语（如浙大人、厦大人、武大人等），这可能与标题字数限制和正文篇幅却较为宽松有关。

第二，推文正文关键词中突出"疫情"的高校有：中国海洋大学、浙江大学、北京大学、清华大学、武汉大学、厦门大学、北京航空航天大学、四川大学。

第三，正文中核心关键词有"研究""学习""学生""招生""老师"等与高校日常学习活动密切相关的词汇，而"图书馆""实验室""校区"等与高校基础建设有关的信息几乎没有。

由是观之，分析推文正文的关键词，在一定程度上能够初步把握高校微信公众号的传播重点，但在突出不同高校微信公众号的传播特色方面还存在欠缺。

2. 语义网络分析

在词频分析的基础上，语义网络分析能够进一步厘清关键词之间的语义关系，从而构建更为完整的传播内容图景。据此，本书主要运用 ROST CM6 软件进行语义网络分析，结合 NetDraw 实现可视化。ROST CM6 软件对分词后的文本会自动过滤无意义词、生成高频词词表、提取行特征、构建矩阵等操作，最终形成语义网络，网络中的节点大小代表关键词出现的频率，箭头代表节点之间有指向性的关系，而连线的粗细程度代表共现频率的大小。[1]

---

[1] 史安斌. 社交媒体时代全球传播的理想模式探究——基于联合国"微传播"的个案分析［J］. 武汉大学学报（哲学社会科学版），2018，71（1）：70.

图 3-46　12 所高校微信公众号推文正文关键词词云图

（1）H_{3-5}：高校微信公众号推文的标题语义网络能够展现高校自身特色。

针对 12 所高校微信公众号 2020 年一年内所有推送的标题，基于标题的词频分析选取前 200 个高频词，语义网络图选取前 100 个高频词进行呈现，结果如图 3-47 至图 3-58 所示。

109

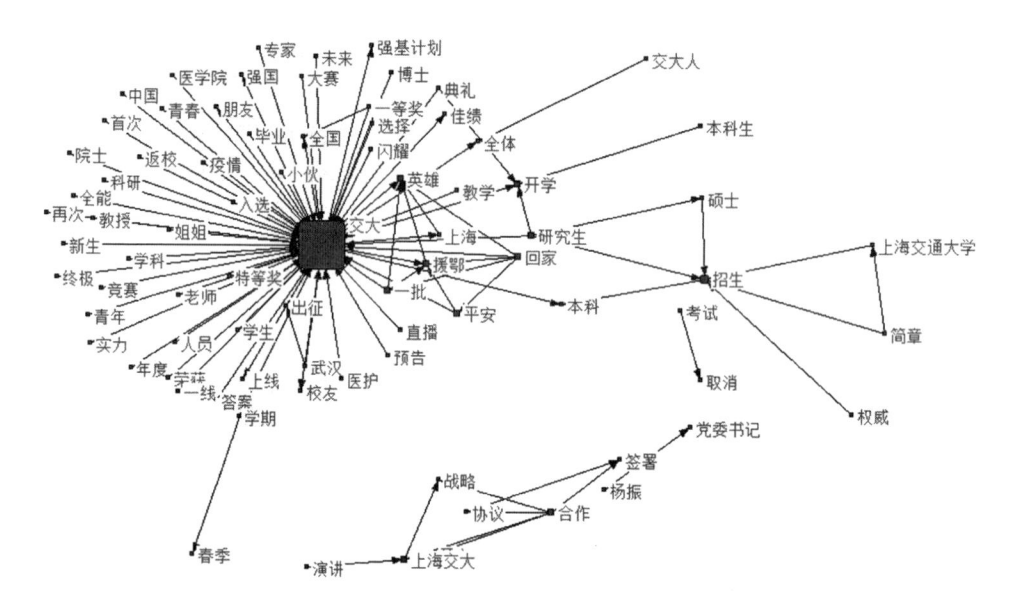

图 3-47 上海交通大学微信公众号推文标题语义网络分析

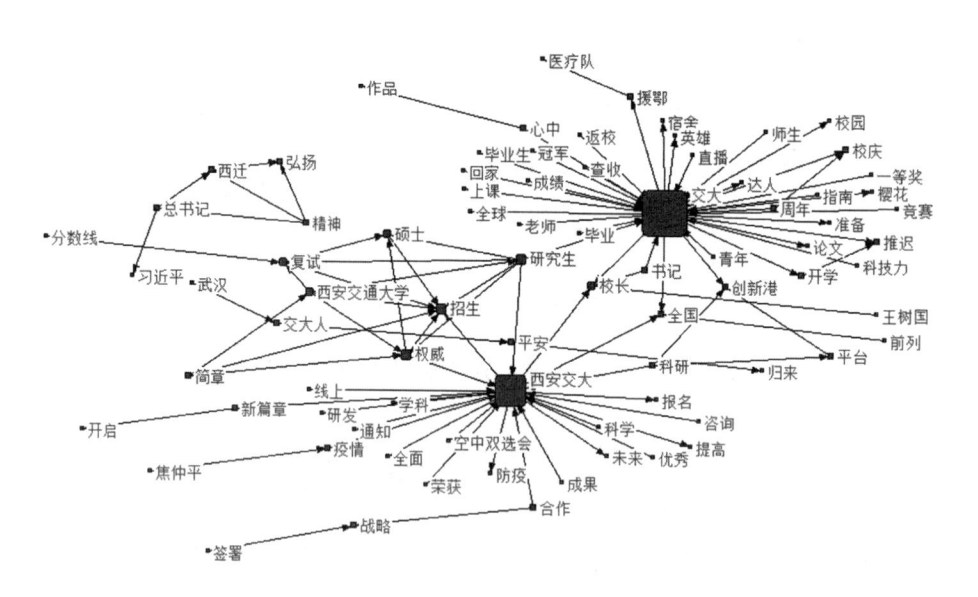

图 3-48 西安交通大学微信公众号推文标题语义网络分析

<<< 第三章 分析与讨论

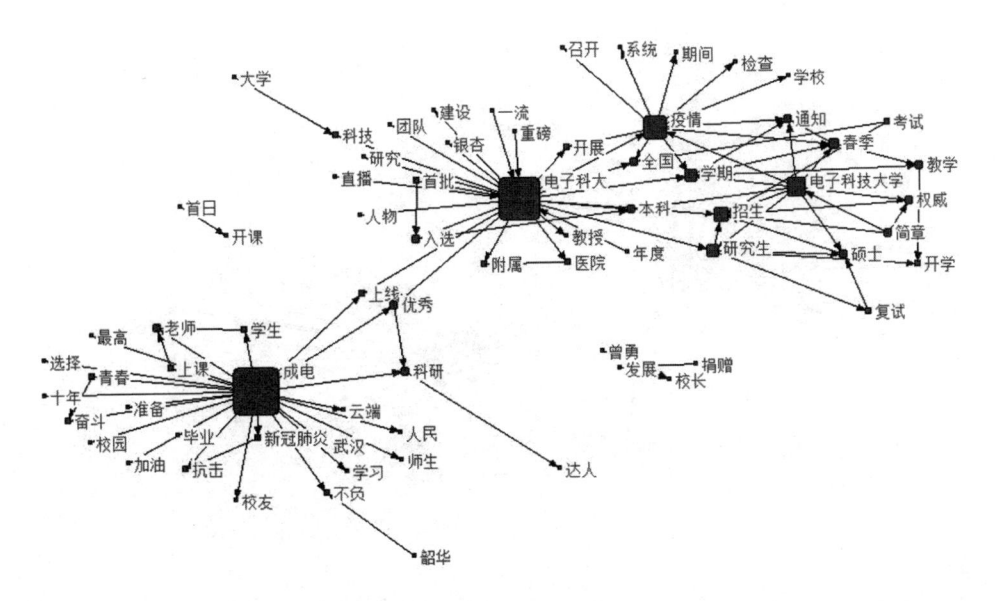

图 3-49 电子科技大学微信公众号推文标题语义网络分析

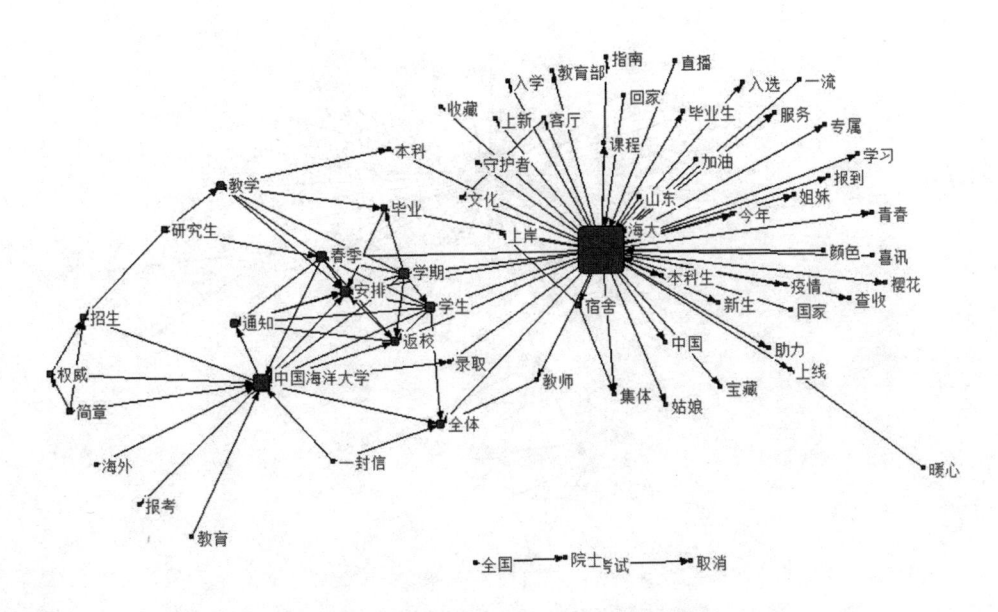

图 3-50 中国海洋大学微信公众号推文标题语义网络分析

111

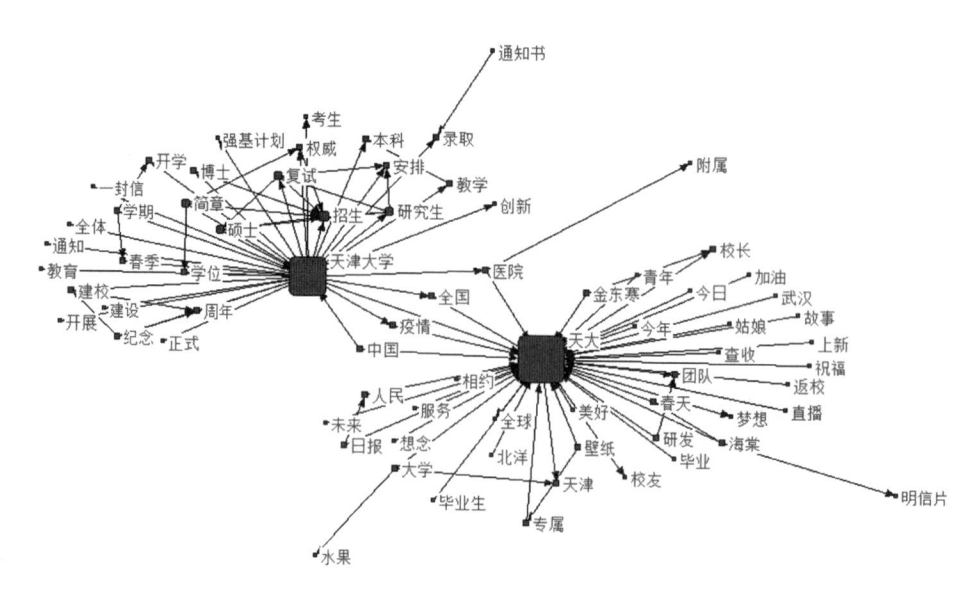

图 3-51 天津大学微信公众号推文标题语义网络分析

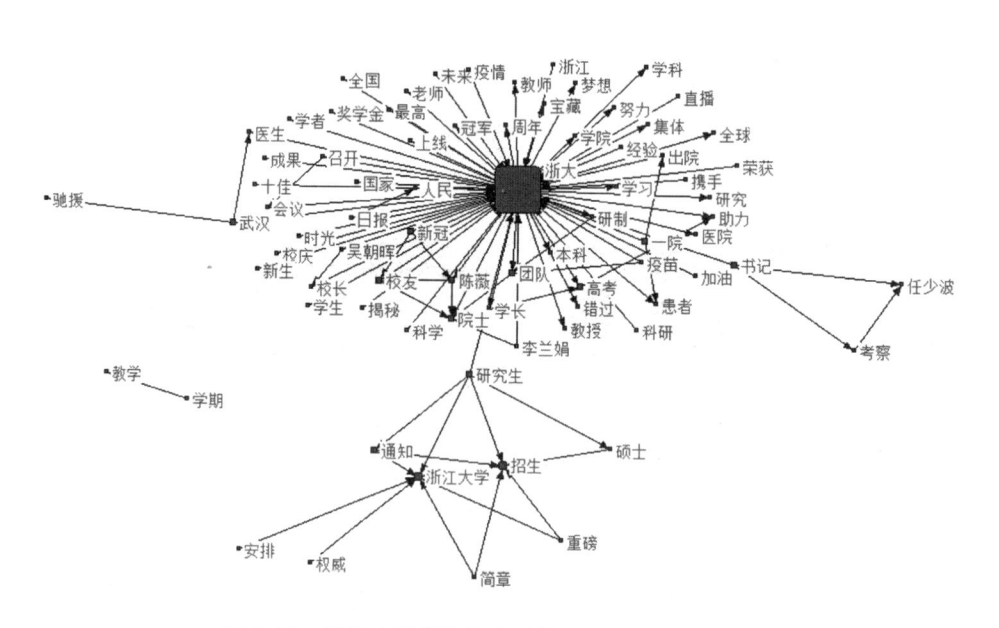

图 3-52 浙江大学微信公众号推文标题语义网络分析

<<< 第三章 分析与讨论

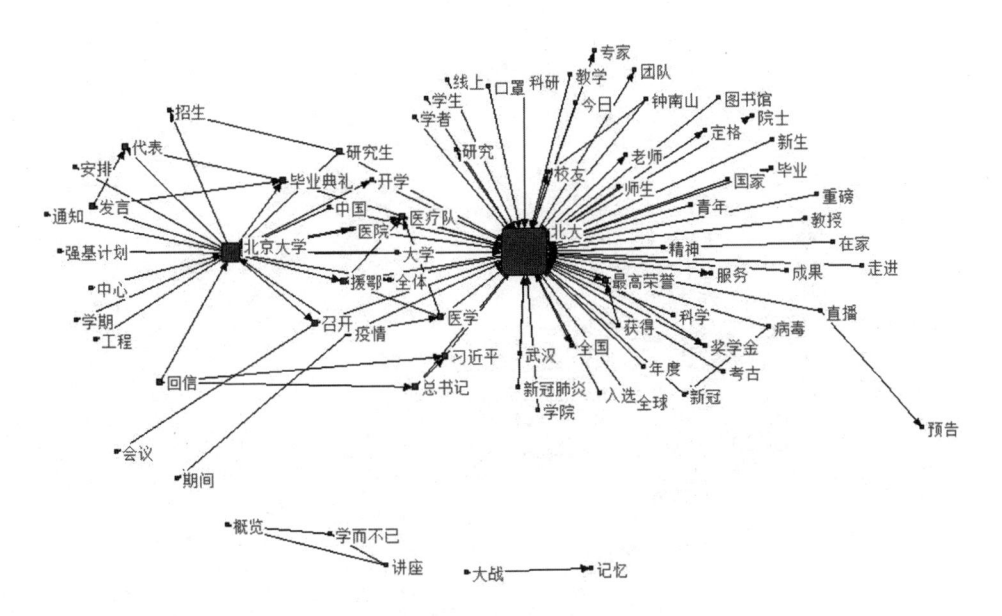

图 3-53 北京大学微信公众号推文标题语义网络分析

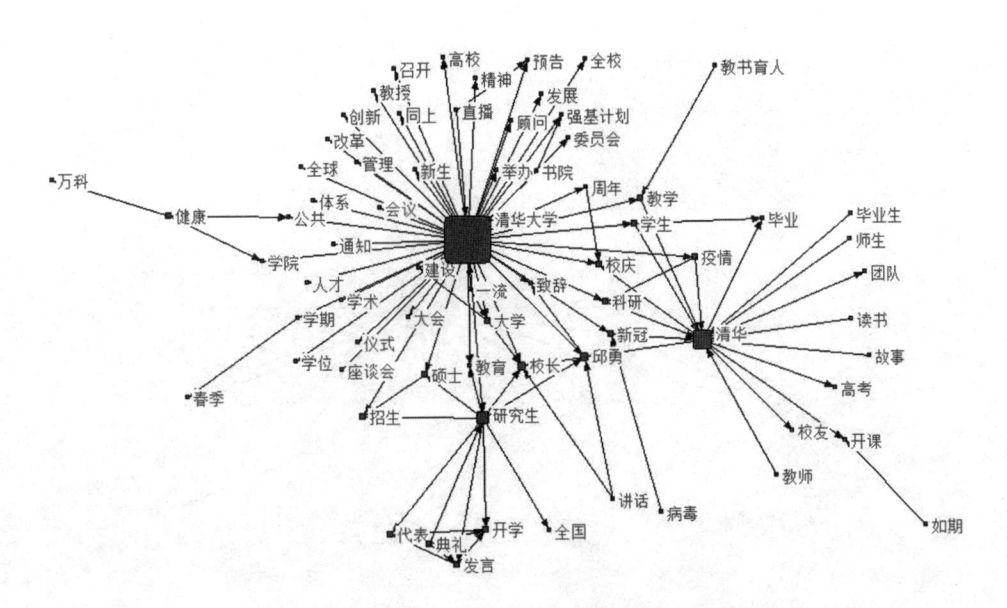

图 3-54 清华大学微信公众号推文标题语义网络分析

113

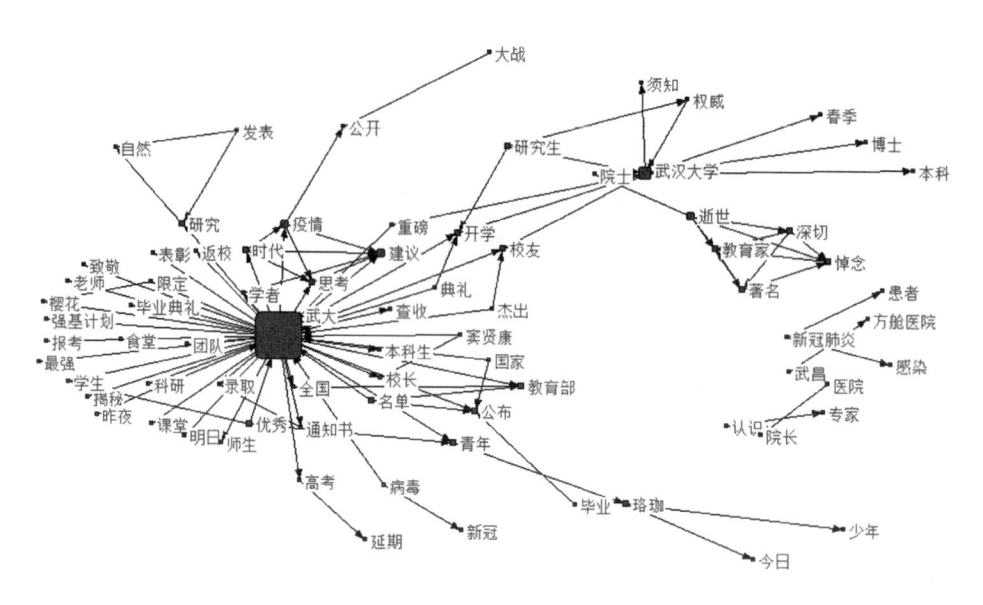

图 3-55 武汉大学微信公众号推文标题语义网络分析

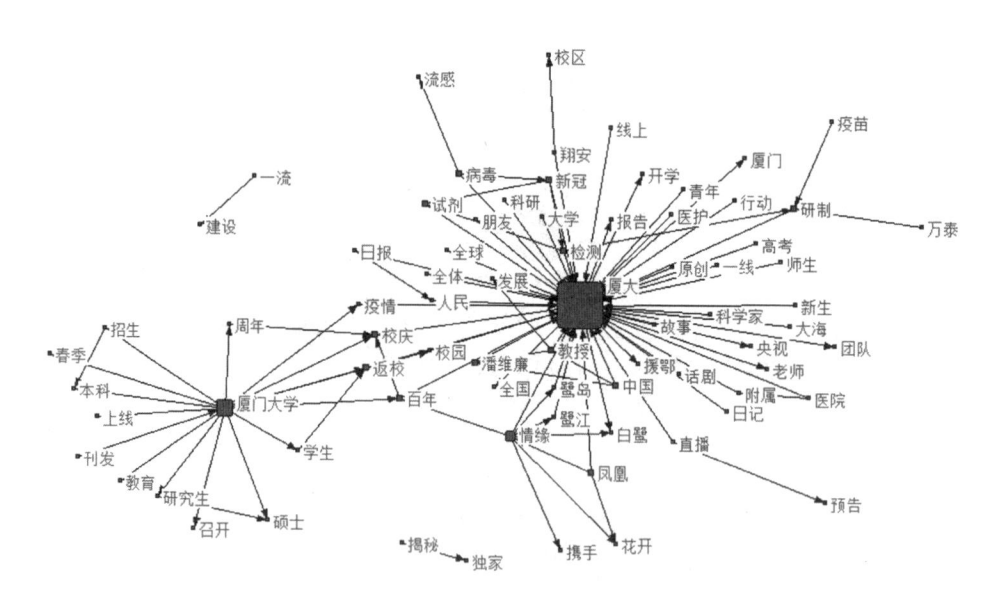

图 3-56 厦门大学微信公众号推文标题语义网络分析

<<< 第三章 分析与讨论

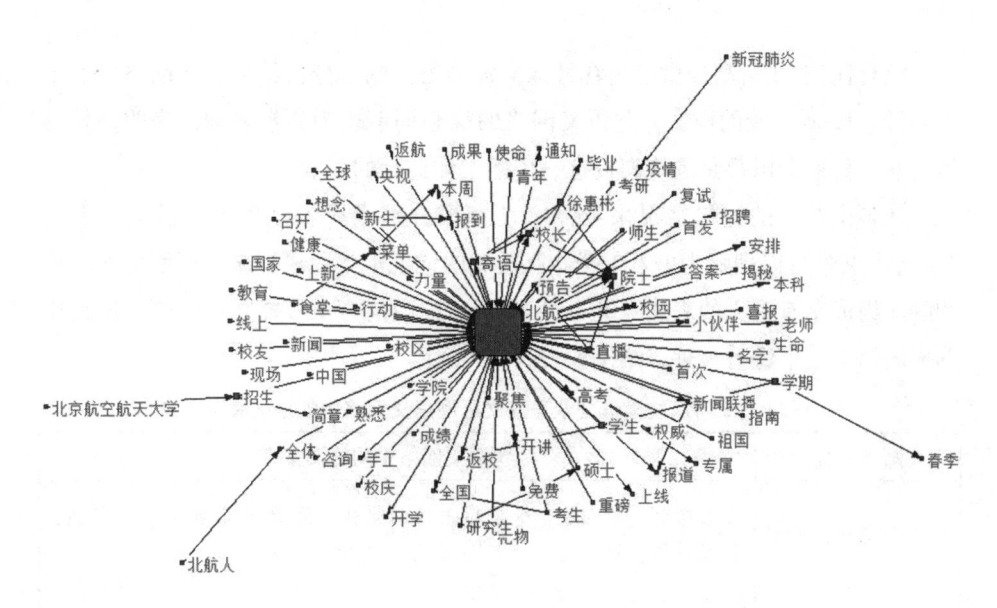

图 3-57 北京航空航天大学微信公众号推文标题语义网络分析

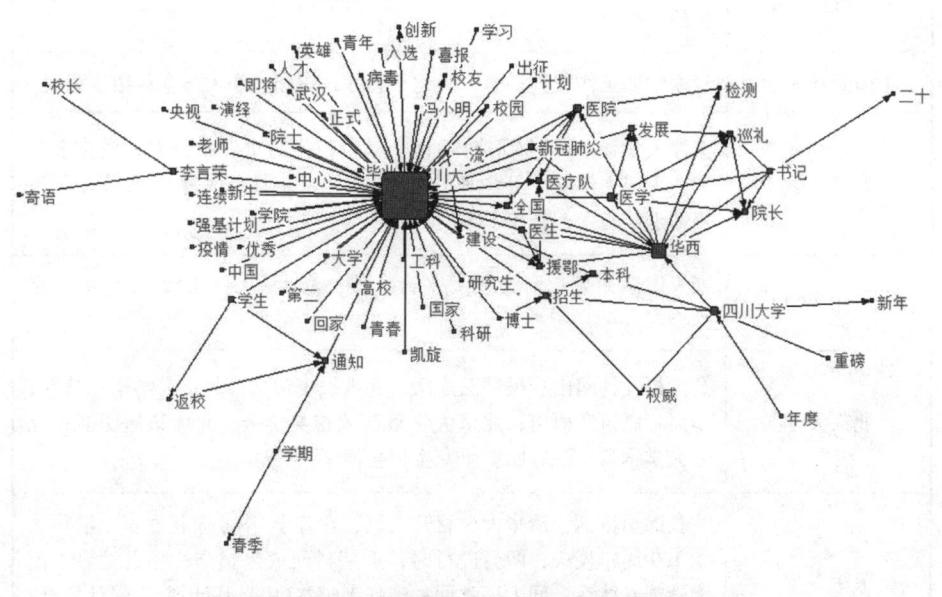

图 3-58 四川大学微信公众号推文标题语义网络分析

115

综合比较12所高校微信公众号推文标题语义网络分析结果，从网络中心节点来看，12所高校的推文标题语义网络的核心词汇均为高校名称，表明高校微信公众号传播资讯都是围绕高校这一传播主体进行的。

从各个节点的连接情况来看，12所高校分别形成了自身的"语义集束"。"语义集束"可以理解为由若干个相互关联的词汇汇集而成，这些词汇可按一定的顺序组成富有意义的表述。笔者对12所高校微信公众号推文标题语义网络中形成的语义集束进行整理，结果如表3-26所示。

表3-26　12所高校微信公众号推文标题语义网络中的语义集束汇总

高校名称	标题语义网络中的语义集束
上海交通大学	交大援鄂英雄回家；全景直击开学典礼；开学/毕业典礼校长讲话；强基计划，就选交大；本科/强基计划招生简章
西安交通大学	弘扬"西迁精神"；本科/强基计划招生简章发布；交大科技力；创新港科研平台；西安交大疫情防控
电子科技大学	电子科技大学疫情防控工作会议；抗击新冠肺炎；成电学子；招生直播宣讲会
中国海洋大学	春季学期工作安排；海大文化小客厅；中国海洋大学本科招生章程
天津大学	天津大学强基计划/研究生/博士学位招生简章发布；天大校长金东寒在天津大学新生开学典礼/毕业典礼上讲话；天津"水果大学"；疫情返校指南；建校125周年
浙江大学	浙大团队研发；浙大相关平台上线；浙大一院；浙大最高层次奖学金
北京大学	北大校友钟南山；援鄂医疗队；北大战疫记忆；北京大学毕业典礼；学而不已讲座概览；北京大学最高荣誉奖学金；北大科研团队；北京大学本科/强基计划/研究生招生简章
清华大学	校长邱勇讲话；清华大学召开会议；在开学/毕业典礼发言；清华大学109周年校庆；两会进行时；近期科研成果扫描；建设世界一流大学创新体系；同上一堂课；清华大学本科/强基计划/自强计划/研究生招生简章

续表

高校名称	标题语义网络中的语义集束
武汉大学	武大研究团队；强基计划，必选武大；珞珞本周帮推通知一览；青年抗疫榜样；自然医学团队；武汉大学招生简章
厦门大学	厦大的校地情缘；厦大研制；厦门大学召开会议；校庆倒计时；厦大教授潘威廉；驰援抗疫；厦门大学本科/研究生招生简章
北京航空航天大学	北航校长徐惠彬院士寄语；北航一周菜单；招生简章发布；北航召开疫情防控会议
四川大学	川大华西医院；华西医学巡礼；川大华西援鄂医疗队；央视连续播报

由表3-26整理的语义集束来看，高校推送标题之间有异同的部分，例如上海交通大学、北京大学、厦门大学、四川大学均出现支援抗疫信息，西安交通大学、电子科技大学、北京航空航天大学突出疫情防控会议。中国海洋大学、天津大学、浙江大学、清华大学、武汉大学侧重科研、招生等日常事务。

（2）H_{3-7}：高校微信公众号推文的正文语义网络能够展现高校自身特色。

针对12所高校微信公众号2020年一年内所有推送正文，基于内容的词频分析选取前300个高频词，语义网络图选取前200个高频词进行呈现，结果如图3-59至图3-70所示。

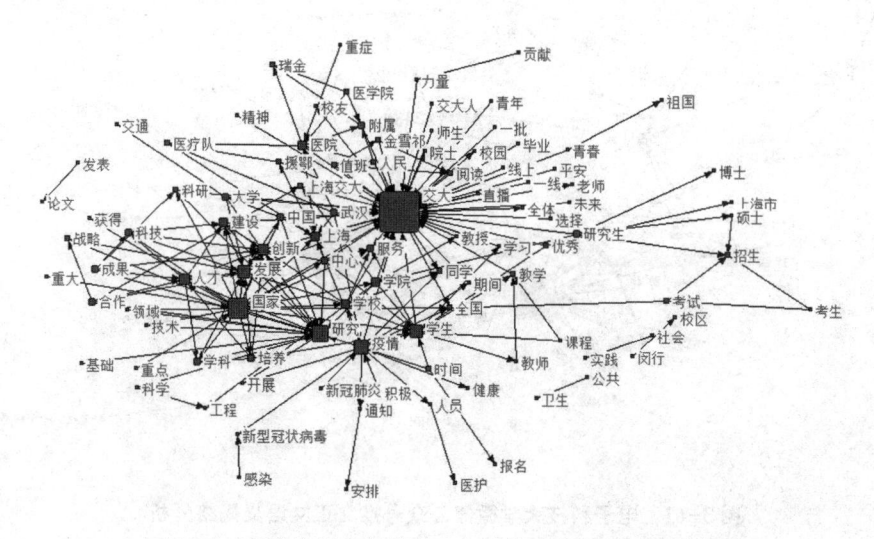

图3-59 上海交通大学微信公众号推文正文语义网络分析

117

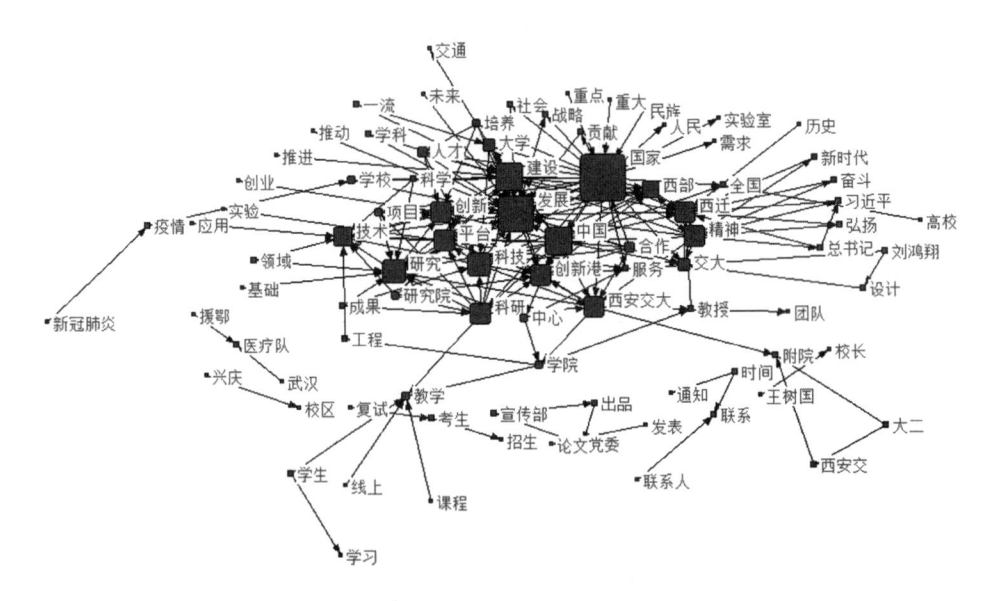

图 3-60　西安交通大学微信公众号推文正文语义网络分析

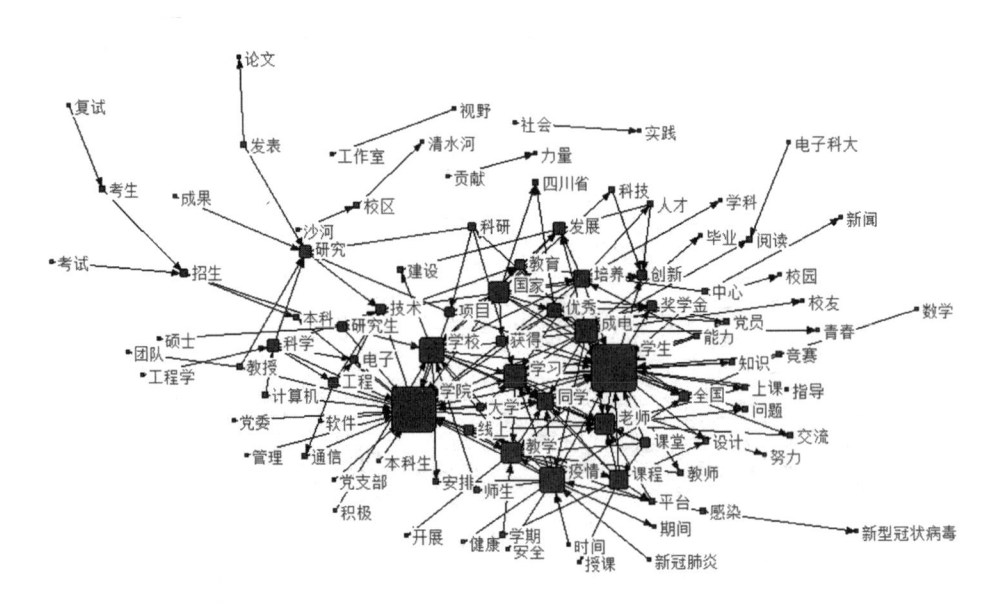

图 3-61　电子科技大学微信公众号推文正文语义网络分析

<<< 第三章 分析与讨论

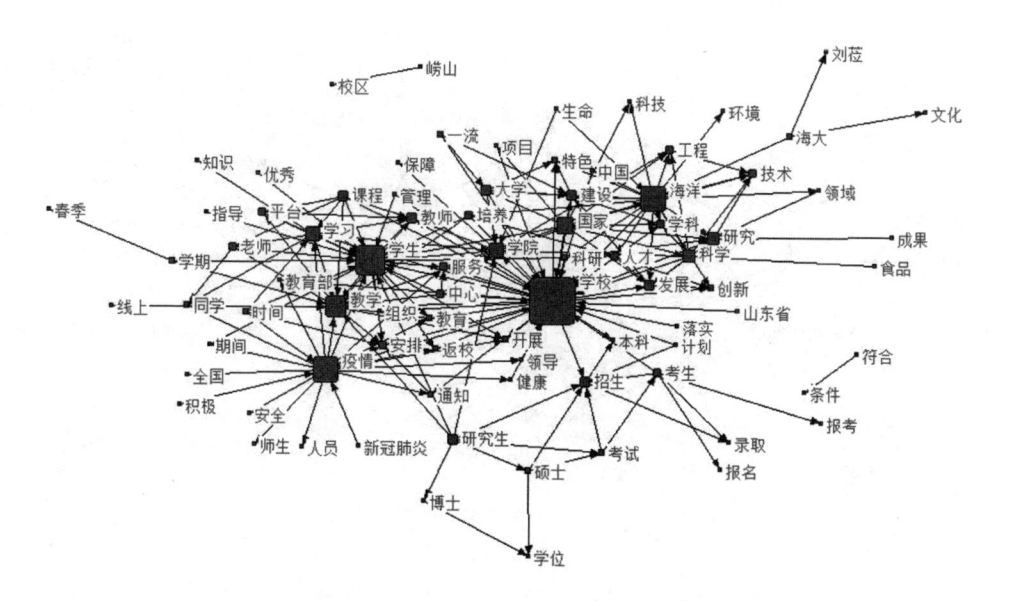

图 3-62 中国海洋大学微信公众号推文正文语义网络分析

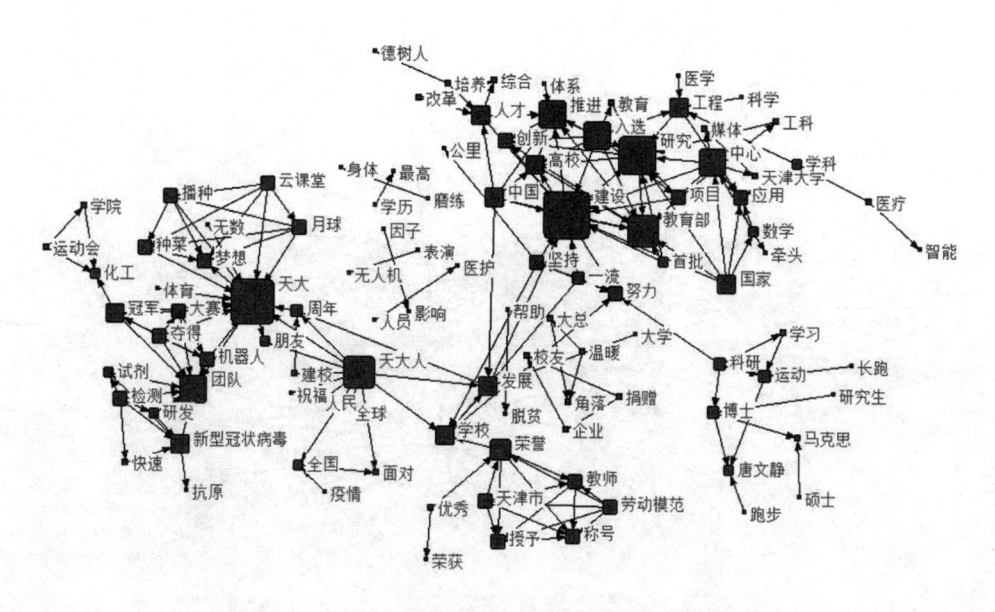

图 3-63 天津大学微信公众号推文正文语义网络分析

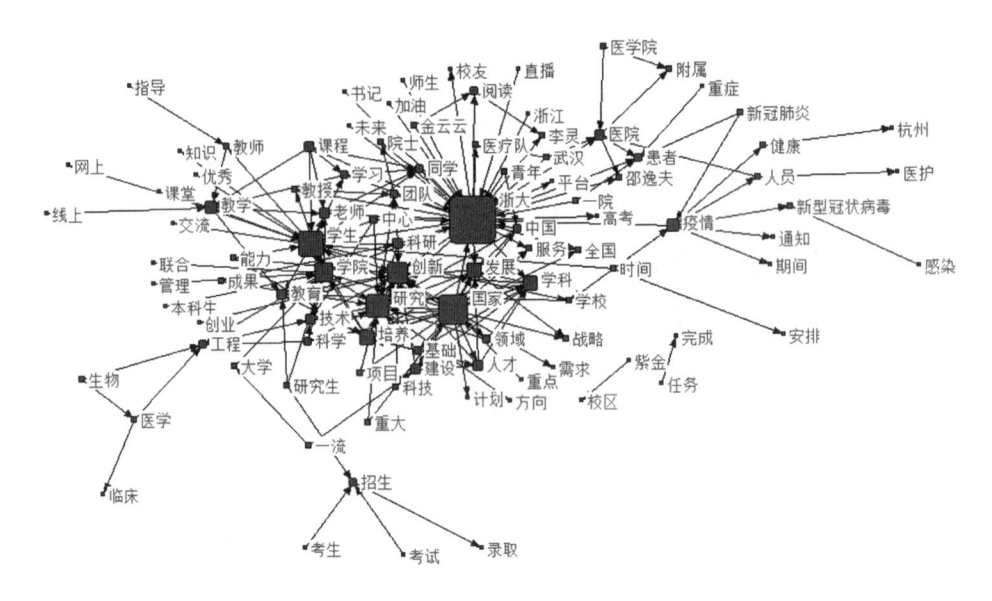

图 3-64 浙江大学微信公众号推文正文语义网络分析

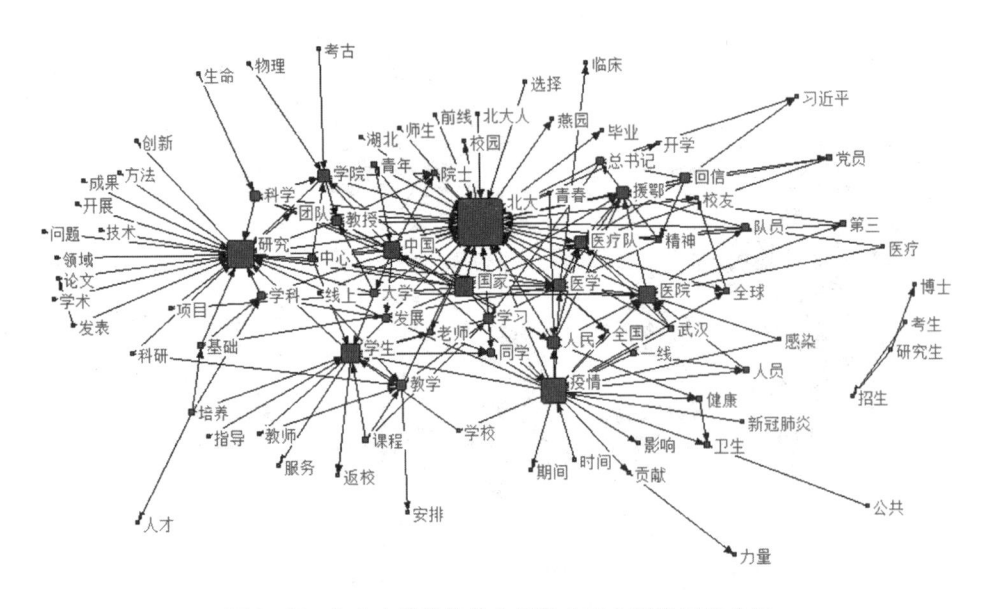

图 3-65 北京大学微信公众号推文正文语义网络分析

<<< 第三章 分析与讨论

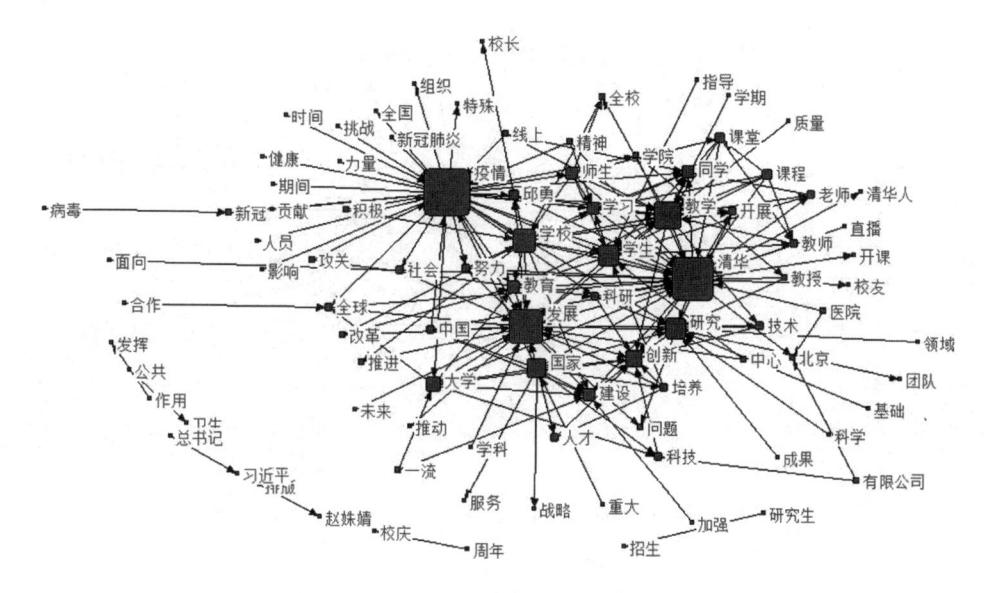

图 3-66 清华大学微信公众号推文正文语义网络分析

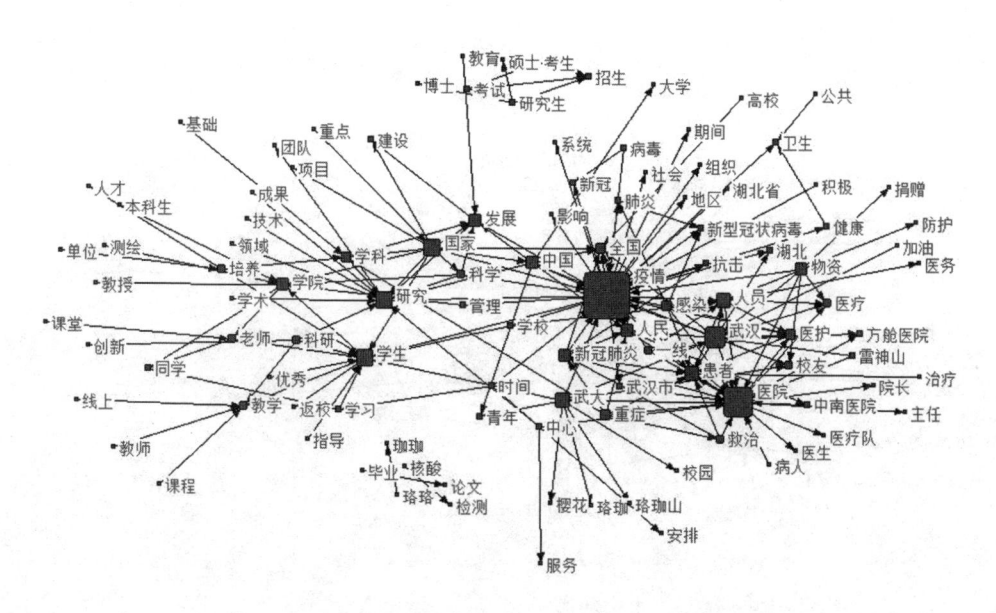

图 3-67 武汉大学微信公众号推文正文语义网络分析

121

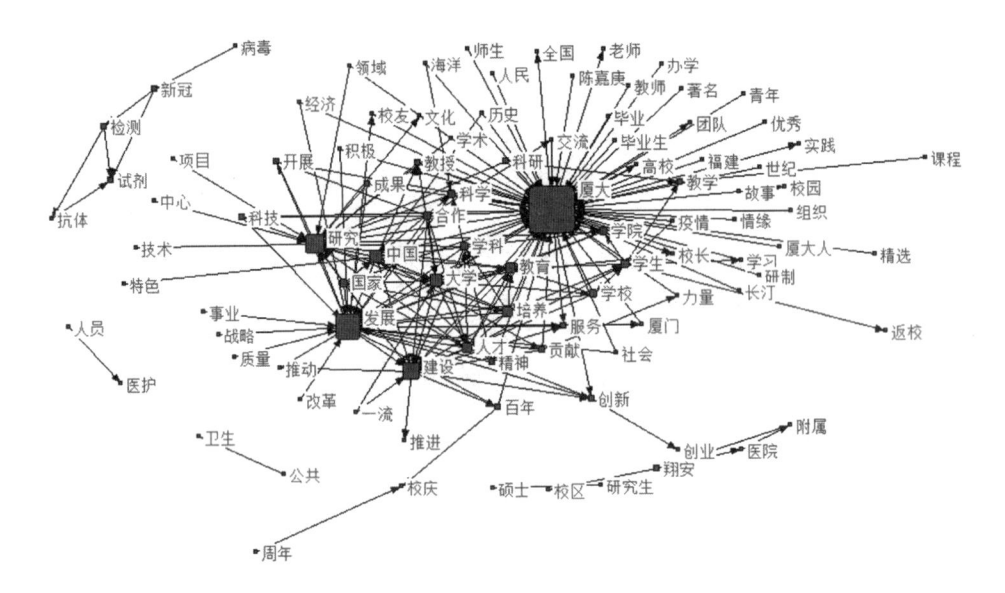

图 3-68　厦门大学微信公众号推文正文语义网络分析

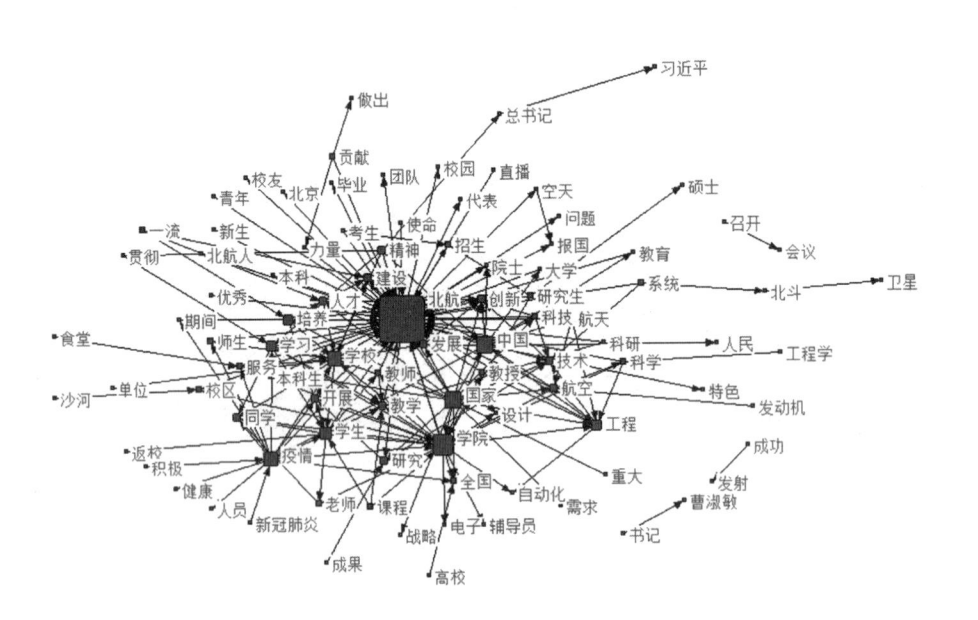

图 3-69　北京航空航天大学微信公众号推文正文语义网络分析

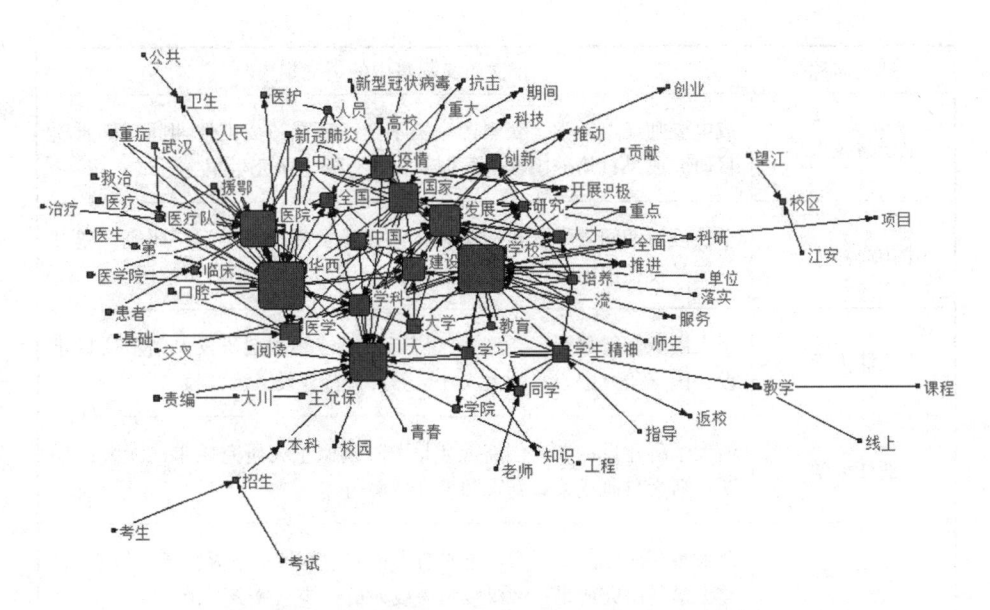

图 3-70　四川大学微信公众号推文正文语义网络分析

比较 12 所高校微信公众号推文正文语义网络分析，从网络中心节点来看，推文正文语义网络的核心词为唯一校名或校名缩略语的高校有 6 所：上海交通大学（交大）、电子科技大学（成电）、浙江大学（浙大）、北京大学（北大）、厦门大学（厦大）、北京航空航天大学（北航），还有 6 所呈现多中心的发散分布。其中西安交通大学推文正文语义网络的核心词为国家、发展、学校和建设，中国海洋大学核心词为学校、学生、海洋和疫情，天津大学核心词为建设、荣誉，清华大学核心词为科研、发展、疫情，武汉大学核心词集中在疫情上，四川大学核心词为学校、发展、疫情。从各个节点的连接情况来看，12 所高校又分别形成了自身的"语义集束"。笔者整理如表 3-27 所示。

表 3-27　12 所高校微信公众号推文正文语义网络中的语义集束汇总

高校名称	正文语义网络中的语义集束
上海交通大学	交大附属医院医疗队；国家培养创新人才；新冠肺炎疫情期间；国家创新发展建设；硕士/博士研究生招生考试；交大科研成果
西安交通大学	西安交大西迁精神；西安交大创新港建设；西安交大科研平台建设；国家人才培养；西安交大科研成果；交大科技创新精神

续表

高校名称	正文语义网络中的语义集束
电子科技大学	成电老师线上教学；获得国家奖学金；新冠肺炎疫情期间；科研项目研究成果；培养国家优秀创新人才；硕士研究生招生考试
中国海洋大学	学校疫情期间教学安排；学校特色建设发展；海洋学科研究；建设一流学校；中国海洋大学招生录取；中国海洋大学崂山校区
天津大学	天大团队夺得冠军；新型冠状病毒快速检测试剂研发；创新项目建设；国家研究中心；天大人才培养；坚持建设一流学校
浙江大学	浙大学科建设；浙大创新人才培养；国家重大研究成果；浙大医疗队；浙大科研成果；新冠肺炎疫情期间
北京大学	北大援鄂医疗队；学习习近平总书记回信精神；新冠肺炎疫情影响；北大学科研究成果；武汉疫情一线人员；线上教学安排
清华大学	新冠肺炎疫情期间；开展线上教学课堂；推动一流学科发展；清华大学培养创新人才；学校推进教育改革；国家研究中心
武汉大学	抗击新冠肺炎疫情；医护人员驰援武汉；一线医护人员；向武汉捐助医疗物资；武汉大学中南医院；国家学科发展建设
厦门大学	厦大人才培养；厦大学科建设；厦大科学研究成果；厦大人才交流合作；厦大研究精神；建设一流大学
北京航空航天大学	北航学校建设；中国航空科学技术；北航学院学科工程建设；贯彻学习北航精神；疫情教学学习；北航人才培养
四川大学	川大华西医院援鄂医疗队；新冠肺炎疫情期间；建设一流大学；推进交叉学科发展；教育服务国家发展；培养创新人才

推文正文语义网络结构显然要比推文标题语义网络结构更复杂，包含的语义集束也更丰富。因而在推文正文语义网络分析基础上，可以得到比推文标题语义网络分析层次更多、反映更多高校信息的分析结果。例如武汉大学身处武汉，是疫情的暴发地，所以正文中出现疫情相关信息较多。上海交通大学、北

京大学和四川大学本身有较强的医学院，因此，出现援助抗疫医疗队信息。西安交通大学、电子科技大学、中国海洋大学、天津大学、浙江大学、清华大学、厦门大学、北京航空航天大学推文正文中出现较多的学校建设与发展信息。

由此观之，对高校微信公众号推送正文的语义网络分析能够佐证或补充推文标题层面的分析结果，并使之充实与完善，这在一定程度上也折射出推文标题与正文之间的互补关系。

四、检定结果

高校微信公众号深层内容的研究假设的检定结果如表3-27所示。

表3-27　深层内容研究假设的检定结果

样本信息分类	研究假设	检定结果
深层内容	H_{3-1}：高校微信公众号推送的深层内容涵盖多项类别	接受
	H_{3-2}：按深层指标推送数量的时间分布来看，部分指标存在相对集中的推送时间，即表现为各个高校官方微信公众号会在特定时间集中推送某一类别的内容	接受
	H_{3-3}：按高校微信公众号深层指标的密度分布来看，各个高校微信公众号推送的深层内容存在共同的侧重类别，同时也存在相异的侧重类别	接受
	H_{3-4}：高校微信公众号推文的标题关键词能够展现高校自身特色	接受
	H_{3-5}：高校微信公众号推文的标题语义网络能够展现高校自身特色	接受
	H_{3-6}：高校微信公众号推文的正文关键词能够展现高校自身特色	拒绝
	H_{3-7}：高校微信公众号推文的正文语义网络能够展现高校自身特色	接受

第四章

研究结论与反思

第一节 高校微信公众号传播策略的异同

通过对上述12所高校微信公众号三个维度多个细化指标的比较研究，本书对其传播策略的异同总结如下：

一、固有属性

（一）共同之处

（1）高校微信公众号的开通时长均已超过2000天，表明高校在借助官方微信公众号进行传播方面已经积累了一定的经验，并有足够的时间对传播策略进行摸索。

（2）高校微信公众号均可通过搜索高校名称获得，一方面便于微信用户进行搜索操作，进而有助于提升关注量；另一方面，彰显官方微信公众号是高校的代表，具有权威性。

（3）高校微信公众号均选择具备媒体属性的订阅号进行传播，反映出高校与学生形成黏性、向社会宣传形象的需求。

（4）除武汉大学以卡通形象作为头像之外，其余高校均以校徽作为微信公众号的头像，在用户中树立了比较严肃的高校品牌形象。

（5）除电子科技大学、中国海洋大学、厦门大学、北京航空航天大学外，其余高校微信公众号均关联了"微言教育"小程序，能够给用户提供优质服务，增强互动性。

（6）高校微信公众号均已完成认证，在用户中建立了较高的可信度，容易获得关注并提升传播的可能性。

（7）高校均入选"985 工程""211 工程""双一流"名单，说明高校微信公众号的传播力与高校自身所处等级具备关联性。

（二）差异之处

（1）高校微信公众号的设置形式多样，内容与高校特色结合，存在明显差异。

（2）武汉大学和浙江大学的微信公众号对客服电话和客服人员进行了设置，其余高校均未设置客服人员或客服电话，表明高校微信公众号与受众的互动服务机制尚不完善。

（3）只有清华大学完成了微信公众号名称的商标注册，标注有商标详情，其余高校均未注册商标，说明高校微信公众号的商标保护意识尚待加强。

（4）尽管均入选"985 工程""211 工程""双一流"名单，高校之间的品牌强度存在差距，表明品牌强度并不是决定高校微信公众号的传播力的唯一因素，品牌强度落后的高校也可以探索出合适的传播策略形成强大的传播力。

二、表层形式

（一）共同之处

（1）高校微信公众号均有推文密度较高的月份，说明高校微信公众号的推文数量具有相对集中性，2 月、3 月、4 月、5 月发布推文数量较多，与疫情的发展有关。

（2）每所高校微信公众号的推文发布均有各自相对集中的时段，这与该高校的运营团队、受众的阅读习惯有关。

（3）高校微信公众号推文的总阅读数、篇均阅读数、日均阅读数、头条阅读数、头条篇均阅读数、头条日均阅读数、总点赞数、篇均点赞数、日均点赞数、头条点赞数、头条篇均点赞数、头条日均点赞数、总在看数、篇均在看数、日均在看数能在一定程度上反映出自身的传播力。

（4）从高校微信公众号的整体阅读指数来看，篇均阅读数和日均阅读数均破万，最高阅读数均突破 100000，最高阅读数推送内容主题主要围绕疫情相关、形象宣传、人物风采、通知告示这四个方面。

（5）高校微信公众号的推送形式以图文结合为主，视频、音频、链接使用频率较低。

（二）差异之处

（1）高校微信公众号之间生产原创内容的差距显著，上海交通大学、北京航空航天大学、清华大学、四川大学微信公众号的原创密度逾 50%，反映出其注重对原创内容的打造，而天津大学和中国海洋大学微信公众号的原创密度不高于 10%，表明其缺乏生产原创内容的意识。这说明高校官方微信公众号在打造原创内容、依靠优质内容吸引受众的意识上存在较大差异。

（2）推送形式上，链接的推文占用空间小，受到许多高校不同程度上的青睐。其中大连理工大学和东北大学使用链接的密度接近 100%，说明这两所高校在传播形式上注重层次感。

（3）头条点赞数、头条日均点赞数和头条篇均点赞数之间不存在必然联系。尽管清华大学和北京大学的头条点赞数和头条日均点赞数位列前两位，但北京航空航天大学在头条篇均点赞数上位居第一。此外，对于不同的高校而言，与篇均点赞数、日均点赞数相比，头条篇均点赞数和头条日均点赞数并非都超过前者。

三、深层内容

（一）共同之处

（1）高校微信公众号推送的内容类别涵盖丰富（均超过 20 类），说明高校微信公众号的整体传播环境呈现"百花齐放"的形态。

（2）由于受到疫情的影响，高校微信公众号在两个类别上推文内容规律相似：疫情相关类和通知告示类。新冠肺炎疫情的爆发，导致 2 月份疫情相关的微信推文激增，随后呈现阶梯式下降趋势，而通知告示类多数是对疫情突发事件的快速反应，表明高校微信公众号在面对重大突发事件时起到了一定的信息传播作用。

（3）12所高校微信公众号在深层内容层面上有共同侧重的类别，疫情相关、通知告示、生活资讯、人物风采这四类深层内容相较于其他类别密度更大，为高校微信公众号所倚重的推送类别。

（4）高校微信公众号推送标题的词云和语义网络、正文的词云均是以高校名称为唯一核心，表明官方微信公众号的推送均是围绕高校在进行，传播的资讯不会脱离高校本身。

（二）差异之处

（1）除去疫情主题外，笔者分别对12朵推文标题关键词词云进行考察，发现部分高校微信公众号的推文标题关键词具有高校自身特色。不同高校的推文标题关键词有所不同。

（2）从标题和正文的语义网络来看，高校推送标题之间有不同的部分，推送的正文之间也有不同的部分。

（3）受疫情影响，正文的语义网络呈现出多中心的发散分布，表明疫情对更为详细的正文语义网络造成了巨大的冲击。

第二节　高校微信公众号传播的启示、问题与展望

一、高校微信公众号传播的启示

根据12所高校微信公众号传播策略的异同，笔者对高校微信公众号传播策略总结如下：

（一）有意识地通过微信公众号构筑高校品牌形象，形成特色

好的品牌形象对高校的发展至关重要，品牌优势有助于培养竞争优势，提升高校的良好形象，促进其良性发展。[1] 本研究中可以看到，高校借助微信公众平台，正在有意识地塑造自身品牌特色。高校微信公众号的公众号昵称与高

---

[1] 谢卫红. 微信公众平台提升高校品牌形象初探［J］. 今传媒，2016，24（8）：73.

校自身名称一致；头像基本设置主要为高校校徽；推送内容文本中均以高校名称为核心，并拓展自身特色信息，这些方面都体现出高校在传播品牌印记，并尽可能地使与高校相关的元素显著地展现出来。注重对校徽、校名等具备唯一性的元素的表达，在形成高校特色的同时达到宣传高校形象的目的，易于加深受众对高校的整体印象，进而形塑影响力。

（二）能够把握受众特征，提供针对性服务

受众是微信公众号进行传播活动的对象，对受众的把控反过来也能进一步找准需要提供的服务与资讯。本研究中发现，高校微信公众号均选择订阅号类型进行传播，以便增强用户的黏性；基本都关联了小程序，提供更多更优质的针对性服务；在推送时段方面，准确抓住学生群体的动态与特征，选择学生在校、结束一天的课程后进行内容发布，这些方面都体现出高校官方微信公众号欲与学生群体，即用户建构起精准且高效的信息传播，并结合微信公众平台的多项接口提供更多周到的服务。在这样的传播策略下，受众能够有更便捷、更舒适自在的体验，对高校微信公众号的黏度自然得到提升。

（三）巧妙结合重大事件，充分发挥作用，扩大影响力

结合高校微信公众号引导舆论的功能，在新冠疫情暴发前后，高校微信公众号发布了大量的相关推文，在澄清谣言、树立典型、引导舆论、援助抗疫、善后工作、应急通知等方面发挥了巨大的作用，刷新了人们对微信公众号的认知。在社会重大事件爆发之时，高校微信公众号可以借助热点提升传播力。这就要求高校微信公众号运营团队具备危机意识，平时要进行专业化的运作，未雨绸缪方能应对自如。

（四）专栏、系列活动"齐上阵"，形成高校特色传播

高校微信公众号在建构自身传播特色的过程中，专栏、系列活动的设置与策划是常见的形式。本研究中有两个层面的数据较为直观地体现了这一点：一是表层形式中的阅读数、点赞数、在看数排名靠前的推文中经常包含专栏或是系列活动，最典型的例子就是北京大学的"北大战疫记忆"专栏，获得了颇高的点赞数，进一步与受众形成了互动；二是深层内容中专栏或是系列活动常常出现，例如北京大学的"学而不已"专栏、四川大学的"华西医学巡礼"专

栏、厦门大学的"厦大与不同地区的校地情缘"专栏。通过专栏、系列活动等较为固定或集中的推送模式,易于高校形成自身的传播特色,加强受众对于高校特色的感受与认知。

二、高校微信公众号传播的问题

高校微信公众号自2012年首次出现以来,其成长与进步是有目共睹的,推送内容日趋多样化,功能与服务方面也在不断完善,正逐步形成可观的传播力与影响力。但在看到高校微信公众号可喜的发展局面之时,同样需要关注到高校微信公众号在传播过程中亟待解决的问题。

(一)原创意识有待进一步加强,知识产权保护意识尚显薄弱

虽然目前已逐渐有高校意识到打造原创内容的重要性,但整个微信公众号的传播环境仍较为复杂,有力的监管机制还未形成,内容同质化的现象犹存,高校微信公众号在制作内容的时候因运营团队精力有限,直接复制推送或是"东拼西凑"省时省力。但长此以往势必会对微信公众号甚至是高校自身产生负面影响。

其实除了声明原创的知识产权保护外,微信公众平台对微信名称也存在注册商标的保护机制。但正如前文所述,目前鲜有高校进行商标注册,商标保护的意识还未完全形成,这也反映出高校当下对塑造自身品牌的理念有待提升。

(二)推送时间存在"断档",内容生产效率较低

推送是否具有连续性已成为高校微信公众号活跃程度的衡量指标之一。高校微信公众号需要保持足够的活力才能有机会巩固已有受众并进一步扩大影响范围,否则可能会导致受众无法获得所需资讯,从而采取取消关注的操作。而本研究表明,高校微信公众号的推送尚未全部实现日更,存在若干天无推送信息的情况,表明高校微信公众号运营团队的内容生产不能及时跟上,在效率上还有待提高。

(三)推送形式相对单一,丰富的推送内容缺乏多元化的呈现

多元化的推送形式往往能够满足受众的新鲜感,也可以使推文内容更加饱满、更加"立体化"。然而,正如前文所述,目前高校微信公众号以图文推送形

131

式为主,与视频、音频的结合较少。微信公众平台应该可以提供多种推送形式用以展现多样化的内容。所有内容都可以找到更为恰当的传播形式,高校微信公众号在这一层面的意识与实践还较为匮乏。

(四)定位不够清晰,同质化内容较多,高校自身特色挖掘程度仍需加强

高校本身特色是高校微信公众号的立足之本。但从本研究来看,高校微信公众号的定位仍显模糊:一方面,公众号功能介绍中包含明确的定位信息的仅占到三分之一;另一方面,12所高校微信公众号推文内容的区隔度较低,呈现出集中在某些类别的内容、忽视其他类别的共同波动规律,这样各高校微信公众号推文就丧失了高校本身作为一个品牌的核心价值聚焦功能。在年度发布关键词分析中,不论是推文标题还是正文,除了校名本身提及最多无可厚非之外,二级网络的关键词雷同现象严重,很少有让人耳目一新的词汇出现。传播重大事件、学习、生活、校庆、历史、校园、教学、科研等本身是每所高校的共性,如何在共性中寻找个性,凸显高校自身的特点,让微信公众号推文不再像传统媒体那样严肃呆板,呈现高校的一般讯息,而应体现出新媒体喜闻乐见、以人为本的特点,从而让微信公众号成为展示高校特色形象的重要窗口,这些都存在很大的改进空间。

(五)传播力波动幅度大,推送内容质量不稳定

传播力作为微信公众号推送内容质量的直接反映,其变化也在一定程度上表现出推送内容质量的变动。本研究中涉及的12所高校中,部分高校传播力在一年中的变化幅度大,上下波动最多甚至达到74名,这表明高校微信公众号在推送整体质量上波动较大,很可能波及受众对高校微信公众号的态度。由此保证推送质量稳定在一个较高的水平虽有不小困难,但仍需要微信公众号运营团队去克服,以巩固受众。

三、高校微信公众号传播的展望

针对上述高校微信公众号的传播问题,笔者进一步对高校微信公众号的传播做出以下几个方面的展望。

(一) 将微信公众号的传播与高校品牌特色塑造相挂钩

随着微信的运用越来越广泛，高校微信公众平台快速成长，现已形成了相当的传播力与影响力。高校微信公众号作为高校新媒体的主要"发声者"，其在传播信息的过程中实际上代表的就是高校本身，塑造的即是高校形象。因而微信公众号的传播方式和传播内容要与高校自身品牌特色的建构关联起来，结合高校自身特色实际安排推送内容，在微信公众平台上形成一道道独特的"风景线"。

(二) 重视运营团队建设，完善推送机制

高校微信公众平台的运营，离不开一支工作高效、敬业奉献的运营团队。[①]高校要想提升微信公众号的内容生产效率，可以借助自身相关学科所储备的学生资源，在专业教师指导下，对运营团队成员进行悉心遴选，在实践中培养学生具备一定的信息敏感度以及较为专业的编辑能力。与此同时，在团队人员储备到位的基础上，合理安排推送内容的制作与发布，提前备好推送内容，以确保包括假期在内每天能有一人管理微信公众号后台，及时发布并回应受众反馈。

(三) 充分利用微信公众平台功能，丰富推送内容形式

微信的广泛使用已将人们带入一个"碎片化"阅读的时代，很多时候直观、形象、鲜活的信息呈现形式往往更能抓住受众的注意力。而在这方面，图文形式是有局限性的，适当结合视频、音频、链接的形式能让受众有焕然一新的感觉。

(四) 明确定位，系统制定规划，以形成传播的独特性

要想在高校微信公众平台上形成独到的影响力，首先得找到自身与他者的差异之处，即需要形成更深层细化的定位，以便系统地制定推送规划。例如展现青春活力的形象，就可安排适时推送趣味段子、多多结合学生日常活动等；以实用性为定位的微信公众号，就可结合学校自身的优势资源，推送学习资料、职场经历、二手市场、线上商店等方面的功能，由此形成侧重点，从而产生区别于其他高校的传播特色。

[①] 彭丽娟. 关于高校官方微信公众平台的现状与思考 [J]. 新闻知识, 2015 (7): 86.

（五）注重目标受众体验，及时进行数据分析，总结传播效果

高校微信公众号的传播受众主要是本校学生，在注重高校特色的基础上，需要进一步对受众需求进行把控。高校微信公众号的运营团队需要多深入到本校学生群体当中，可以结合问卷调查、焦点小组访谈、座谈会等多种形式，了解他们日常关注的资讯，以及对微信公众号的评价与建议。此外，还要注意结合微信公众号后台数据，及时跟进传播效果并总结，从而更好地规划和调整之后的推送，保持推文的内容赏心悦目、能够符合受众期待，提供更优质的服务。

第三节　研究反思

一、研究贡献

本研究对高校微信公众号相关研究的贡献体现在以下几个方面：

（1）研究对象上，目前有关高校微信公众号的研究聚焦于高校图书馆微信公众平台。本书选取隶属于高校宣传部的微信公众号作为研究对象，能够在一定程度上对已有研究进行补充。

（2）研究方法上，已有研究对高校微信公众号的研究方法主要为定性研究。本书基于现有研究成果提出假设，对高校微信公众号进行多方位系统的量化研究，给予已有研究数据上的支撑。

（3）研究设计上，本书从固有属性、表层形式、深层内容三个维度尽可能全面地完成对高校微信公众号整体传播策略的梳理，通过大量的细化指标多层次、多角度地进行研究，为相关研究提供一个可供参考的研究模型。

二、研究局限

本研究一方面侧重对高校微信公众号的量化研究，主要在指标的数据呈现层面进行研究与分析，另一方面受限于时间与精力，因而未能从传播者角度对微信公众号平台的整体运营情况进行考察与细究。

此外，本书因着眼于传播策略的研究，主要从传播内容的角度来分析高校

官方微信公众号的整体情况，而未对传播受众进行关照。

三、建议

明年后续的研究将进一步融入问卷调查法和深度访谈法，对入选百强排行榜的高校受众进行问卷调查，以及对每所入选高校的微信公众号运营团队进行深度访谈，以弥补本研究报告的不足。

附　录

每周均入选百强排行榜的 12 所高校微信公众号疫情相关分析

附录一：上海交通大学微信公众号疫情相关分析

一、高校背景[①]

上海交通大学是我国历史最悠久、享誉海内外的著名高等学府之一，是教育部直属并与上海市共建的全国重点大学。经过 120 多年的不懈努力，上海交通大学已经成为一所"综合性、研究型、国际化"的国内一流、国际知名大学。

19 世纪末，甲午战败，民族危难。中国近代著名实业家、教育家盛宣怀秉持"自强首在储才，储才必先兴学"的信念，于 1896 年在上海创办了交通大学的前身——南洋公学。建校伊始，学校即确立"求实学，务实业"的宗旨，以培养"第一等人才"为教育目标，精勤进取，笃行不倦，在 20 世纪二三十年代已成为国内著名的高等学府，被誉为"东方麻省理工"。抗战时期，广大师生历尽艰难，移转租界，内迁重庆，坚持办学，不少学生投笔从戎，浴血沙场。中

[①] 上海交通大学简介 [EB/OL]. 上海交通大学官网，2021-01-20.

华人民共和国成立前夕，广大师生积极投身民主革命，学校被誉为"民主堡垒"。

中华人民共和国成立初期，为配合国家经济建设的需要，构建新中国的高等教育体系，学校调整出相当一部分优势专业、师资设备，支持国内兄弟院校的发展。20世纪50年代中期，学校又响应国家建设大西北的号召，经历西迁与分设，分为交通大学上海部分和西安部分。1959年3月两部分同时被列为全国重点大学，7月经国务院批准分别独立建制，交通大学上海部分启用"上海交通大学"校名。20世纪六七十年代，学校先后归属国防科委和第六机械工业部领导，积极投身国防人才培养和国防科研，为"两弹一星"和国防现代化做出了巨大贡献。

改革开放以来，学校以"敢为天下先"的精神，锐意推进改革：率先组成教授代表团访问美国，率先实行校内管理体制改革，率先接受海外友人巨资捐赠等，有力地推动了学校的教学科研改革。1984年，邓小平同志亲切接见了学校领导和师生代表，对学校的各项改革给予了充分肯定。在国家和上海市的大力支持下，学校以"上水平、创一流"为目标，以学科建设为龙头，先后恢复和兴建了理科、管理学科、生命学科、法学和人文学科等。1999年，上海农学院并入；2005年，与上海第二医科大学强强合并。至此，学校完成了综合性大学的学科布局。近20年来，通过国家"211工程""985工程""双一流"工程的建设，学校高层次人才日渐汇聚，科研实力快速提升，实现了向研究型大学的转变。与此同时，学校通过与美国密西根大学等世界一流大学的合作办学，实施国际化战略取得重要突破。1985年开始闵行校区建设，历经30多年，已基本建设成设施完善、环境优美的现代化大学校园，并完成了办学重心向闵行校区的转移。学校现有徐汇、闵行、黄浦、长宁、七宝、浦东等校区，总占地面积300余万平方米。通过一系列的改革和建设，学校的各项办学指标大幅度上升，实现了跨越式发展，整体实力显著增强，为建设世界一流大学奠定了坚实的基础。

交通大学始终把人才培养作为办学的根本任务。一百多年来，学校为国家和社会培养了逾30万各类优秀人才，包括一批杰出的政治家、科学家、社会活动家、实业家、工程技术专家和医学专家，如江泽民、陆定一、丁关根、汪道涵、钱学森、吴文俊、徐光宪、黄旭华、张光斗、黄炎培、邵力子、李叔同、蔡锷、邹韬奋、严隽琪、陈敏章、王振义、陈竺等。在中国科学院、中国工程院院士中，有200余位交大校友；在国家23位"两弹一星"功臣中，有6位交大校友；在国家最高科学技术奖获得者中，有4位来自交大。交大创造了中国近现代发展史上的诸多"第一"：中国最早的内燃机、最早的电机、最早的中文打字机等；新中国第一艘万吨轮、第一艘核潜艇、第一艘气垫船、第一艘水翼艇、自主设计的第一代战斗机、第一枚运载火箭、第一颗人造卫星、第一例心脏二尖瓣分离术、第一例成功移植同种原位肝手术、第一例成功抢救大面积烧伤病人手术、第一个大学翻译出版机构、数量第一的地方文献等，都凝聚着交大师生和校友的心血和智慧。改革开放以来，一批年轻的校友已在世界各地、各行各业崭露头角。

至2019年12月，学校共有31个学院/直属系，31个研究院，13家附属医院，2个附属医学研究所，20个直属单位，5个直属企业。共有全日制本科生（国内）16351人、全日制硕士研究生14326人、全日制博士研究生8496人，学位留学生2837人，其中研究生学位留学生1698人；有专任教师3236名，其中教授982名；中国科学院院士24名、中国工程院院士23名（包括1名两院院士），国家杰出青年基金获得者145名，青年拔尖人才24名，长江青年学者28名，优秀青年科学基金获得者112名，国家重点基础研究发展计划（973计划）首席科学家36名（青年科学家2名），国家重大科学研究计划首席科学家14名，国家基金委创新研究群体16个，教育部创新团队20个，国家重点研发计划项目获得者73名（青年项目获得者7名）。

学校现有本科专业67个，涵盖经济学、法学、文学、理学、工学、农学、医学、管理学和艺术等9个学科门类；21世纪以来获49项高等教育国家级教学成果奖（其中36项为第一完成单位）；拥有国家级实验教学、虚拟仿真实验教学和上海市实验教学示范中心19个；有国家"万人计划"教学名师2人，国家高层次人才特殊支持计划1人，国家级高等学校教学名师奖获得者8人，上海市教学名师奖获得者33人，国家级教学团队8个，上海市教学团队15个；有国家级视频公开课、精品资源共享课程、精品在线开放课程、双语示范课程等48门，上海市精品课程、重点课程、高校示范性全英语课程等343门。学校荣获国家首批"双创示范基地"，成立学生创新中心，入选首批中美青年创客交流中心。"学在交大"正在成为新时期上海交通大学的鲜亮名片。

学校现有一级学科博士学位授权点45个，覆盖经济学、法学、文学、理学、工学、农学、医学、管理学等8个学科门类；一级学科硕士学位授权点57个，覆盖12个学科门类；博士专业学位授权点3个；硕士专业学位授权点23个；35个博士后流动站；1个国家重大科技基础设施，8个国家重点（级）实验室，1个国家级科研机构，5个国家工程研究中心，2个国家工程实验室，1个国家级研发中心，3个"2011"协同创新中心，17个教育部重点实验室，1个教育部国际合作联合实验室，4个国家级国际联合研究中心，2个示范型国际合作联合基地，5个卫生部重点实验室，1个农业部重点实验室，36个上海市重点实验室，6个教育部工程研究中心，7个上海市工程技术研究中心，2个上海市功能型平台，1个国家社科基金决策咨询点，6个上海市哲学社会科学创新研究基地，3个上海市高校智库，4个上海市人民政府决策咨询研究基地（专家工作室），2个上海市软科学基地，1个教育部高等学校软科学研究基地，3个世界卫生组织合作中心，1个国家技术转移中心和1个国家大学科技园。目前，上海交大正在建设面向世界基础科学前沿和国家战略需求的研究机构，如李政道研究所、中国城市治理研究院、中国质量发展研究院、中国海洋装备工程科技发展战略研究院等。

科学研究与科技创新水平不断提高。2019年，谭家华教授团队牵头、6家单位"二十年磨一剑"共同研制的"海上大型绞吸疏浚装备"获评国家科技进步特等奖，实现了历史性突破；7个项目获得国家科技奖，总数位居全国第二；19项成果获评教育部"三大奖"，总数位列全国第一；国家自然科学基金项目总数连续10年位列全国第一。Nature、Science、Cell等顶尖杂志的论文发表渐成常态；SCI收录论文数等指标连续多年名列国内高校前茅，2019年度再创历史新高，达到7203篇；中国城市治理研究院等智库资政启民，影响力日益显现；立足上海，辐射全国，李政道研究所、张江科学园建设稳步推进，为上海全球科创中心建设添砖加瓦。

上海交通大学深厚的文化底蕴、悠久的办学传统、奋发图强的发展历程，特别是改革开放以来取得的巨大成就，为国内外所瞩目。这所英才辈出的百年学府正乘风扬帆，以传承文明、探求真理为使命，以振兴中华、造福人类为己任，向着中国特色世界一流大学目标奋进！

二、上海交通大学微信公众号相关变量分析

（一）固有属性简介

上海交通大学微信公众号固有属性相关变量及具体情况如附表1-1所示。

附表1-1 上海交通大学微信公众号固有属性相关变量及具体情况汇总

样本信息分类	变量分类	微信公众号相关具体情况
固有属性	开通年月	2012年11月
	微信号	love_SJTU
	公众号功能	这里是"图、文、影、音"并茂的高教信源、时政平台、微型课堂，用图解、短文、视频、语音等灵活形式推送媒体信息。欢迎关注上海交通大学！
	公众号类型	订阅号
	客服电话	未设置
	客服人员	未设置
	账号主体	上海交通大学
	商标保护	未包含商标详情
	高校级别	6
	品牌强度	"985工程"高校、"211工程"高校、"双一流"高校
	相关小程序	交大校园导览、知行安泰、SI服务、上海交大安泰高管教育、上海交大安泰高管教育营销管理、上海交通大学年鉴、走进李政道图书馆、上海交通大学绿色爱心屋、青年之声权益平台、走进思源阁、校园会议订餐、SJTU新年签、SJTU思源百年文创精英赛、微言教育等
	公众号昵称是否与高校名称完全一致	是
	品牌显著标签	高校校徽
	官方认证	已认证
	开通时长	2982天

<<< 附　录　每周均入选百强排行榜的12所高校微信公众号疫情相关分析

微信公众平台自2012年8月正式上线，上海交通大学微信公众号于同年11月上线，反映出上海交通大学对创新宣传工作具有敏感性和前瞻性，能敏锐地感知到微信公众平台传播资讯的潜力。上海交通大学微信公众号的微信号由英文"love""SJTU"和下划线组成，其中"SJTU"为上海交通大学英文名缩写，有着鲜明的自身特色，而且仅含9个字符，便于检索。上海交通大学微信公众号的功能介绍较为清晰，不仅表述隶属关系，传达传播主体为"上海交通大学"，还对传播形式、传播功能进行更为翔实的阐述。上海交通大学微信公众号类型为订阅号，能够与学生群体形成较好的黏性，同时在宣传、塑造高校自身品牌形象方面均能起到相应作用。上海交通大学微信公众号未设置客服电话和客服人员，说明目前该微信公众号还未给予客服系统足够的关注，在服务的完善程度上有待进一步提升。上海交通大学微信公众号的账号主体为上海交通大学本身，显示权威性和官方性，以便读者将其界定为上海交通大学官方微信公众号。上海交通大学微信公众号未包含商标详情，尚缺乏知识产权保护意识。上海交通大学微信公众号相关小程序较多，涉及的方面较广，为师生校友及其他用户提供了全面、自助式的优质服务。上海交通大学微信公众号的昵称与上海交通大学的全称一致，易于被用户搜索到进而被关注。上海交通大学微信公众号头像为上海交通大学校徽，具有品牌显著性。上海交通大学微信公众号已完成官方认证，表明该微信公众号具有较高的可信度。上海交通大学微信公众号开通时长超过2900天，说明该微信公众号在运营上已积攒了一定程度的经验，形成了一定的自身传播特色，有较大的参考意义。

（二）表层形式简介

2020年上海交通大学微信公众号共发推文539篇。2月推文数最高，是因为疫情暴发，需要向师生推送各类防控信息以及对于公共卫生事件的应对措施。2月推文密度也最高。上海交通大学的推送时段相对不均，其中0—9时推文密度仅为2.6%，而9—12时推文密度则高达44.9%。上海交通大学推文的原创密度为70.5%。上海交通大学微信公众号总阅读数14518788，篇均阅读数26936.527，日均阅读数39668.820，最高阅读数100000+，总阅读数破1400万，阅读密度都超过2万，阅读数可观。539篇推文都为头条，头条总阅读数14518788，头条日均阅读数39668.820，头条篇均阅读数26936.527。539篇推文的总点赞数为51228，篇均点赞数95.043，日均点赞数139.967，最高点赞数2316，点赞数要明显低于阅读数。头条总点赞数51228，头条日均点赞数139.967，头条篇均点赞数95.043。推文使用四类素材的频度排序：图片、视频、链接、音频。

（三）深层内容简介

2020年上海交通大学微信公众号发布推文内容相对集中在疫情相关、通知告示、生活资讯、人物风采。标题词云中较醒目的字眼为"上海交大""交大人""上海交通大学""疫情""武汉""考试""一等奖"等。正文词云中较醒目的字眼为"疫情""学生""学院""学校""医院""上海交大""教育"等。标题语义网络中有一个大范围中心节点：交大，一个小范围中心节点：招生。正文语义网络中最大范围中心点是"交大"，较小范围中心节点有"国家""研究""疫情""学生""发展"等。

三、上海交通大学微信公众号疫情相关分析

我们对高校微信公众号2020年的传播内容进行前测，归纳出防控措施、人物宣传、抗疫进展、疫情影响、抗疫记忆、信息管理、鼓励援助七个方面的疫情相关主题，具体类目说明如附表1-2所示，统计如附表1-3所示。

附表1-2 类目说明

样本信息分类	变量分类	设立依据及补充说明
深层内容疫情相关分类	防控措施	疫情期间各部门及个人的相关防控措施，包括个人防护、相关警示、防疫生活贴士等
	人物宣传	疫情期间对于医护人员以及相关贡献突出的人士的介绍或获奖情况等
	抗疫进展	疫情期间抗疫及防控的进展，包括各地区风险指数的播报、疫苗或疫情相关产品的科研进展、医院的病患动态等
	疫情影响	围绕疫情给人们带来的影响展开的信息，包括各种线上疫情相关主题教育，教学方式的改变，以及生活方式的改变等

续表

样本信息分类	变量分类	微信公众号相关具体情况
固有属性	抗疫记忆	疫情下各类人的抗疫故事,包括医护人员、基层工作人员、志愿者、热心人士等
	信息管理	疫情期间的辟谣信息及科普知识等
	鼓励援助	包括国内外的组织、高校或个人对疫情地区的物质捐助和精神援助,其中精神援助包括绘画、合唱等多种形式,以及对疫情地区居民、患者和医护人员的鼓励等

附表1-3 上海交通大学微信公众号各月疫情相关推文分类数量与密度汇总

	防控措施	人物宣传	抗疫进展	疫情影响	抗疫记忆	信息管理	鼓励援助	总计	密度
1月	0	0	0	3	2	0	3	8	0.063
2月	10	1	8	11	10	4	11	55	0.433
3月	3	1	1	9	1	1	8	24	0.189
4月	2	2	0	11	2	0	7	24	0.189
5月	0	0	0	4	3	0	1	8	0.063
6月	0	1	0	1	0	0	0	2	0.016
7月	0	0	0	0	0	0	0	0	0.000
8月	1	0	0	0	0	0	0	1	0.008
9月	0	1	0	1	0	0	0	2	0.016
10月	0	0	0	0	0	0	0	0	0.000
11月	2	0	1	0	0	0	0	3	0.024
12月	0	0	0	0	0	0	0	0	0.000
总计	18	6	10	40	18	5	30	127	
密度	0.142	0.047	0.079	0.315	0.142	0.039	0.236		

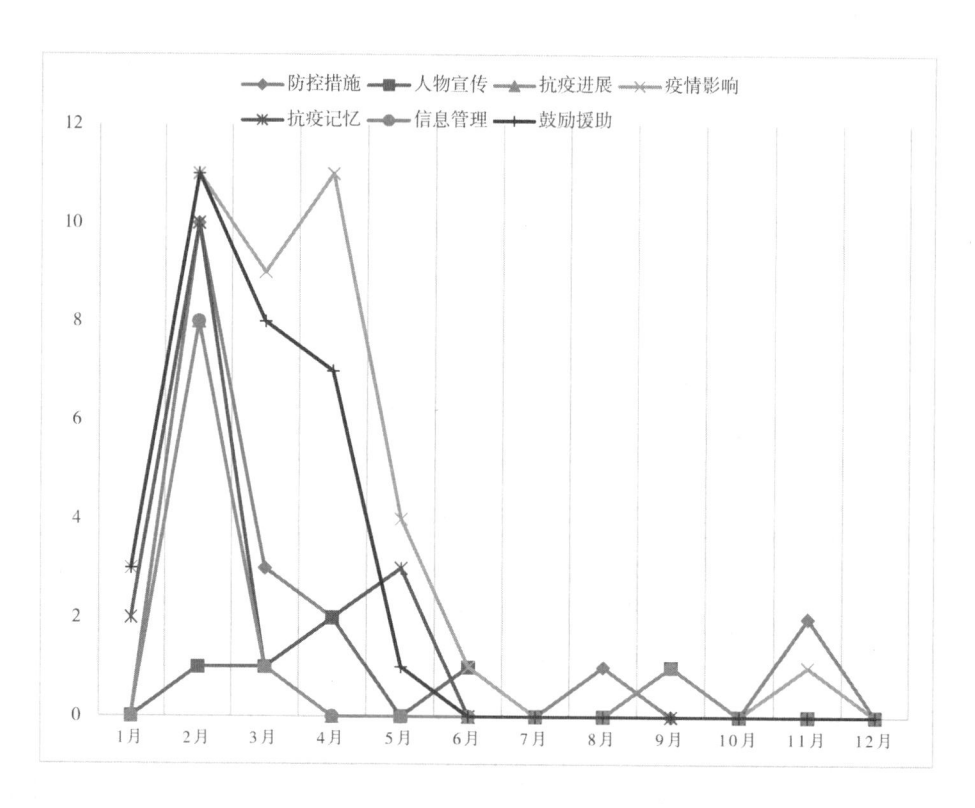

附图1-1　上海交通大学微信公众号各月疫情相关推文分类数量分布

2020年上海交通大学微信公众号共发布推文539篇，其中疫情相关类推文共127篇，占所有推文的23.6%，主要集中在2月、3月以及4月，是因为在这三个月我国疫情最为严重，疫情信息较多。其中，疫情相关推文阅读数破10万的有5篇，且疫情影响类和鼓励援助类居多。点赞数最多的推文为上海交通大学于2020年9月8日发布的《刚刚，上海交通大学医学院10名个人、1个集体荣获全国抗击新冠肺炎疫情表彰》，获点赞数344。疫情相关推文原创密度仅为6.3%，远低于所有推文的原创密度。

同时，因疫情暴发，高校及其附属医院需要做的相关工作增加，比如网上教学、派出援鄂医疗队、为疫情严重的地区提供物质援助与精神鼓励等，因此，疫情影响类与鼓励援助类的疫情相关推文数量激增，且占比分别排第一和第二。其中，典型的疫情影响类推文有上海交通大学微信公众号于2020年1月28日发布的《重要｜上海交大关于推迟2020年春季学期开学时间的通知》、2020年4

月16日发布的《教育部考试中心：2020上半年，这些考试取消了！》等，典型的鼓励援助类推文有上海交通大学微信公众号于2020年1月29日发布的《"武汉，我们马上就到！"交大第二批21名医务人员再出征！》、2020年2月9日发布的《武汉，挺你！交大人的"手书版"祝福来了！》等。

抗疫记忆类推文有18篇，占比排第三，侧重于讲述抗疫期间发生在援鄂医疗队、参与疫情防控工作的志愿者、宿管人员、高校保安以及校友等抗疫人员身上的故事，涉及的方面较广，人员较多，篇幅较长，因此抗疫记忆类推文较多。其中，典型的抗疫记忆类推文有上海交通大学于2020年2月1日发布的《感动！交大援鄂人员的一线战疫日记：忘记时间，忘记自己……》、2020年2月3日发布的《战"疫" | 他把怀孕妻子送回娘家，毅然走进了隔离病房……》等。

防控措施类推文也有18篇，占比排第三，也是分布月数较多的一类，是因为不管疫情严重与否，高校在这一年都不能过于放松警惕，特别是入秋（8月）与开学时，以及入冬（11月）且新冠肺炎病例增加之际，这是多种疾病易发、易传染的时期，上海交通大学分别于2020年2月9日发布推文《再发力！全力战"疫"，交大明确下一步这样做！》、2020年2月24日发布推文《注意了！复工复产必看，这8件事要准备好！》，以提醒师生及社会人士加强防范。

抗疫进展类有17篇，占比排第五，主要是发布医院的病患动态、相关科研进展等，典型的抗疫进展类推文有上海交通大学于2020年2月19日发布的《好消息！上海昨天全天无新增新型冠状病毒肺炎确诊病例！》、2020年3月6日发布的《好消息！今天，武汉这个"上海牌"病区，关门大吉！》等。

人物宣传类占比较小，发布时间具有延后性，是因为3月后我国疫情好转，众多有重大贡献的抗疫人士及其事件被传播、报道。典型的推文有上海交通大学于2020年9月8日发布的《刚刚，上海交通大学医学院10名个人、1个集体荣获全国抗击新冠肺炎疫情表彰》等。

附录二：西安交通大学微信公众号疫情相关分析

一、高校背景[①]

西安交通大学是我国最早兴办、享誉海内外的著名高等学府，是国家教育部直属重点大学。

19世纪末，甲午战败，民族危难。近代著名实业家、教育家盛宣怀秉持"自强首在储才，储才必先兴学"的信念，于1896年在上海创建了南洋公学，1921年定名为交通大学。学校坚持"求实学，务实业"办学宗旨，强调"修一等品行、求一等学问、创一等事业、成一等人才"办学目标。至20世纪二三十年代，形成独具"理工管"特色的著名大学，被誉为东方的"MIT"。抗战时期，学校移至租界，内迁重庆，坚持沪渝两地办学，为抵御外侮，不少学生投笔从戎，浴血沙场。新中国成立前夕，师生积极投入民主革命和解放斗争，学校被誉为"民主堡垒"。

1955年中央决定交通大学内迁西安；1956年起师生分批迁赴西安；1957年分设为交通大学西安、上海两个部分，实行统一领导；1959年，交通大学西安部分定名为西安交通大学，同年被列为全国十六所重点大学之一。2000年国务院决定将西安交通大学、西安医科大学、陕西财经学院三校合并，组成新的西安交通大学。

学校是"七五""八五"重点建设单位，首批进入国家"211"和"985"工程建设学校。2017年入选国家"双一流"建设名单A类建设高校，8个学科

[①] 西安交通大学简介［EB/OL］．西安交通大学官网，2021-01-20.

入选一流建设学科。

学校是具有理工特色，涵盖理、工、医、经、管、文、法、哲、艺等9个学科门类的综合性研究型大学，设有27个学院（部、中心）、9个本科书院和3所直属附属医院。现有教工6551人，其中专任教师3717人。师资队伍中有两院院士44名、国家级教学名师6名、国家杰出青年科学基金获得者42名、国家有突出贡献专家25名、国家"百千万人才工程"及"新世纪百千万人才工程"人选30人、教育部创新团队带头人29人次、教育部"新世纪优秀人才培养计划"入选者234名、为国家做出突出贡献并享受政府特殊津贴专家491名。

现有学生44325名，其中本科生20958名，研究生21383名，留学生1984名。本科专业87个、博士学位授权一级学科32个、硕士学位授权一级学科43个、博士专业学位授权点5个、硕士专业学位授权点27个、博士后流动站25个、国家一级重点学科8个、国家重点实验室5个、国家工程（技术）研究中心7个、国家工程实验室3个、国家国际科技合作基地5个、2011协同创新中心1个、省部级重点科研基地129个。建有国家西部能源研究院、中国西部质量科学与技术研究院。

据ESI公布的数据，截至2020年11月，学校15个学科进入世界学术机构前1%，3个学科进入前1‰，工程学进入前万分之一。

西安交通大学建校120余年来，形成了兴学强国、艰苦创业、崇德尚实、严谨治学的优良传统，爱国爱校、追求真理、勤奋踏实、艰苦朴素的优秀品格，起点高、基础厚、要求严、重实践的办学特色。张元济、蔡元培、蔡锷、黄炎培、邹韬奋、陆定一、钱学森、张光斗、吴文俊、江泽民、黄旭华、侯宗濂等，为校友中的杰出代表。

西安交通大学西迁以来培养了林宗虎、蔡睿贤、曹春晓、蒋新松、李鹤林、叶尚福、李佩成、姚穆、陈国良、雷清泉、熊有伦、涂铭旌、李伯虎、苏君红、孙九林、陈桂林、程时杰、孙才新、韩启德、谭铁牛、丛斌、郝跃、陈政清、江松、房建成、王华明、汤广福、郭万林、吴宜灿、罗琦、严新平等42位两院院士；高华健、锁志刚、姜晶、刘奕路、梁平、陈掌星等美国国家工程院、美国国家科学院、加拿大工程院等海外院士。

迁校65年来，西安交通大学为国家输送了28万余各类人才。2020年在中西部工作毕业生比例已达55%以上，为国家的西部发展战略提供了巨大的智力支持。毕业生在社会各界享有良好声誉，涌现了杨嘉墀、陈惠波、温熙森、肖胜利、马德秀、雷菊芳、崔殿国、孙来燕、张国宝、贾全喜、王珏、连维良、温枢刚、汪建平、辛保安、江小涓、蒲忠杰、于杰、何金碧、张月娥、桂生悦、卢雷、张雅林、葛红林、赵欢、仇建平、梁海山、冯兴亚、周鸿祎、陈曦、刘光斌、郑海涛、路一鸣、樊登、刘烈宏、张冬辰、王东峰、刘奇、郭文珺、景海鹏、陈冬、薛莹、张新等一批知名校友。

学校落实"品行养成、知识传授、能力培养、思维创新"四位一体人才培养理念，建立"通识教育+宽口径专业教育"、本—硕—博贯通式人才培养体系。

2006年，实行了"书院制"，书院、学院"双院制"培养模式为学子插上腾飞的翅膀。2017年，学校成立本科生院，落实"校—院—系"三级教学责任，建立"横向协作、纵向贯通、教书和育人统筹协调"的本科生人才培养管理体系。坚持拔尖创新人才培养的探索，从1985年开始，先后创办"少年班""钱学森试验班""侯宗濂试验班""基础学科人才培养试验班""人工智能试验班"等，以钱学森学院为载体，把钱学森精神和智慧运用到教育教学实践中。独特的教育理念，宽松的学习氛围，强大的师资配置，良好的教学效果备受学生和家长好评。

西安交通大学获国家级教学成果奖78项，建成国家级精品课程35门、国家级精品资源共享课23门、国家级视频公开课13门、国家级线上一流课程50门、国家级线上线下混合式一流课程7门、国家级线下一流课程9门、国家级虚拟仿真实验教学一流课程10门、国家级社会实践一流课程2门，拥有8个国家级教学（人才培养）基地、12个国家级实验教学示范中心（含虚拟仿真实验教学中心）、9个国家级教学团队，建有国家级教师教学发展示范中心，获"全国百篇优秀博士论文奖"27篇、提名奖46篇。

学校坚持面向世界科技前沿、面向经济主战场、面向国家重大需求，不断增强科技创新能力，提升科技竞争力。迁校以来，该校创造了百余项国内外科学研究领域的"第一"，在抢占科研制高点方面发挥了交大的引领作用，其中包括创建了我国第一个工程热物理研究所，第一个汽轮机、汽车制造、制冷与低温和压缩机专业，研制出我国第一台大型通用电子计算机、首个自主知识产权的数字处理芯片，在国际上首次提出了双剪统一强度理论等。

迁校以来，学校创造了29000余项科研成果，其中237项获得国家三大奖，产生了数以千亿计的经济社会效应。学校依托学科与人才培养优势,创新产学研合作模式,与政府、大中型企业建立研发中心,注重解决行业关键性技术问题,充分发挥科技对区域经济和社会发展的支撑作用。

2000年至今,该校主持"973计划"项目21项,获批国家自然科学基金项目5343项,基础研究项目数和经费在全国高校位居前列。承担的文科国家级重大科研项目37项,获得教育部人文社科奖36项,与国家发改委、民政部、中央编译局等共建17个高端智库,一大批研究成果被采纳应用。

学校高扬"爱国主义、集体主义、英雄主义、乐观主义"四面旗帜,拥有国家大学生文化素质教育基地和171个文化社团,科技、文艺、体育等活动丰富多彩,"九州名家""纵论四海""思源大讲堂""学而论坛""新港报告""创源论坛"等成为师生开阔视野的经典品牌。历年来,交大学子在SAE国际航空设计大赛、VEX机器人世界锦标赛、国际数学建模大赛、世界华语辩论锦标赛、国际英语演讲大赛、世界大学生建筑设计竞赛、世界大学生赛艇锦标赛、ACM国际大学生程序设计大赛亚洲区选拔赛、中国"互联网+"大学生创新创业大赛、"挑战杯"全国大学生课外科技作品竞赛、"挑战杯"全国大学生创业计划大赛、全国大学生数学建模大赛、全国大学生机械创新设计大赛、Robocon全国大学生机器人大赛、中国大学生物理学术竞赛、全国航空航天模型(科研类)锦标赛、全国大学生节能减排与社会实践科技竞赛等国际国内大赛中屡获佳绩。

国际交往广泛。2000年至今,该校已邀请25位诺贝尔奖、菲尔兹奖获得者及2000余位国外教授来访讲学,合作研究、学术交流的世界各国学者、企业高层、政府要员更高达2万余人;派出赴国外访问、进修、研究及攻读学位的教师和学生2.8万余人次,参加国际会议2000余人;与美、日、英、法、德、意、新、韩等44个国家和地区逾300所高等学校和研究机构建立了校际合作关系。2019年,共有来自141个国家的3000余名外国留学生就读于西安交大。

西安交大现有兴庆、雁塔、曲江和中国西部科技创新港四个校区,占地面积约4480亩,各类建筑总面积约400万平方米。图书馆被中共中央宣传部批准为"钱学森图书馆",总建筑面积43794平方米,阅览座位3604余席;累计藏书576万册(件),中外文报刊10175种,中外文现刊1307种。引进国内外电子资源132个平台约72个子库;拥有中外文全文电子期刊5.9万余种,中西文电子图书 175.9 万余种。

中国西部科技创新港以"国家使命担当、全球科教高地、服务陕西引擎、创新驱动平台、智慧学镇示范"为目标，在 4 个领域上建立了 8 大平台、29 个研究院和 300 多个科研基地，将服务学科交叉、军民融合等国家重大科学研究，服务学生创新能力培养、科技成果转孵化和经济社会发展，主动探索 21 世纪现代大学与社会发展相融合的新模式、新形态和新经验。

该校领衔成立的"丝绸之路大学联盟"，已吸引 38 个国家和地区的 154 余所大学加盟，改革试点探索与评估协同创新中心、丝绸之路经济带研究协同创新中心等一批高端智库和研究平台，致力于为社会发展与民族复兴服务。

2017 年 12 月 11 日，习近平总书记对西安交大 15 位西迁老教授的来信做出重要指示，向当年响应国家号召、献身大西北建设的老同志们致以崇高敬意，希望传承好"西迁精神"，为西部发展、国家建设奉献智慧和力量。

2020 年 4 月 22 日，习近平总书记在陕西考察期间，赴交大西迁博物馆参观，亲切会见西迁老教授，并两次发表重要讲话，对西迁精神的核心、精髓等进行深刻阐释，勉励广大师生大力弘扬西迁精神，抓住新时代新机遇，到祖国最需要的地方建功立业，在新征程上创造属于我们这代人的历史功绩。

在新的历史起点上，学校深入学习贯彻习近平新时代中国特色社会主义思想，聚焦立德树人根本任务，坚持"扎根西部、服务国家、世界一流"办学定位，坚定不移地推进综合改革，推进"双一流"建设，推进内涵式发展，奋力书写新时代学校发展新篇章，朝着中国特色世界一流大学奋进。

二、西安交通大学微信公众号相关变量分析

（一）固有属性简介

西安交通大学微信公众号固有属性相关变量及具体情况如附表 2-1 所示。

附录 每周均入选百强排行榜的12所高校微信公众号疫情相关分析

附表2-1 西安交通大学微信公众号固有属性相关变量及具体情况汇总

样本信息分类	变量分类	微信公众号相关具体情况
固有属性	开通年月	2013年3月
	微信号	My_XJTU
	公众号功能	西安交通大学是国家教育部直属重点大学，为我国最早兴办的高等学府之一
	公众号类型	订阅号
	客服电话	未设置
	客服人员	未设置
	账号主体	西安交通大学
	商标保护	未包含商标详情
	高校级别	"985工程"高校、"211工程"高校、"双一流"高校
	品牌强度	15
	相关小程序	西安交大校园导览、西安交通大学管理学院校友卡、微言教育等
	公众号昵称是否与高校名称完全一致	是
	品牌显著标签	高校校徽
	官方认证	已完成官方认证
	开通时长	2850天

微信公众平台自2012年8月正式上线，而西安交通大学微信公众号于半年后才上线，存在一定的滞后性，反映出西安交通大学对创新宣传工作的敏感性和前瞻性有待提高。西安交通大学微信公众号的微信号是纯英文"My_XJTU"，其中"XJTU"为西安交通大学的英文简称，有着鲜明的自身特色。西安交通大学微信公众号的功能介绍表述隶属关系，传达传播主体为"西安交通大学"。西安交通大学微信公众号类型为订阅号，能够与学生群体形成较好的黏性，同时在宣传、塑造高校自身品牌形象方面均能起到相应作用。西安交通大学微信公

151

众号未设置客服电话和客服人员,说明目前该微信公众号还未给予客服系统足够的关注,在服务的完善程度上有待进一步提升。西安交通大学微信公众号的账号主体为西安交通大学本身,显示权威性和官方性,以便读者将其界定为西安交通大学官方微信公众号。西安交通大学微信公众号未包含商标详情,尚缺乏知识产权保护意识。西安交通大学微信公众号相关小程序较少,完善相关服务的意识有待提高。西安交通大学微信公众号的昵称与西安交通大学的全称一致,易于被用户搜索到进而被关注。西安交通大学微信公众号头像为西安交通大学校徽,具有品牌显著性。西安交通大学微信公众号已完成官方认证,表明该微信公众号具有较高的可信度。西安交通大学微信公众号开通时长超过 2800 天,说明该微信公众号在运营上已积攒了一定程度的经验,形成了一定的自身传播特色,有较大的参考意义。

(二)表层形式简介

2020 年西安交通大学微信公众号共发推文 421 篇。2 月份文数最高,是因为疫情暴发,需要向师生推送各类防控信息以及对于公共卫生事件的应对措施。2 月推文密度也最高。西安交通大学推送时段相对集中在 14—18 时和 18—24 时。西安交通大学推文的原创密度为 33.3%,有 140 篇为原创。西安交通大学微信公众号总阅读数 9000825,篇均阅读数 21379.632,日均阅读数 24592.418,最高阅读数 100000+,总阅读数破 900 万,阅读密度都超过 2 万,阅读数较为可观。421 篇推文中仅 5 篇不为头条,头条总阅读数 8942656,头条日均阅读数 24433.486,头条篇均阅读数 21496.769。421 篇推文的总点赞数 40728,篇均点赞数 96.741,日均点赞数 111.279,最高点赞数 1260,点赞数要明显低于阅读数。头条总点赞数 40008,头条日均点赞数 109.311,头条篇均点赞数 96.173,非头条有 720 个点赞数。推文使用四类素材的频度排序:图片、视频、链接和音频并列。

(三)深层内容简介

2020 年西安交通大学微信公众号发布推文内容相对集中在疫情相关、通知告示、人物风采、校园荣誉、校园建设。30 个分类中校生互动、数据分析指数为 0。标题词云中较醒目的字眼为"西安交大""创新港""西安交通大学""疫情""权威""科研""焦仲平""师生"等。正文词云中较醒目的字眼为

"西安交大""交大""创新港""疫情""学生""国家""建设""科技""西迁"等。标题语义网络中有两个大范围中心节点，分别是"交大"和"西安交通大学"。正文语义网络中各词汇之间的联系密切，其中最大范围中心点是"国家"和"发展"，较大范围中心节点有"中国""建设""创新""科技""创新港"等。

三、西安交通大学微信公众号疫情相关分析

我们对高校微信公众号2020年的传播内容进行前测，归纳出防控措施、人物宣传、抗疫进展、疫情影响、抗疫记忆、信息管理、鼓励援助七个方面的疫情相关主题，具体类目说明如附表2-2所示，统计如附表2-3所示。

附表2-2 类目说明

样本信息分类	变量分类	设立依据及补充说明
深层内容疫情相关分类	防控措施	疫情期间各部门及个人的相关防控措施，包括个人防护、相关警示、防疫生活贴士等
	人物宣传	疫情期间对于医护人员以及相关贡献突出的人士的介绍或获奖情况等
	抗疫进展	疫情期间抗疫及防控的进展，包括各地区风险指数的播报、疫苗或疫情相关产品的科研进展、医院的病患动态等
	疫情影响	围绕疫情给人们带来的影响展开的信息，包括各种线上疫情相关主题教育，教学方式的改变，以及生活方式的改变等
	抗疫记忆	疫情下各类人的抗疫故事，包括医护人员、基层工作人员、志愿者、热心人士等
	信息管理	疫情期间的辟谣信息及科普知识等
	鼓励援助	包括国内外的组织、高校或个人对疫情地区的物质捐助和精神援助，其中精神援助包括绘画、合唱等多种形式，以及对疫情地区居民、患者和医护人员的鼓励等

附表2-3 西安交通大学微信公众号各月疫情相关推文分类数量与密度汇总

	防控措施	人物宣传	抗疫进展	疫情影响	抗疫记忆	信息管理	鼓励援助	总计	密度
1月	0	0	0	4	3	0	2	9	0.089
2月	5	3	5	27	4	0	4	48	0.475
3月	5	3	1	7	4	0	1	21	0.208
4月	0	1	0	9	2	0	1	13	0.129
5月	0	0	0	8	0	0	0	8	0.079
6月	0	0	0	0	0	0	0	0	0.000
7月	0	0	0	0	0	0	0	0	0.000
8月	0	0	0	1	0	0	0	1	0.010
9月	0	0	0	1	0	0	0	1	0.010
10月	0	0	0	0	0	0	0	0	0.000
11月	0	0	0	0	0	0	0	0	0.000
12月	0	0	0	0	0	0	0	0	0.000
总计	10	7	6	57	13	0	8	101	
密度	0.099	0.069	0.059	0.564	0.129	0.000	0.079		

2020年西安交通大学微信公众号共发布推文421篇，其中包含101篇疫情相关推文，占所有推文的23.99%。各类占比趋势与其余11所高校微信公众号的趋势相符，疫情影响与其余11所高校微信公众号相比占比较高。101篇推文推送时间基本集中在上半年，在2月有一个激增；在七个分类中，内容主要集中在疫情影响、抗疫记忆。疫情相关推文阅读数破10万的有3篇：2020年1月24日推送的《除夕，22名交大人集结完毕驰援武汉！请平安归来！》，分类是抗疫记忆；2020年1月27日推送的《重要通知！西安交通大学推迟开学》，分类是疫情影响；2020年4月28日推送的《权威发布｜西安交通大学关于2020年春季学期学生返校的通知》，分类是疫情影响。疫情相关推文最高点赞数480，是2020年9月8日发布的《致敬英雄！西安交通大学第一附属医院党委，巩守

<<< 附　录　每周均入选百强排行榜的12所高校微信公众号疫情相关分析

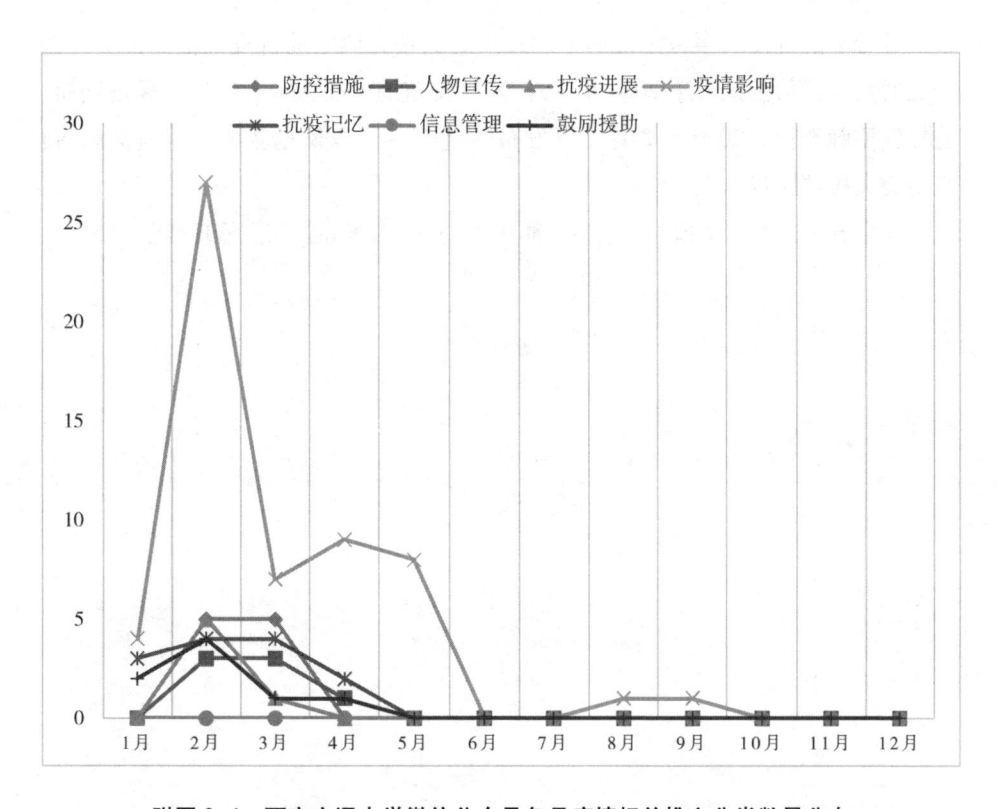

附图2-1　西安交通大学微信公众号各月疫情相关推文分类数量分布

平、马现仓、赵英仁受国家表彰!》，分类是疫情影响。疫情相关推文原创密度是38.6%，高于所有推文的原创密度。

疫情影响占57篇，疫情对人们的生活产生的影响包括推迟开学、线上教学等，涉及的范围广，因此数量也较多。57篇集中在上半年，2月和4月分别有一个小高峰。2月疫情暴发碰上高校开学时间，对学校的教学与生活产生了较大的冲击，需要做出调整和通告的方面多；5月西安交大学生返校，4、5月相关推文增多。其中，典型的疫情影响类推文有西安交通大学微信公众号于2020年2月7日发布的《陈宝生在教育系统疫情防控视频会上强调：坚决防止疫情向校园蔓延，确保师生生命安全》、2020年4月29日发布的《全力以赴！守护交大学子平安返校！》。

抗疫记忆占13，较集中在2月、3月，报道了许多抗疫期间发生在援鄂医护人员、参与疫情防控工作的志愿者、社区工作者、宿管人员、高校保安以及校友等身上的抗疫故事，涉及的范围较广。其中，典型的抗疫记忆类推文有西安交通大学微信公众号于 2020 年 1 月 23 日发布的《交大人在行动！风雨同舟，防控新型肺炎！》、2020 年 2 月 1 日发布的《第一个夜班抢救 3 名危重症患者！直击交大援鄂医疗队在一线》。

其余五个分类推文数占比较少，都在 2、3、4 月发布。信息管理数量为 0。

附录三：电子科技大学微信公众号疫情相关分析

电子科技大学

一、高校背景①

电子科技大学坐落于四川省成都市，原名成都电讯工程学院，成立于1956年9月，是在周恩来总理的亲自部署下，由交通大学（现上海交通大学、西安交通大学）的电讯工程系、华南工学院（现华南理工大学）的电讯系和南京工学院（现东南大学）的无线电系合并创建而成的新中国第一所无线电大学。学校成立以来，随着国务院机构改革的进程，先后归属二机部、一机部、三机部、四机部、电子工业部、机械电子工业部、电子工业总公司、信息产业部负责管理。1960年被列为全国重点高等学校。1961年划归国防部国防科学技术委员会管理，被确定为七所国防工业院校之一。1970年划归四机部和解放军总参通信兵部共同管理。1988年更名为电子科技大学。1997年被确定为国家首批"211工程"建设的重点大学。1998年，国家冶金部所属成都冶金干部管理学院并入电子科技大学。2000年由原信息产业部主管划转为教育部主管。2001年进入国家"985工程"重点建设大学行列。2017年进入国家建设"世界一流大学"A类高校行列。

建校之初，学校定位为我国培养无线电工业干部（人才）的主要基地，重点为我国无线电工业部门培养专业技术人才，1982年以来，学校先后增设了管理学、经济学、法学、文学等学科专业。在国家和教育部的大力支持下，经过

---

① 电子科技大学学校历史［EB/OL］. 电子科技大学官网，2021-01-20.

"211 工程"和"985 工程"的建设，电子科技大学在学科建设、人才培养、师资队伍、科学研究、国际合作、社会服务以及整体办学条件等方面均跃上了一个新的台阶。目前，电子科技大学设有 23 个学院（部）、4 个研究院、2 个独立学院，形成了从本科到硕士研究生、博士研究生等多层次、多类型的人才培养格局，成为一所完整覆盖整个电子信息类学科，以电子信息科学技术为核心，以工为主，理工渗透，理、工、管、文、医协调发展的多科性研究型大学。

电子科技大学以"求实求真、大气大为"为校训，以人才培养为根本，以服务国家、地方经济建设和国防建设为己任，开拓进取，锐意创新，为早日建成中国特色世界一流大学而努力奋斗！

二、电子科技大学微信公众号相关变量分析

（一）固有属性简介

电子科技大学微信公众号固有属性相关变量及具体情况如附表 3-1 所示。

附表 3-1 电子科技大学微信公众号固有属性相关变量及具体情况汇总

样本信息分类	变量分类	微信公众号相关具体情况
固有属性	开通年月	2013 年 3 月
	微信号	UESTC_xwzx
	公众号功能	电子科技大学官方微信。我们将以服务师生、贴近师生为宗旨，及时为校内广大师生、校友及关注学校发展的各界人士提供校园新闻资讯以及形式多样的信息服务，第一时间发送校园重大事件、新闻热点、信息公告等内容
	公众号类型	订阅号
	客服电话	未设置
	客服人员	未设置
	账号主体	电子科技大学
	商标保护	未包含商标详情
	高校级别	"985 工程"高校、"211 工程"高校、"双一流"高校

续表

样本信息分类	变量分类	微信公众号相关具体情况
固有属性	品牌强度	34
	相关小程序	成电学生在线、求实求真、成电后勤商易购服务、成电智慧学工、成电LIVE、成电后勤管理、UESTCGIS、成电建校64周年头像、掌上成电、成电e沙龙、科大后勤等
	公众号昵称是否与高校名称完全一致	是
	品牌显著标签	高校校徽
	官方认证	已认证
	开通时长	2840天

　　微信公众平台自2012年8月正式上线，而电子科技大学微信公众号于8个月后上线，反映出电子科技大学对创新宣传工作有一定的敏感性和前瞻性。电子科技大学微信公众号的微信号由英文字母"UESTC""xwzx"和下划线组成，其中"UESTC"为电子科技大学英文名简称，有着鲜明的自身特色，而且仅含10个字符，便于检索。电子科技大学微信公众号的功能介绍清晰明了，不仅表述隶属关系，传达传播主体为"电子科技大学"，还对传播功能（即提供校园新闻资讯以及形式多样的信息服务）、服务对象（即校内广大师生、校友及关注学校发展的各界人士）以及服务内容（即校园重大事件、新闻热点、信息公告等）进行阐述。电子科技大学微信公众号类型为订阅号，能够与学生群体形成较好的黏性，同时在宣传、塑造高校自身品牌形象方面均能起到相应作用。电子科技大学微信公众号未设置客服电话和客服人员，说明目前该微信公众号还未给予客服系统足够的关注，在服务的完善程度上有待进一步提升。电子科技大学微信公众号的账号主体为电子科技大学本身，显示其权威性和官方性，以便读者将其界定为电子科技大学官方微信公众号。电子科技大学微信公众号未包含商标详情，尚缺乏知识产权保护意识。电子科技大学微信公众号相关小程序较多，涉及的方面较广，为师生校友及关注学校发展的各界人士提供了全面、自

助式的优质服务。电子科技大学微信公众号的昵称与电子科技大学的全称一致，易于被用户搜索到进而被关注。电子科技大学微信公众号头像为电子科技大学校徽，具有品牌显著性。电子科技大学微信公众号已完成官方认证，表明该微信公众号具有较高的可信度。电子科技大学微信公众号开通时长超过2500天，说明该微信公众号在运营上已积攒了一定程度的经验，形成了一定的自身传播特色，有较大的参考意义。

（二）表层形式简介

2020年电子科技大学微信公众号共发推文360篇。2月推文数最高，是因为疫情暴发，需要向师生推送各类防控信息以及对于公共卫生事件的应对措施。2月推文密度也最高。电子科技大学的推送时段相对不均，其中0—9时密度仅为1.9%，而18—24时密度高达41.7%。电子科技大学推文的原创密度仅为30.3%。电子科技大学微信公众号总阅读数7006904，篇均阅读数19463.622，日均阅读数19144.546，最高阅读数100000+，总阅读数破700万，阅读密度都接近2万，阅读数可观。360篇推文中有355篇为头条，头条总阅读数6961334，头条日均阅读数19020.038，头条篇均阅读数19609.392。360篇推文的总点赞数为29389，篇均点赞数81.636，日均点赞数80.2988，最高点赞数782，点赞数要明显低于阅读数。头条总点赞数97593，头条日均点赞数79.587，头条篇均点赞数82.054。推文使用四类素材的频度排序：图片、视频、链接、音频。

（三）深层内容简介

2020年电子科技大学微信公众号发布推文内容相对集中在疫情相关、人物风采、通知告示、生活资讯。30个分类中校生互动、师生寄语、历史文化、人事变动、书文选送、趣味段子指数为0。标题词云中较醒目的字眼为"成电""电子科大""电子科技大学""疫情""校友""学期""科研"等。正文词云中较醒目的字眼为"成电""疫情""学生""学院""教学""学习""老师""电子科大"等。标题语义网络中有两个较大范围的中心节点："成电""电子科大"。正文语义网络中最大范围中心点是"学生"，小范围中心节点有"学院""学校""疫情""成电""学习"等。

三、电子科技大学微信公众号疫情相关分析

我们对高校微信公众号2020年的传播内容进行前测，归纳出防控措施、人

<<< 附　录　每周均入选百强排行榜的12所高校微信公众号疫情相关分析

物宣传、抗疫进展、疫情影响、抗疫记忆、信息管理、鼓励援助七个方面的疫情相关主题，具体类目说明如附表3-2所示，统计如附表3-3所示。

附表3-2　类目说明

样本信息分类	变量分类	设立依据及补充说明
深层内容疫情相关分类	防控措施	疫情期间各部门及个人的相关防控措施，包括个人防护、相关警示、防疫生活贴士等
	人物宣传	疫情期间对于医护人员以及相关贡献突出的人士的介绍或获奖情况等
	抗疫进展	疫情期间抗疫及防控的进展，包括各地区风险指数的播报、疫苗或疫情相关产品的科研进展、医院的病患动态等
	疫情影响	围绕疫情给人们带来的影响展开的信息，包括各种线上疫情相关主题教育，教学方式的改变，以及生活方式的改变等
	抗疫记忆	疫情下各类人的抗疫故事，包括医护人员、基层工作人员、志愿者、热心人士等
	信息管理	疫情期间的辟谣信息及科普知识等
	鼓励援助	包括国内外的组织、高校或个人对疫情地区的物质捐助和精神援助，其中精神援助包括绘画、合唱等多种形式，以及对疫情地区居民、患者和医护人员的鼓励等

附表3-3　电子科技大学微信公众号各月疫情相关推文分类数量与密度汇总

	防控措施	人物宣传	抗疫进展	疫情影响	抗疫记忆	信息管理	鼓励援助	总计	密度
1月	5	0	0	0	0	0	0	5	0.060
2月	14	3	6	17	1	2	8	51	0.607
3月	1	1	1	7	1	0	6	17	0.202
4月	0	0	0	3	0	0	1	4	0.048

续表

	防控措施	人物宣传	抗疫进展	疫情影响	抗疫记忆	信息管理	鼓励援助	总计	密度
5月	3	1	0	1	0	0	1	6	0.071
6月	0	0	0	0	0	0	0	0	0.000
7月	0	0	0	0	0	0	0	0	0.000
8月	0	0	0	0	0	0	0	0	0.000
9月	0	0	0	0	0	0	0	0	0.000
10月	0	0	0	0	0	0	0	0	0.000
11月	0	0	0	0	0	0	0	0	0.000
12月	1	0	0	0	0	0	0	1	0.012
总计	24	5	7	28	2	2	16	84	
密度	0.286	0.060	0.083	0.333	0.024	0.024	0.190		

2020年电子科技大学微信公众号共发布推文360篇，其中疫情相关类推文共84篇，占所有推文的23.3%，主要集中在2月、3月，是因为在这两个月我国疫情最为严重，需要广告人知的疫情信息较多。其中，疫情相关推文阅读数破10万的有1篇，为电子科技大学于2020年2月3日发布的《沉痛悼念｜电子科大1997级优秀校友李跃龙在疫情防控一线因公牺牲》。点赞数最多的推文为电子科技大学于2020年12月9日发布的《电子科技大学关于进一步加强新冠肺炎疫情防控工作的通知》，获点赞数603。疫情相关推文原创密度仅为7.1%，低于所有推文的原创密度。

同时，因疫情暴发，高校及其附属医院需要做的相关工作增加，比如网上教学、延迟开学、采取一系列防控措施等，因此，疫情影响类和防控措施类的疫情相关推文数量激增，且占比分别排第一和第二。其中，典型的疫情影响类推文有电子科技大学于2020年2月23日发布的《停课不停学！成电学子：在线上课，我们准备好了！》、2020年3月4日发布的《成电研究生"云端"集合，天涯比邻若同窗！》等。典型的防控措施类推文有电子科技大学于2020年1月29日发布的《电子科大召开专题会议对疫情防控工作再研究再部署再推进》、

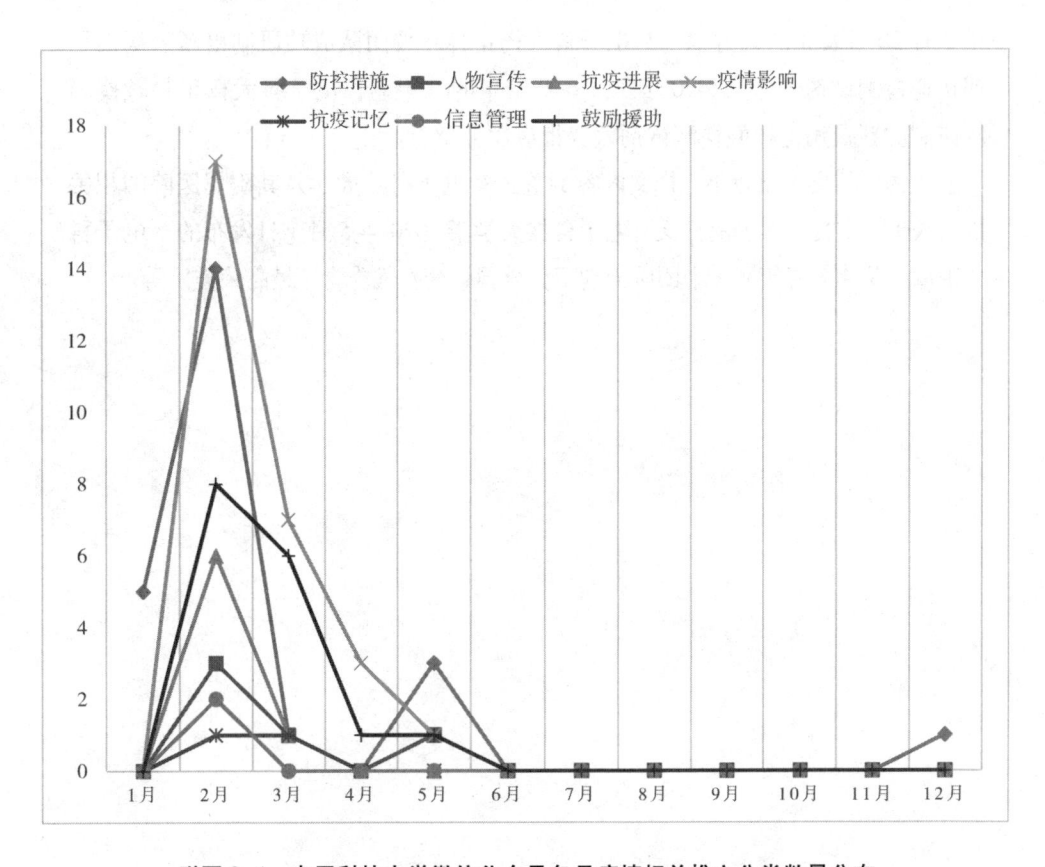

附　录　每周均入选百强排行榜的12所高校微信公众号疫情相关分析

附图 3-1　电子科技大学微信公众号各月疫情相关推文分类数量分布

2020年5月12日发布的《电子科大开展疫情防控安全检查和春季学期学生返校应急演练》。

鼓励援助类的推文有16篇，占比排第三，在疫情爆发之时，电子科技大学作为全国名校，派出了医学院教师、附属医院援鄂医疗队，同时为疫情严重的地区给予精神上的鼓励。其中，典型的鼓励援助类推文有电子科技大学于2020年2月2日发布的《20200202，全国各地成电学子这样为武汉加油!》、2020年2月13日发布的《最美逆行者！电子科技大学附属医院107名"白衣战士"千里援鄂!》

抗疫进展类有7篇，占比排第四，主要是发布相关科研进展（如新冠病毒核酸检测试剂盒的研制进展等），典型的抗疫进展类推文有电子科技大学于2020

年2月20日发布的《好消息！电子科大杨正林教授团队成功研制出新冠病毒早期快速检测试剂盒！》、2020年3月6日发布的《最新！电子科大杨正林教授团队研制的新冠病毒核酸检测试剂盒获批应用》等。

人物宣传类占比较小，推文内容侧重于对电子科技大学及其附属医院的相关抗疫人士的宣传，典型的推文有电子科技大学于2020年5月1日发布的《电子科大附属医院4名青年和1个团队分别荣获全国、全省优秀青年最高荣誉》等。

附录四：中国海洋大学微信公众号疫情相关分析

一、高校背景[①]

中国海洋大学是一所海洋和水产学科特色显著、学科门类齐全的教育部直属重点综合性大学，是国家"985工程"和"211工程"重点建设的高校，2017年9月入选国家"世界一流大学建设高校"（A类）。

学校校训是"海纳百川，取则行远"。学校创建于1924年，历经私立青岛大学、国立青岛大学、国立山东大学、山东大学等办学时期，于1959年发展成为山东海洋学院，1960年被国家确定为全国13所重点综合性大学之一，1988年更名为青岛海洋大学，2002年更名为中国海洋大学。

学校有崂山校区、鱼山校区和浮山校区3个校区，占地2400余亩，正在建设西海岸校区。设有21个学院和1个基础教学中心。现有全日制在校生27000余人，其中本科生15000余人、硕士研究生9000余人、博士研究生2000余人、外国留学生700余人。教职工3698人，其中专任教师1884人，博士生导师505人，正高级专业技术人员693人，副高级专业技术人员892人，中国科学院院士7人、中国工程院院士9人。著名作家王蒙担任学校顾问、文学与新闻传播学院名誉院长，国家海洋局原局长王曙光受聘学校顾问、海洋发展研究院名誉院长，国际著名物理学家钱致榕受聘学校顾问、特聘讲席教授、行远书院院长，诺贝尔文学奖获得者莫言等14位知名作家受聘为学校"驻校作家"。

---

① 中国海洋大学简介［EB/OL］. 中国海洋大学官网，2021-01-20.

学校以培养德智体美劳全面发展、具有民族精神和社会责任感、具有国际视野和合作竞争意识、具有科学精神和人文素养、具有创新意识和实践能力的高素质创新型人才为目标，以造就国家海洋事业的领军人才和骨干力量为特殊使命。学校遵循"通识为体，专业为用"的本科教育理念，实行有限条件的自主选课制度和学业识别与毕业专业识别确认制度，努力培养复合型、高素质人才。毕业生中已有14人当选中国科学院或中国工程院院士，3人先后担任国家海洋局局长，参加中国第一次南极考察的75位科学家中一半以上是学校毕业生。

学校拥有教学和科学考察船舶3艘，包括5000吨级新型深远海综合科考实习船"东方红3"号、3500吨级海洋综合科学考察实习船"东方红2"号、300吨级的"天使1"号科考交通补给船，形成了自近岸、近海至深远海并辐射到极地的海上综合流动实验室系统，具备了一流的海上现场观测能力。学校是青岛海洋科学与技术试点国家实验室的主要依托单位，主持其中"海洋动力过程与气候""海洋药物与生物制品"2个功能实验室的工作，作为骨干力量参与其他6个功能实验室的建设。

学校地球科学、植物学与动物学、工程技术、化学、材料科学、农学、生物学与生物化学、环境学与生态学、药理学与毒理学9个学科（领域）名列美国ESI全球科研机构排名前1%。获国家技术发明一等奖1项、二等奖3项，自然科学二等奖2项，科技进步二等奖11项；"十二五"以来，主持国家级各类项目1800余项，获省部级科技奖励74项、人文社科奖励77项，被SCI、EI、ISTP等三大收录系统收录论文26000余篇，申请发明专利3211项，授权发明专利1649项，其中国际发明专利42项。

学校的发展目标是：到2020年，基本建成国际知名、特色显著的高水平研究型大学；到2030年，建成世界一流的综合性海洋大学；到21世纪中叶，建成特色显著的世界一流大学。

二、中国海洋大学微信公众号相关变量分析

（一）固有属性简介

中国海洋大学微信公众号固有属性相关变量及具体情况如附表4-1所示。

附　录　每周均入选百强排行榜的12所高校微信公众号疫情相关分析

附表4-1　中国海洋大学微信公众号固有属性相关变量及具体情况汇总

样本信息分类	变量分类	微信公众号相关具体情况
固有属性	开通年月	2013年6月
	微信号	ouc1924
	公众号功能	中国海洋大学是一所海洋和水产学科特色显著、学科门类齐全的教育部直属重点综合性大学，是国家"985工程"和"211工程"重点建设的高校，2017年9月入选国家"世界一流大学建设高校"（A类）
	公众号类型	订阅号
	客服电话	未设置
	客服人员	未设置
	账号主体	中国海洋大学
	商标保护	未包含商标详情
	高校级别	"985工程"高校、"211工程"高校、"双一流"高校
	品牌强度	41
	相关小程序	中国海洋大学本招办、走近中国海洋大学图书馆
	公众号昵称是否与高校名称完全一致	是
	品牌显著标签	高校建筑
	官方认证	已完成官方认证
	开通时长	2752天

微信公众平台自2012年8月正式上线，而中国海洋大学微信公众号于一年后才上线，存在一定的滞后性，反映出中国海洋大学对创新宣传工作的敏感性和前瞻性有待提高。中国海洋大学微信公众号的微信号由英文字母"ouc"和数字"1924"组合而成，其中"ouc"为中国海洋大学英文简称，"1924"为中国海洋大学建校年份，有着鲜明的自身特色。中国海洋大学微信公众号的功能介

绍表述隶属关系，传达传播主体为"中国海洋大学"。中国海洋大学微信公众号类型为订阅号，能够与学生群体形成较好的黏性，同时在宣传、塑造高校自身品牌形象方面均能起到相应作用。中国海洋大学微信公众号未设置客服电话和客服人员，说明目前该微信公众号还未给予客服系统足够的关注，在服务的完善程度上有待进一步提升。中国海洋大学微信公众号的账号主体为中国海洋大学本身，显示权威性和官方性，以便读者将其界定为中国海洋大学官方微信公众号。中国海洋大学微信公众号未包含商标详情，尚缺乏知识产权保护意识。中国海洋大学微信公众号相关小程序较多，涉及的方面较广，为师生校友及其他用户提供了全面、自助式的优质服务。中国海洋大学微信公众号的昵称与中国海洋大学的全称一致，易于被用户搜索到进而被关注。中国海洋大学微信公众号头像为中国海洋大学建筑。中国海洋大学微信公众号已完成官方认证，表明该微信公众号具有较高的可信度。中国海洋大学微信公众号开通时长超过2700天，说明该微信公众号在运营上已积攒了一定程度的经验，形成了一定的自身传播特色，有较大的参考意义。

（二）表层形式简介

2020年中国海洋大学微信公众号共发推文314篇。2月推文数最高，是因为疫情暴发，需要向师生推送各类防控信息以及对于公共卫生事件的应对措施。2月推文密度也最高。中国海洋大学推送时段相对集中在18—24时，密度达到了68.2%。中国海洋大学推文的原创密度为8%。中国海洋大学微信公众号总阅读数6064498，篇均阅读数19313.688，日均阅读数16569.667，最高阅读数100000+，总阅读数破600万，阅读密度都超过1.5万，阅读数较为可观。314篇推文中仅有6篇不为头条，头条总阅读数6045557，头条日均阅读数16517.915，头条篇均阅读数19628.432。314篇推文的总点赞数38635，篇均点赞数123.041，日均点赞数105.56，最高点赞数1685，点赞数要明显低于阅读数。头条总点赞数38532，头条日均点赞数105.279，头条篇均点赞数125.104，非头条103个点赞数。推文使用四类素材的频度排序：图片、视频、音频、链接。

（三）深层内容简介

2020年中国海洋大学微信公众号发布推文内容相对集中在疫情相关、通知告示、人物风采、生活资讯。30 个分类中人事变动、影视推荐、平台互动、新闻合辑指数为 0。标题词云中较醒目的字眼为"中国海洋大学""海大""海大人""学生""毕业""客厅""疫情"等。正文词云中较醒目的字眼为"疫情""教学""海大""海洋""课程""科学""老师""学院""研究生"等。标题语义网络中有一个大范围中心节点"海大",一个小范围中心节点"中国海洋大学"。正文语义网络中最大范围中心点是"学校",小范围中心节点有"学生""海洋""疫情""教学""国家"等。

3. 中国海洋大学微信公众号疫情相关分析

我们对高校微信公众号 2020 年的传播内容进行前测,归纳出防控措施、人物宣传、抗疫进展、疫情影响、抗疫记忆、信息管理、鼓励援助七个方面的疫情相关主题,具体类目说明如附表 4-2 所示,统计如附表 4-3 所示。

附表 4-2 类目说明

样本信息分类	变量分类	设立依据及补充说明
深层内容疫情相关分类	防控措施	疫情期间各部门及个人的相关防控措施,包括个人防护、相关警示、防疫生活贴士等
	人物宣传	疫情期间对于医护人员以及相关贡献突出的人士的介绍或获奖情况等
	抗疫进展	疫情期间抗疫及防控的进展,包括各地区风险指数的播报、疫苗或疫情相关产品的科研进展、医院的病患动态等
	疫情影响	围绕疫情给人们带来的影响展开的信息,包括各种线上疫情相关主题教育,教学方式的改变,以及生活方式的改变等
	抗疫记忆	疫情下各类人的抗疫故事,包括医护人员、基层工作人员、志愿者、热心人士等
	信息管理	疫情期间的辟谣信息及科普知识等
	鼓励援助	包括国内外的组织、高校或个人对疫情地区的物质捐助和精神援助,其中精神援助包括绘画、合唱等多种形式,以及对疫情地区居民、患者和医护人员的鼓励等

附表4-3 中国海洋大学微信公众号各月疫情相关推文分类数量与密度汇总

	防控措施	人物宣传	抗疫进展	疫情影响	抗疫记忆	信息管理	鼓励援助	总计	密度
1月	2	0	0	3	0	0	0	5	0.071
2月	3	0	0	19	4	0	3	29	0.414
3月	1	0	1	7	2	0	3	14	0.200
4月	0	0	0	3	0	0	3	6	0.086
5月	0	0	0	4	2	0	1	7	0.100
6月	0	0	0	0	0	0	0	0	0.000
7月	0	0	0	1	0	0	0	1	0.014
8月	0	0	0	2	0	0	0	2	0.029
9月	0	0	0	2	0	0	0	2	0.029
10月	0	0	0	1	0	0	1	2	0.029
11月	0	0	0	0	0	0	0	0	0.000
12月	0	1	0	1	0	0	0	2	0.029
总计	6	1	1	43	8	0	11	70	
密度	0.086	0.014	0.014	0.614	0.114	0.000	0.157		

2020年中国海洋大学微信公众号共发布推文314篇，其中包含70篇疫情相关推文，占所有推文的22.29%。疫情相关推文数是12所高校中最少的。各类占比趋势与其余11所高校微信公众号的趋势相符，疫情影响与其他11所高校相比占比最高。70篇推文推送时间基本集中在上半年，在2月有一个激增；在七个分类中，内容主要集中在疫情影响、鼓励援助。疫情相关推文阅读数破10万的推文数量为0，最高阅读量56578，是2020年1月27日推送的《中国海洋大学关于春季学期学生返校事宜的通知》，分类是疫情影响，反映出师生、家长在疫情期间对于学校教学安排的关注。疫情相关推文最高点赞数896，是2020年10月16日发布的《我们在海大，一切安好》，分类是疫情相关。疫情相关推

<<< 附　录　每周均入选百强排行榜的 12 所高校微信公众号疫情相关分析

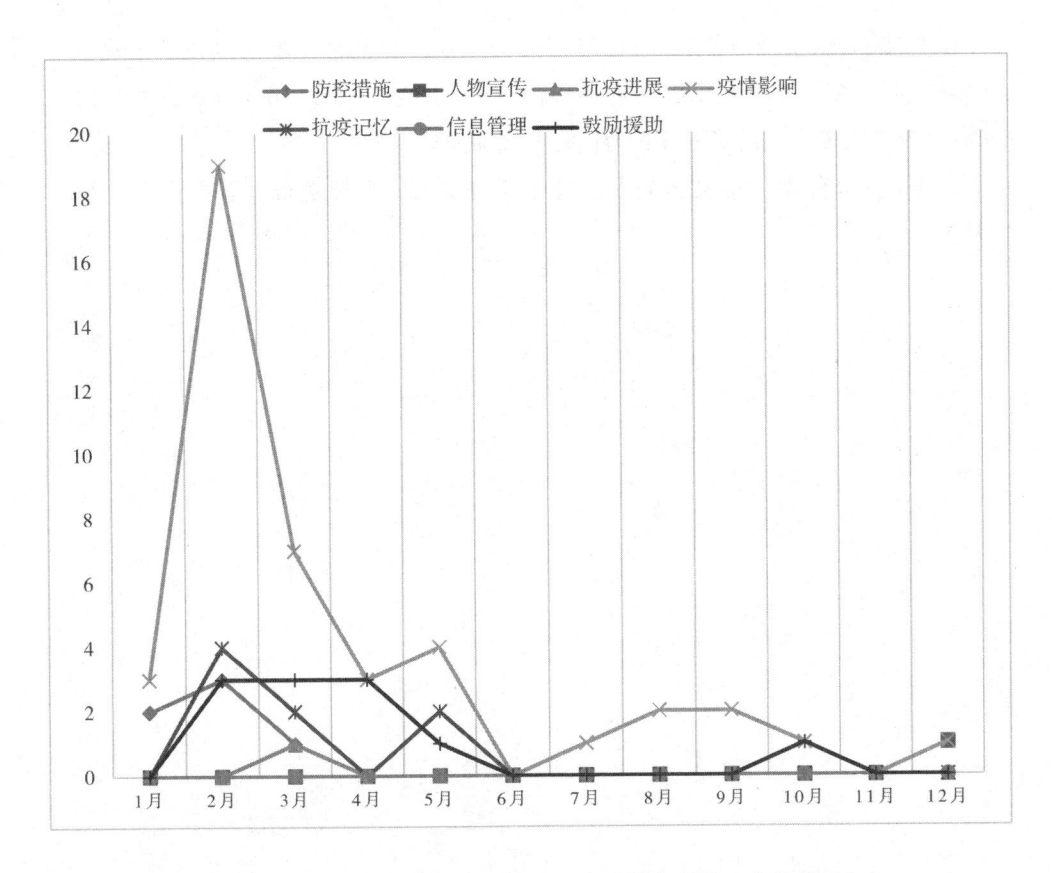

附图 4-1　中国海洋大学微信公众号各月疫情相关推文分类数量分布

文原创密度仅 2.8%，低于所有推文的原创密度。

疫情影响占 43 篇，疫情对人们的生活产生的影响包括推迟开学、线上教学等，涉及的范围广，因此数量也较多。43 篇中有 19 篇在 2 月发布，由于 2 月疫情暴发碰上高校开学时间，对学校的教学与生活产生了较大的冲击，需要做出调整和通告；5 月和 8 月是中国海洋大学两次返校时间，相关推文增多。其中，典型的疫情影响类推文有中国海洋大学微信公众号于 2020 年 2 月 3 日发布的《实习实训、毕业设计、课程安排……寒假和春季学期开学阶段本科教学工作安排来啦！》、2020 年 3 月 17 日发布的《备"战"返校！海大硬核疫情防控应急处置演练来了！》。

鼓励援助占 11 篇，主要也在 3 月、4 月推送。其中，典型的鼓励援助类推文有中国海洋大学微信公众号于 2020 年 2 月 10 日发布的《16 所高校学子暖心应援！战"疫"版〈世间美好与你环环相扣〉上线》、2020 年 3 月 5 日发布的《海大版〈手牵手〉温暖上线！为抗疫一线加油!》。

其余五个分类的推文数较少，几乎都在 2 月、3 月发布。信息管理数量为 0。

附录五：天津大学微信公众号疫情相关分析

一、高校背景①

天津大学（Tianjin University），简称"天大"，其前身为北洋大学，始建于1895年10月2日，是中国第一所现代大学，开中国近代高等教育之先河。"甲午战争"失败后，学校在"自强之道以作育人才为本，求才之道以设立学堂为先"的办学宗旨下，由清光绪皇帝御笔朱批，创建于天津，由盛宣怀任首任督办。学校初名北洋大学堂，内设头等学堂（大学本科）和二等学堂（大学预科），头等学堂设四个学门：律例、工程、矿务和机器。

1900年，八国联军入侵津京，学校被迫停办，后于1903年4月在天津西沽武库复校。1912年1月，"北洋大学堂"定名为"北洋大学校"，1913年定名"国立北洋大学"，1928年大学区制试行，更名为"国立北平大学第二工学院"，1929年，根据《大学组织法》学校更名为"国立北洋工学院"。

1937年，"七七事变"爆发后，遵教育部令学校西迁，9月10日与北平大学、北平师范大学和北平研究院共同组建国立西安临时大学。1938年3月，临大改称"国立西北联合大学"。1938年7月，国立西北联合大学改组为国立西北大学、国立西北工学院、国立西北师范学院和国立西北医学院。其中，北洋工学院与北平大学工学院、东北大学工学院和私立焦作工学院合组国立西北工学院，校址设在陕西省城固县。抗战时期，学校各界校友要求恢复国立北洋工学院，国民政府行政院于1942年12月将原浙江省立英士大学升格为国立，将其工

---
① 天津大学简介 [EB/OL]. 天津大学官网, 2021-01-20.

学院划出并独立为国立北洋工学院。1944年李书田在西安筹建了北洋工学院西京分院。

抗战胜利后，国立北洋工学院（泰顺）、北洋工学院西京分院、西北工学院和北平部（理学院院长陈荩民接收"北平临大第五分班"，建立北洋大学北平部）四校师生返回天津，恢复国立北洋大学，1946年复名"北洋大学"。1951年，北洋大学与河北工学院合并，由国家定名为天津大学。1952年全国范围内的高校院系调整开始，天津大学调出十几个系组，充实和建立了一批新的大学，哺育了蹒跚起步的中国高等教育。1959年被中共中央指定为国家首批重点大学。改革开放后，天津大学是"211工程""985工程"首批重点建设的大学，入选国家"世界一流大学建设"A类高校。

天津大学的发展始终得到了党和国家主要领导人的亲切关怀和有力支持，毛泽东、周恩来、邓小平、江泽民、胡锦涛、习近平等同志曾到学校视察。建校以来，学校秉承"兴学强国"的使命、"实事求是"的校训、"严谨治学"的校风、"爱国奉献"的传统和"矢志创新"的追求，为国家经济社会发展做出了卓越贡献，迄今为国家和社会培养30多万高层次人才。

长期以来，经过全校师生的不懈努力，天津大学已成为一所师资力量雄厚、学科特色鲜明、教育质量和科研水平居于国内一流、在国际上有较大影响的高水平研究型大学。

天津大学设有卫津路校区、北洋园校区和滨海工业研究院校区。卫津路校区占地总面积136.2万平方米，北洋园校区占地总面积243.6万平方米，滨海工业研究院校区占地总面积30.9万平方米。学校现有全日制在校生38158人，其中本科生19337人，硕士研究生13729人，博士研究生5092人。现有教职工5032人，其中院士14人，国家"杰出青年科学基金"获得者53人，国家"优秀青年科学基金"获得者59人，中组部"万人计划"领军人才38人，青年拔尖人才13人，教授905人。

学校坚持"强工、厚理、振文、兴医"的发展理念，形成了工科优势明显、理工结合，经、管、文、法、医、教育、艺术、哲学等多学科协调发展的综合学科布局。现有75个本科专业，42个一级学科硕士点，30个一级学科博士点，25个博士后科研流动站。在第四轮全国学科评估中，天津大学共有25个一级学科参评，进入A类学科数达到14个。其中，化学工程与技术学科进入A+档、4

个学科进入 A 档（2%～5%）、9 个学科进入 A-档（5%～10%）。11 个学科领域进入 ESI 前百分之一，其中 3 个进入 ESI 前千分之一。由我校牵头培育组建的"天津化学化工协同创新中心"成为全国首批 14 个"2011 协同创新中心"之一。在最新一届高等教育国家级教学成果奖评选中，由天津大学作为第一完成单位获得成果奖 7 项，其中 2 项成果获一等奖。有国家级教学名师奖获得者 7 人；国家"万人计划教学名师"1 人；国家级教学团队 9 个；国家级精品课程 42 门；国家精品在线开放课程 3 门；国家级精品视频公开课 9 门；国家级精品资源共享课 25 门；国家级双语教学示范课程 6 门；国家虚拟仿真实验教学项目 5 项；国家级一流本科专业 19 个；国家级人才培养创新实验区 10 个；国家级工程实践教育中心 12 个；国家级实验教学示范中心 7 个；国家级虚拟仿真实验教学中心 3 个；全国示范性专业学位研究生联合培养基地 4 个，入选全国"强基计划"试点高校，是首批"国家大学生创新性实验计划"入选学校。

学校科研实力雄厚，始终聚焦国家重大战略需求、聚焦世界科技发展前沿，取得了丰硕的成果。2015 年至今，共获国家三大奖 20 项，其中国家自然科学二等奖 2 项、国家技术发明二等奖 5 项、国家科技进步特等奖 1 项、国家科技进步一等奖 2 项、国家科技进步二等奖 10 项。共有 4 个国家重点实验室，分别为水利工程仿真与安全国家重点实验室、内燃机燃烧学国家重点实验室、精密测试技术及仪器国家重点实验室和化学工程联合国家重点实验室。国家工程实验室 4 个、国家工程（技术）研究中心 4 个、国家国际科技合作基地 3 个、教育部重点实验室 8 个、教育部工程研究中心 6 个、天津市重点实验室 33 个、天津市工程中心 23 个、天津市国际合作基地 36 个。有国家自然科学基金委创新研究群体 6 个、教育部创新团队 12 个。国家重大科技基础设施——大型地震工程模拟研究设施于 2019 年 10 月正式启动建设；获批建设合成生物学前沿科学中心，是教育部首批批复建设的 7 个前沿科学中心之一。学校获批 8 个国家"高等学校学科创新引智计划"，药学院获批"高校国际化示范学院推进计划"。

学校重视国际交流与合作，成立"中国—东盟工科大学联盟"与"中国与中欧国家科技创新大学联盟"，成立"中国—东盟智慧海洋教育中心"及"国际能源合作机构—APEC 可持续能源中心"。学校与世界上 47 个国家和 3 个地区的 246 所高校、研究机构及公司签署协议。在海外成立了 3 所孔子学院，分别是斯洛伐克布拉迪斯拉发孔子学院、澳大利亚昆士兰大学孔子学院和法国尼斯大学孔子学院。

二、天津大学微信公众号相关变量分析

（一）固有属性简介

天津大学微信公众号固有属性相关变量及具体情况如附表 5-1 所示。

附表 5-1　天津大学微信公众号固有属性相关变量及具体情况汇总

样本信息分类	变量分类	微信公众号相关具体情况
固有属性	开通年月	2013 年 9 月
	微信号	tianda1895
	公众号功能	天津大学始建于 1895 年，是中国第一所现代大学。家国情怀，兴学强国是天大人不变的追求
	公众号类型	订阅号
	客服电话	未设置
	客服人员	未设置
	账号主体	天津大学
	商标保护	未包含商标详情
	高校级别	"985 工程"高校、"211 工程"高校、"双一流"高校
	品牌强度	10
	相关小程序	天津大学、天津大学 PLIS、天大校园卡服务、天津大学招生宣传行程、天津大学校园导览、天津大学图书馆用户绑定、天津大学图书馆数字阅读、天大统一登陆、微言教育
	公众号昵称是否与高校名称完全一致	是
	品牌显著标签	高校校徽
	官方认证	已完成官方认证
	开通时长	2675 天

<<< 附　录　每周均入选百强排行榜的 12 所高校微信公众号疫情相关分析

微信公众平台自 2012 年 8 月正式上线，而天津大学微信公众号于一年后才上线，存在一定的滞后性，反映出天津大学对创新宣传工作的敏感性和前瞻性有待提高。天津大学微信公众号的微信号由"tianda"和数字"1895"组合而成，其中"tianda"为天津大学的简称"天大"的拼音，"1895"为天津大学建校年份，有着鲜明的自身特色。天津大学微信公众号的功能介绍简述了天津大学的高校背景和教育目标，表述隶属关系，传达传播主体为"天津大学"。天津大学微信公众号类型为订阅号，能够与学生群体形成较好的黏性，同时在宣传、塑造高校自身品牌形象方面均能起到相应作用。天津大学微信公众号未设置客服电话和客服人员，说明目前该微信公众号还未给予客服系统足够的关注，在服务的完善程度上有待进一步提升。天津大学微信公众号的账号主体为天津大学本身，显示权威性和官方性，以便读者将其界定为天津大学官方微信公众号。天津大学微信公众号未包含商标详情，尚缺乏知识产权保护意识。天津大学微信公众号相关小程序较多，涉及的方面较广，为师生校友及其他用户提供了全面、自助式的优质服务。天津大学微信公众号的昵称与天津大学的全称一致，易于被用户搜索到进而被关注。天津大学微信公众号头像为天津大学校徽，具有品牌显著性。天津大学微信公众号已完成官方认证，表明该微信公众号具有较高的可信度。天津大学微信公众号开通时长超过 2600 天，说明该微信公众号在运营上已积攒了一定程度的经验，形成了一定的自身传播特色，有较大的参考意义。

（二）表层形式简介

2020 年天津大学微信公众号共发推文 517 篇。2 月推文数最高，是因为疫情暴发，需要向师生推送各类防控信息以及对于公共卫生事件的应对措施。2 月推文密度也最高。天津大学推送时段相对集中在 9—12 时和 14—18 时。天津大学推文的原创密度仅为 1.2%，只有 6 篇为原创。天津大学微信公众号总阅读数 8526766，篇均阅读数 16492.778，日均阅读数 23297.175，最高阅读数 100000+，总阅读数破 800 万，阅读密度都超过 1.6 万，阅读数较为可观。517 篇推文的总点赞数 44444，篇均点赞数 85.965，日均点赞数 121.432，最高点赞数 3136，点赞数要明显低于阅读数。517 篇推文均为头条。推文使用四类素材的频度排序：图片、视频、链接、音频。

（三）深层内容简介

2020年天津大学微信公众号发布推文内容相对集中在疫情相关、通知告示、生活资讯、人物风采。30个分类中校生互动、人事变动、影视推荐指数为0。标题词云中较醒目的字眼为"北洋""疫情""天津大学""天大人""天津""海棠""校长""毕业"等。正文词云中较醒目的字眼为"天大""工程""建设""机器人""学校""研究""团队""疫情""学院"等。标题语义网络中有两个大范围中心节点，分别是"天大"和"天津大学"。正文语义网络中各词汇之间的联系密切，其中最大范围中心点是"建设"和"天大"，小范围中心节点有很多，包括"研究""推进""中心""入选""教育部"等。

三、天津大学微信公众号疫情相关分析

我们对高校微信公众号2020年的传播内容进行前测，归纳出防控措施、人物宣传、抗疫进展、疫情影响、抗疫记忆、信息管理、鼓励援助七个方面的疫情相关主题，具体类目说明如附表5-2所示，统计如附表5-3所示。

附表5-2 类目说明

样本信息分类	变量分类	设立依据及补充说明
深层内容疫情相关分类	防控措施	疫情期间各部门及个人的相关防控措施，包括个人防护、相关警示、防疫生活贴士等
	人物宣传	疫情期间对于医护人员以及相关贡献突出的人士的介绍或获奖情况等
	抗疫进展	疫情期间抗疫及防控的进展，包括各地区风险指数的播报、疫苗或疫情相关产品的科研进展、医院的病患动态等
	疫情影响	围绕疫情给人们带来的影响展开的信息，包括各种线上疫情相关主题教育，教学方式的改变，以及生活方式的改变等
	抗疫记忆	疫情下各类人的抗疫故事，包括医护人员、基层工作人员、志愿者、热心人士等

续表

样本信息分类	变量分类	微信公众号相关具体情况
固有属性	信息管理	疫情期间的辟谣信息及科普知识等
	鼓励援助	包括国内外的组织、高校或个人对疫情地区的物质捐助和精神援助,其中精神援助包括绘画、合唱等多种形式,以及对疫情地区居民、患者和医护人员的鼓励等

附表 5-3 天津大学微信公众号各月疫情相关推文分类数量与密度汇总

	防控措施	人物宣传	抗疫进展	疫情影响	抗疫记忆	信息管理	鼓励援助	总计	密度
1月	3	0	0	4	2	0	0	9	0.063
2月	11	1	10	32	10	1	11	76	0.535
3月	1	2	1	14	8	0	4	30	0.211
4月	0	0	1	9	3	0	0	13	0.092
5月	0	0	0	7	2	0	0	9	0.063
6月	0	0	0	1	0	0	1	2	0.014
7月	0	0	0	1	0	0	0	1	0.007
8月	0	0	0	0	0	0	0	0	0.000
9月	0	0	0	0	0	0	0	0	0.000
10月	0	0	0	0	0	0	0	0	0.000
11月	0	0	0	0	1	0	0	1	0.007
12月	0	0	0	0	1	0	0	1	0.007
总计	15	3	12	68	27	1	16	142	
密度	0.106	0.021	0.085	0.479	0.190	0.007	0.113		

2020 年天津大学微信公众号共发布推文 517 篇,其中包含 142 篇疫情相关推文,占所有推文的 27.27%。各类占比趋势与其余 11 所高校微信公众号的趋势相符,疫情影响与其余 11 所高校微信公众号相比占比较高。142 篇推文推送

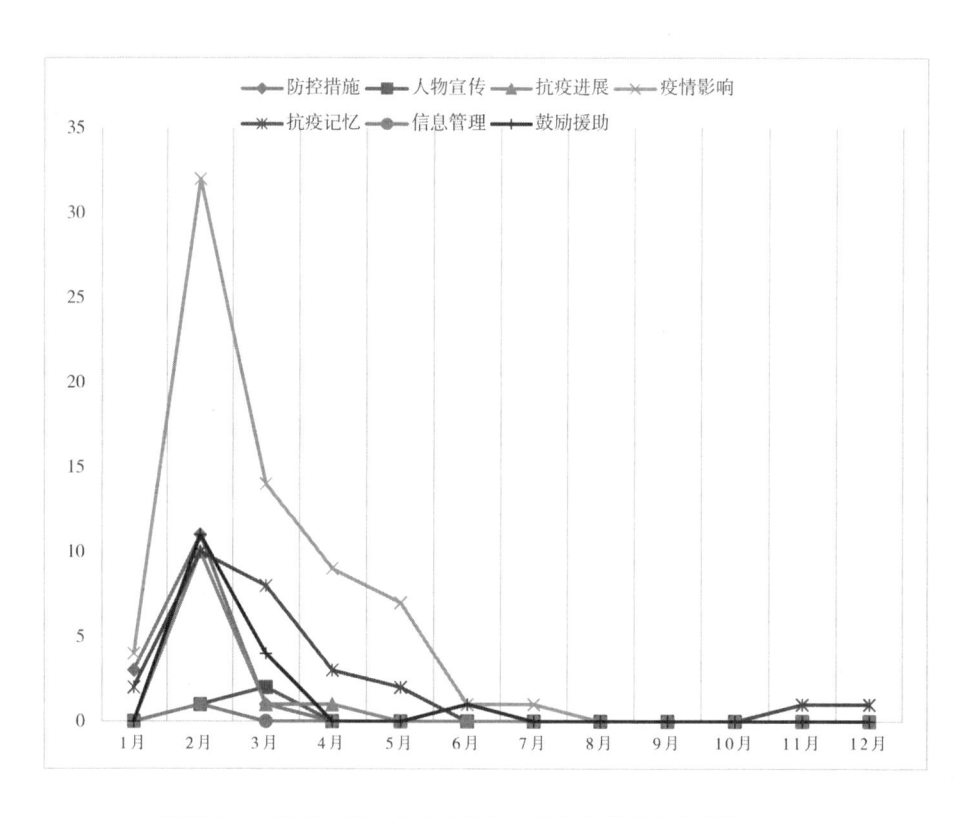

附图 5-1　天津大学微信公众号各月疫情相关推文分类数量分布

时间基本集中在上半年，在 2 月有一个激增；在七个分类中，内容主要集中在疫情影响、抗疫记忆、鼓励援助、防控措施。疫情相关推文阅读数破 10 万的只有 1 篇：2020 年 1 月 27 日推送的《天津大学关于推迟 2020 年春季开学时间的通知》，分类属于疫情影响。疫情相关推文最高点赞数 235，是 2020 年 12 月 30 日发布的《再见 2020　你好 2021 ｜ 朋友圈里的天大》，分类属于抗疫记忆。疫情相关推文无原创。

疫情影响占 68 篇，疫情对人们的生活产生的影响包括推迟开学、线上教学等，涉及的范围广，因此数量也较多。68 篇集中在上半年，2 月有一个激增。2 月疫情暴发碰上高校开学时间，对学校的教学与生活产生了较大的冲击，需要做出调整和通告的方面多。其中，典型的疫情影响类推文有天津大学微信公众号于 2020 年 2 月 3 日发布的《注册、选课、课程安排、毕设……天津大学 2020 年春季本科教学安排来了》、2020 年 3 月 16 日发布的《今天，微言教育推荐了天津大学这门〈战"疫"公开课〉》。

抗疫记忆占27篇,较集中在2、3月,报道了许多抗疫期间发生在援鄂医护人员、参与疫情防控工作的志愿者、社区工作者、宿管人员、高校保安以及校友等身上的抗疫故事,涉及的范围较广。其中,典型的抗疫记忆类推文有天津大学微信公众号于2020年1月30日发布的《剪掉长发,她们和队友冲到了这场战役的最前线》、2020年2月20日发布的《这些逆行的白衣天使,在"红区"写下一篇篇既勇敢又温暖人心的对白……》。

鼓励援助占16篇,主要也在2月推送,2月的疫情最严重,物质援助和精神鼓励都显得十分重要。其中,典型的鼓励援助类推文有天津大学微信公众号于2020年2月9日发布的《这场没有硝烟的战役,各界天大人在行动!》、2020年3月26日发布的《天大姑娘又出新作!热干面醒了!》。

防控措施占15篇,主要于疫情初期发布,初期需要普及疫情防控的措施,引起广大师生的重视,保护师生安全。其中,典型的防控措施类推文有天津大学微信公众号于2020年2月2日发布的《转需丨@天大人,面对疫情,我们需要知道这些知识!》、2020年2月5日发布的《转发丨〈新型冠状病毒感染的肺炎公众防护指南〉全文》。

其余三个分类推文数占比较少,都在2月、3月、4月发布。抗疫进展类别高度集中,在疫情最严重的2月发布了10篇相关推文。

附录六：浙江大学微信公众号疫情相关分析

浙江大学

一、高校背景[①]

浙江大学是一所历史悠久、声誉卓著的高等学府，坐落于中国历史文化名城、风景旅游胜地杭州。浙江大学的前身求是书院创立于 1897 年，为中国人自己最早创办的新式高等学校之一。1928 年，定名国立浙江大学。抗战期间，浙大举校西迁，在贵州遵义、湄潭等地办学七年，1946 年秋回迁杭州。1952 年全国高等学校院系调整时，浙江大学部分系科转入兄弟高校和中国科学院，留在杭州的主体部分被分为多所单科性院校，后分别发展为原浙江大学、杭州大学、浙江农业大学和浙江医科大学。1998 年，同根同源的四校实现合并，组建了新浙江大学，迈上了创建世界一流大学的新征程。习近平总书记主政浙江期间，亲自联系浙江大学，18 次莅临指导，对学校改革发展做出了一系列重要指示，描绘了高水平建成中国特色世界一流大学的宏伟蓝图。在 120 多年的办学历程中，浙江大学始终秉承以"求是创新"为校训的优良传统，以天下为己任、以真理为依归，逐步形成了"勤学、修德、明辨、笃实"的浙大人共同价值观和"海纳江河、启真厚德、开物前民、树我邦国"的浙大精神。

浙江大学是一所特色鲜明、在海内外有较大影响的综合型、研究型、创新型大学，学科涵盖哲学、经济学、法学、教育学、文学、历史学、艺术学、理学、工学、农学、医学、管理学等 12 个门类，设有 7 个学部、37 个专业学院

[①] 浙江大学学校概况 [EB/OL]. 浙江大学官网，2021-01-20.

（系）、1个工程师学院、2个中外合作办学学院、7家附属医院。学校现有紫金港、玉泉、西溪、华家池、之江、舟山、海宁等7个校区，占地面积6223440平方米，图书馆总藏书量788.4万册。截至2019年年底，学校有全日制学生57159人、国际学生7131人、教职工9377人，教师中有中国科学院院士和中国工程院院士（含双聘）50人、文科资深教授13人、教育部"长江学者奖励计划"特聘教授96人、国家杰出青年科学基金获得者145人。在国家公布的"双一流"建设名单中，学校入选一流大学建设高校（A类），18个学科入选一流建设学科，居全国高校第三。

浙江大学紧紧围绕"德才兼备、全面发展"的核心要求，全面落实立德树人根本任务，着力培养德智体美劳全面发展、具有全球竞争力的高素质创新人才和领导者。在长期的办学历程中，学校涌现出大批著名科学家、文化大师以及各行各业的精英翘楚，包括1位诺贝尔奖获得者、5位国家最高科技奖得主、4位"两弹一星"功勋奖章获得者、1位"八一勋章"获得者、1位全军挂像英模、4位国家荣誉称号获得者和200余位两院院士等杰出典型，为实现中华民族伟大复兴、推进人类文明交流互鉴做出了积极贡献。

浙江大学注重精研学术和科技创新，建设了一批开放性、国际化的高端学术平台，汇聚了各学科的学者大师和高水平研究团队。"十二五"以来，学校多项科研创新指标保持全国高校前列，作为牵头单位获得国家科技进步特等奖1项、一等奖7项、二等奖46项；《中国历代绘画大系》、《中华礼藏》、敦煌学等文化传承创新成果在海内外产生了广泛影响。

"国有成均，在浙之滨。"今天的浙江大学，坚持以习近平新时代中国特色社会主义思想为指导，致力于传播与创造知识，弘扬与引领文化，服务与奉献社会，坚定不移地打造更高质量、更加卓越、更受尊敬、更有梦想的大学，为加快进入中国特色世界一流大学行列、迈向世界一流大学前列而奋斗，为实现中华民族伟大复兴、促进人类文明进步做出卓越贡献。

二、浙江大学微信公众号相关变量分析

（一）固有属性简介

浙江大学微信公众号固有属性相关变量及具体情况如附表6-1所示。

附表6-1 浙江大学微信公众号固有属性相关变量及具体情况汇总

样本信息分类	变量分类	微信公众号相关具体情况
固有属性	开通年月	2013年9月
	微信号	zdnews99
	公众号功能	"国有成均，在浙之滨。"今天的浙江大学，正努力建设世界一流的综合型、研究型、创新型大学。学校将秉承求是创新精神，致力于传播与创造知识，弘扬与引领文化，服务与奉献社会，坚定不移地打造更高质量、更加卓越、更受尊敬、更有梦想的大学
	公众号类型	订阅号
	客服电话	0571-87951111
	客服人员	未设置
	账号主体	浙江大学
	商标保护	未包含商标详情
	高校级别	"985工程"高校、"211工程"高校、"双一流"高校
	品牌强度	4
	相关小程序	浙江大学实验室安全检查、浙江大学广播电视台周年庆、ZJUBTV请假系统、浙大学生节、竺青年查询平台、浙大外院布劳沃德国际课程中心、浙江大学医学院会议培训注册、微言教育等
	公众号昵称是否与高校名称完全一致	是
	品牌显著标签	高校校徽
	官方认证	已认证
	开通时长	2678天

微信公众平台自2012年8月正式上线，而浙江大学微信公众号于一年后才上线，存在一定的滞后性，反映出浙江大学对创新宣传工作的敏感性和前瞻性有待提高。浙江大学微信公众号的微信号由英文字母"zdnews"和数字"99"

组合而成，其中"zdnews"意为"浙大新闻"，有着鲜明的自身特色，而且仅含8个字符，便于检索。浙江大学微信公众号的功能介绍较为简略，未对隶属关系、传播功能、服务对象等进行阐述，可见浙江大学公众号在彰显公众号自身定位方面较为模糊。浙江大学微信公众号类型为订阅号，能够与学生群体形成较好的黏性，同时在宣传、塑造高校自身品牌形象方面均能起到相应作用。浙江大学微信公众号设置有客服电话，未设置客服人员，说明目前该微信公众号对客服系统有一定的关注，但在服务的完善程度上仍有待进一步提升。浙江大学微信公众号的账号主体为浙江大学本身，显示权威性和官方性，以便读者将其界定为浙江大学官方微信公众号。浙江大学微信公众号未包含商标详情，尚缺乏知识产权保护意识。浙江大学微信公众号相关小程序较多，涉及的方面较广，为师生校友及其他用户提供了全面、自助式的优质服务。浙江大学微信公众号的昵称与浙江大学的全称一致，易于被用户搜索到进而被关注。浙江大学微信公众号头像为浙江大学校徽，具有品牌显著性。浙江大学微信公众号已完成官方认证，表明该微信公众号具有较高的可信度。浙江大学微信公众号开通时长超过2600天，说明该微信公众号在运营上已积攒了一定程度的经验，形成了一定的自身传播特色，有较大的参考意义。

（二）表层形式简介

2020年浙江大学微信公众号共发推文691篇。2月推文数最高，是因为疫情暴发，需要向师生推送各类防控信息以及对于公共卫生事件的应对措施。2月推文密度也最高。浙江大学的推送时段相对不均，其中0—9时推文密度仅为3.8%，而9—12时推文密度则高达32.7%。浙江大学推文的原创密度为32.0%。浙江大学微信公众号总阅读数26823811，篇均阅读数38818.829，日均阅读数73289.101，最高阅读数100000+，总阅读数破2500万，阅读密度都超过3万，阅读数可观。691篇推文有687篇为头条，头条总阅读数26751161，头条日均阅读数73090.604，头条篇均阅读数38939.099。691篇推文的总点赞数为82233，篇均点赞数119.006，日均点赞数224.680，最高点赞数4081，点赞数要明显低于阅读数。头条总点赞数82232，头条日均点赞数224.678，头条篇均点赞数119.697。推文使用四类素材的频度排序：图片、视频、链接、音频。

（三）深层内容简介

2020年浙江大学微信公众号发布推文内容相对集中在疫情相关、通知告示、人物风采、其他。标题词云中较醒目的字眼为"浙大""浙江大学""浙大人""研究生""疫情""武汉""老师"等。正文词云中较醒目的字眼为"浙大""学生""疫情""学院""研究""学习""国家"等。标题语义网络中有一个大范围中心节点：浙大，两个小范围中心节点：浙江大学、招生。正文语义网络中最大范围中心点是"浙大"，较小范围中心节点有"国家""学生""研究""创新""学院"等。

三、浙江大学微信公众号疫情相关分析

我们对高校微信公众号2020年的传播内容进行前测，归纳出防控措施、人物宣传、抗疫进展、疫情影响、抗疫记忆、信息管理、鼓励援助七个方面的疫情相关主题，具体类目说明如附表6-2所示，统计如附表6-3所示。

附表6-2 类目说明

样本信息分类	变量分类	设立依据及补充说明
深层内容疫情相关分类	防控措施	疫情期间各部门及个人的相关防控措施，包括个人防护、相关警示、防疫生活贴士等
	人物宣传	疫情期间对于医护人员以及相关贡献突出的人士的介绍或获奖情况等
	抗疫进展	疫情期间抗疫及防控的进展，包括各地区风险指数的播报、疫苗或疫情相关产品的科研进展、医院的病患动态等
	疫情影响	围绕疫情给人们带来的影响展开的信息，包括各种线上疫情相关主题教育，教学方式的改变，以及生活方式的改变等
	抗疫记忆	疫情下各类人的抗疫故事，包括医护人员、基层工作人员、志愿者、热心人士等
	信息管理	疫情期间的辟谣信息及科普知识等
	鼓励援助	包括国内外的组织、高校或个人对疫情地区的物质捐助和精神援助，其中精神援助包括绘画、合唱等多种形式，以及对疫情地区居民、患者和医护人员的鼓励等

附表6-3 浙江大学微信公众号各月疫情相关推文分类数量与密度汇总

	防控措施	人物宣传	抗疫进展	疫情影响	抗疫记忆	信息管理	鼓励援助	总计	密度
1月	2	4	2	0	2	3	2	15	0.077
2月	27	7	20	21	18	9	15	117	0.597
3月	1	2	11	15	5	1	9	44	0.224
4月	1	3	1	6	0	1	2	14	0.071
5月	0	0	1	0	1	0	0	2	0.010
6月	0	0	1	0	0	0	0	1	0.005
7月	0	0	0	0	0	0	0	0	0.000
8月	0	1	0	0	1	0	0	2	0.010
9月	0	0	0	0	0	0	0	0	0.000
10月	0	0	0	0	0	0	0	0	0.000
11月	0	0	0	0	0	0	0	0	0.000
12月	1	0	0	0	0	0	0	1	0.005
总计	32	17	36	42	27	14	28	196	
密度	0.163	0.087	0.184	0.214	0.138	0.071	0.143		

2020年浙江大学微信公众号发布推文691篇，疫情相关类推文共196篇，占所有推文的28.4%，主要集中在2月，是因为在这个月我国疫情最为严重，需要广告人知的疫情信息较多。其中，疫情相关推文阅读数破10万的有20篇，且鼓励援助类居多。点赞数最多的推文为浙江大学于2020年12月20日发布的《扩散周知！切勿大意》，获点赞数401。疫情相关推文原创密度仅为13.3%，低于所有推文的原创密度。

同时，因疫情暴发，高校及其附属医院需要做的相关工作增加，比如延迟开学、网上教学等，因此，疫情影响类的疫情相关推文数量激增，且占比为第一。其中，典型的疫情影响类推文有浙江大学微信公众号于2020年2月12日发布的《返校隔离？网课怎么上？高考是否延期？考研复试延期？教育部权威回

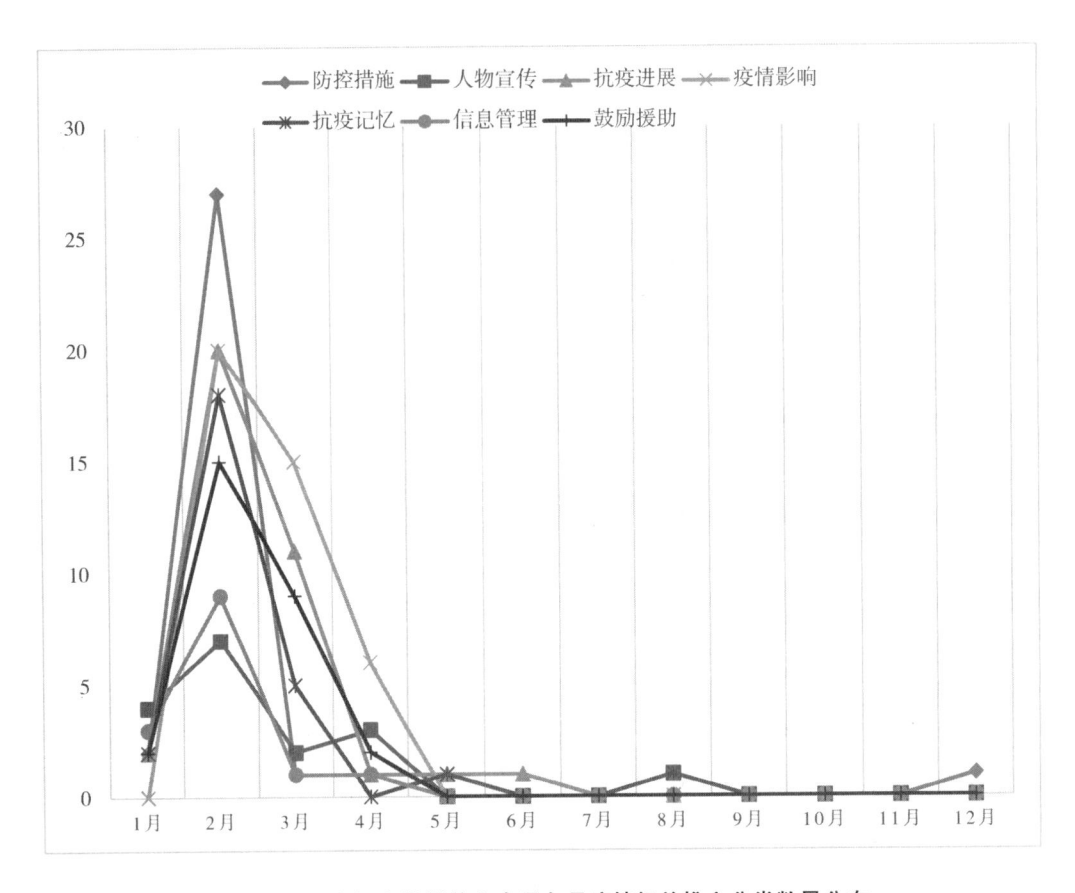

附图6-1 浙江大学微信公众号各月疫情相关推文分类数量分布

答》、2020年2月26日发布的《当食神、干工作、做学霸，这个"宅"的寒假，ZJUer做了这些事》等。

抗疫进展类有36篇，占比排第二，主要是发布医院的病患动态、相关科研进展（如新冠肺炎疫苗的研制进展等）等，因浙江大学是品牌强度为4的名校，科研及其附属医院的医疗水平高，对抗疫的进展贡献较大，因此此类推文较多。典型的抗疫进展类推文有浙江大学于2020年2月5日发布的《快讯！浙大一院首批7位确诊患者康复出院！含2例重症，1例孕妇！》、2020年3月4日发布的《浙大校友陈薇院士团队在新冠疫苗研制方面取得重要阶段性成果！》等。

防控措施类推文有32篇，占比排第三，可见浙江大学对于疫情防控工作的重视。典型的防控措施类推文有浙江大学于2020年2月2日发布的《浙大关于进一步加强校门管理的通知！暂停校外人员、车辆入校》、2020年2月11日发布的《刚刚，杭州健康码上线！外地入杭必须申领到绿码！显示黄码者7天内集中或居家隔离!》，以提醒师生及社会人士加强防范。

鼓励援助类推文有28篇，占比排第四。主要是浙大援鄂医疗队出征与凯旋的信息，典型的鼓励援助类推文有浙江大学于2020年2月2日发布的《73岁李兰娟院士再战武汉！浙大一院再派6位专家紧急驰援!》、2020年2月14日发布的《武汉，浙大最强天团来了！450余名医务人员今日代表浙江省出征》等。

抗疫记忆类推文有27篇，占比虽排第五，但数量不小。侧重于讲述抗疫期间发生在援鄂医疗队、参与疫情防控工作的志愿者、宿管人员、高校保安以及校友等抗疫人员身上的故事，涉及的方面较广，人员较多，篇幅较长，因此抗疫记忆类推文较多。其中，典型的抗疫记忆类推文有浙江大学于2020年2月25日发布的《假如，把疫情暴发后的这些故事编成电影……》、2020年2月29日发布的《戏剧转折！浙大女护士眼镜坏了，凌晨在武汉急得直哭！接下来发生了若干故事》等。

附录七：北京大学微信公众号疫情相关分析

一、高校背景①

北京大学创办于 1898 年，初名京师大学堂，是中国第一所国立综合性大学，也是当时中国最高教育行政机关。辛亥革命后，于 1912 年改为现名。

作为新文化运动的中心和"五四"运动的策源地，作为中国最早传播马克思主义和民主科学思想的发祥地，作为中国共产党最早的活动基地，北京大学为民族的振兴和解放、国家的建设和发展、社会的文明和进步做出了不可替代的贡献，在中国走向现代化的进程中起到了重要的先锋作用。爱国、进步、民主、科学的传统精神和勤奋、严谨、求实、创新的学风在这里生生不息、代代相传。

1917 年，著名教育家蔡元培出任北京大学校长，他"循思想自由原则，取兼容并包主义"，对北京大学进行了卓有成效的改革，促进了思想解放和学术繁荣。陈独秀、李大钊、毛泽东、鲁迅、胡适等一批杰出人才都曾在北京大学任职或任教。

1937 年卢沟桥事变后，北京大学与清华大学、南开大学南迁长沙，共同组成长沙临时大学。不久，临时大学又迁到昆明，改称国立西南联合大学。抗日战争胜利后，北京大学于 1946 年 10 月在北平复学。

中华人民共和国成立后，全国高校于 1952 年进行院系调整，北京大学成为一所以文理基础教学和研究为主的综合性大学，为国家培养了大批人才。据不

---
① 北大简介 [EB/OL]. 北京大学官网，2021-01-20.

<<< 附　录　每周均入选百强排行榜的 12 所高校微信公众号疫情相关分析

完全统计，北京大学的校友和教师有 400 多位两院院士，中国人文社科界有影响的人士有很多也出自北京大学。

改革开放以来，北京大学进入了一个前所未有的大发展、大建设的新时期，并成为国家"211 工程"重点建设的两所大学之一。

1998 年 5 月 4 日，北京大学百年校庆之际，江泽民同志在庆祝北京大学建校一百周年大会上发表讲话，发出了"为了实现现代化，我国要有若干所具有世界先进水平的一流大学"的号召。在国家的支持下，北京大学适时启动"创建世界一流大学计划"，从此，北京大学的历史翻开了新的一页。

2000 年 4 月 3 日，北京大学与原北京医科大学合并，组建了新的北京大学。原北京医科大学的前身是国立北京医学专门学校，创建于 1912 年 10 月 26 日。20 世纪三四十年代，学校一度名为北平大学医学院，并于 1946 年 7 月并入北京大学。1952 年在全国高校院系调整中，北京大学医学院脱离北京大学，独立为北京医学院。1985 年更名为北京医科大学，1996 年成为国家首批"211 工程"重点支持的医科大学。两校合并进一步拓宽了北京大学的学科结构，为促进医学与人文社会科学及理科的结合，改革医学教育奠定了基础。

近年来，在"211 工程"和"985 工程"的支持下，北京大学进入了一个新的历史发展阶段，在学科建设、人才培养、师资队伍建设、教学科研等各方面都取得了显著成绩，为将北大建设成为世界一流大学奠定了坚实的基础。今天的北京大学已经成为国家培养高素质、创造性人才的摇篮、科学研究的前沿和知识创新的重要基地，以及国际交流的重要桥梁和窗口。

现任校党委书记邱水平、校长郝平。

二、北京大学微信公众号相关变量分析

(一) 固有属性简介

北京大学微信公众号固有属性相关变量及具体情况如附表 7-1 所示。

附表7-1 北京大学微信公众号固有属性相关变量及具体情况汇总

样本信息分类	变量分类	微信公众号相关具体情况
固有属性	开通年月	2013年12月12日
	微信号	iPKU1898
	公众号功能	发布北大权威信息，展示北大校园生活，服务广大师生校友
	公众号类型	订阅号
	客服电话	未设置
	客服人员	未设置
	账号主体	北京大学
	商标保护	未包含商标详情
	高校级别	"985工程"高校、"211工程"高校、"双一流"高校
	品牌强度	1
	相关小程序	参观北大、微言教育、北京大学勺园餐厅、北京大学图书馆、北大空间、北大校友、北大人脸采集、北大密码重置、北大青年、北大手机绑定、北大燕缘学堂
	公众号昵称是否与高校名称完全一致	是
	品牌显著标签	高校校徽
	官方认证	已完成官方认证
	开通时长	2576天

微信公众平台自2012年8月正式上线，而北京大学微信公众号于一年后才上线，存在一定的滞后性，反映出北京大学对创新宣传工作的敏感性和前瞻性有待提高。北京大学微信公众号的微信号由英文字母"iPKU"和数字"1898"组合而成，其中"PKU"为北京大学英文名缩写，"1898"为北京大学建校年份，有着鲜明的自身特色，而且仅含8个字符，便于检索。北京大学微信公众号的功能介绍较为清晰，不仅表述隶属关系，传达传播主体为"北大"，还对传

播功能(即展示校园生活)、服务对象(即广大师生校友)进行阐述。北京大学微信公众号类型为订阅号,能够与学生群体形成较好的黏性,同时在宣传、塑造高校自身品牌形象方面均能起到相应作用。北京大学微信公众号未设置客服电话和客服人员,说明目前该微信公众号还未给予客服系统足够的关注,在服务的完善程度上有待进一步提升。北京大学微信公众号的账号主体为北京大学本身,显示权威性和官方性,以便读者将其界定为北京大学官方微信公众号。北京大学微信公众号未包含商标详情,尚缺乏知识产权保护意识。北京大学微信公众号相关小程序较多,涉及的方面较广,为师生校友及其他用户提供了全面、自助式的优质服务。北京大学微信公众号的昵称与北京大学的全称一致,易于被用户搜索到进而被关注。北京大学微信公众号头像为北京大学校徽,具有品牌显著性。北京大学微信公众号已完成官方认证,表明该微信公众号具有较高的可信度。北京大学微信公众号开通时长超过2500天,说明该微信公众号在运营上已积攒了一定程度的经验,形成了一定的自身传播特色,有较大的参考意义。

(二) 表层形式简介

2020年北京大学微信公众号共发推文735篇。2月推文数最高,是因为疫情暴发,需要向师生推送各类防控信息以及对于公共卫生事件的应对措施。2月份推文数密度也是最高。北京大学推送时段相对平均,除了0—9时密度只有13.4%,其余4个时段的密度都在20%上下。北京大学推文的原创密度仅为36.7%。北京大学微信公众号总阅读数26958384,篇均阅读数38457.039,日均阅读数73656.787,最高阅读数100000+,总阅读数破2000万,阅读密度都超过3万,阅读数可观。735篇推文中有622篇为头条,头条总阅读数25733351,头条日均阅读数70309.702,头条篇均阅读数43176.763。735篇推文的总点赞数为102671,篇均点赞数146.464,日均点赞数280.522,最高点赞数6220,点赞数要明显低于阅读数。头条总点赞数97593,头条日均点赞数266.648,头条篇均点赞数163.747。推文使用四类素材的频度排序:图片、视频、链接、音频。

(三) 深层内容简介

2020年北京大学微信公众号发布推文内容相对集中在疫情相关、通知告示、生活资讯、人物风采。30个分类中校生互动、教工生活、人事变动、综合成果、趣味段子指数为0。标题词云中较醒目的字眼为"北大""北京大学""校友""医疗队""讲座""钟南山""武汉"等。正文词云中较醒目的字眼为"北大""疫情""学生""研究""学院""时间""老师""学习"等。标题语义网络中有两个中心节点：北大、北京大学。正文语义网络中最大范围中心点是"北大"，小范围中心节点有"研究""疫情""中国""学生""医院"等。

三、北京大学微信公众号疫情相关分析

我们对高校微信公众号2020年的传播内容进行前测，归纳出防控措施、人物宣传、抗疫进展、疫情影响、抗疫记忆、信息管理、鼓励援助七个方面的疫情相关主题，具体类目说明如附表7-2所示，统计如附表7-3所示。

附表7-2 类目说明

样本信息分类	变量分类	设立依据及补充说明
深层内容疫情相关分类	防控措施	疫情期间各部门及个人的相关防控措施，包括个人防护、相关警示、防疫生活贴士等
	人物宣传	疫情期间对于医护人员以及相关贡献突出的人士的介绍或获奖情况等
	抗疫进展	疫情期间抗疫及防控的进展，包括各地区风险指数的播报、疫苗或疫情相关产品的科研进展、医院的病患动态等
	疫情影响	围绕疫情给人们带来的影响展开的信息，包括各种线上疫情相关主题教育，教学方式的改变，以及生活方式的改变等
	抗疫记忆	疫情下各类人的抗疫故事，包括医护人员、基层工作人员、志愿者、热心人士等
	信息管理	疫情期间的辟谣信息及科普知识等
	鼓励援助	包括国内外的组织、高校或个人对疫情地区的物质捐助和精神援助，其中精神援助包括绘画、合唱等多种形式，以及对疫情地区居民、患者和医护人员的鼓励等

附表7-3 北京大学微信公众号各月疫情相关推文分类数量与密度汇总

	防控措施	人物宣传	抗疫进展	疫情影响	抗疫记忆	信息管理	鼓励援助	总计	密度
1月	3	0	0	2	0	2	6	13	0.060
2月	10	1	4	16	16	8	31	86	0.398
3月	1	4	4	17	6	1	12	45	0.208
4月	1	4	3	11	9	0	7	35	0.162
5月	0	0	5	1	9	0	0	15	0.069
6月	1	0	0	7	0	0	3	11	0.051
7月	0	0	0	0	0	0	0	0	0.000
8月	1	0	0	1	2	0	0	4	0.019
9月	0	2	0	0	0	0	0	3	0.014
10月	0	0	0	0	0	0	0	0	0.000
11月	0	0	1	0	0	0	0	1	0.005
12月	2	0	0	0	0	1	0	3	0.014
总计	19	11	17	55	43	12	59	216	
密度	0.088	0.051	0.079	0.255	0.199	0.056	0.273		

2020年北京大学微信公众号共发布推文735篇，疫情相关类推文共216篇，占所有推文的29.4%，主要集中在2月、3月以及4月，是因为在这三个月我国疫情最为严重，需要广告人知的疫情信息较多。其中，疫情相关推文阅读数破10万的有13篇，且疫情影响类居多。点赞数最多的推文为北京大学于2020年9月8日发布的《国士无双！习近平亲自为北大校友钟南山颁授"共和国勋章"》，获点赞数1176。疫情相关推文原创密度仅为13.9%，低于所有推文的原创密度。

同时，因疫情暴发，高校及其附属医院需要做的相关工作增加，比如网上教学、派出援鄂医疗队、为疫情严重的地区提供物质援助与精神鼓励等，因此，疫情影响类与鼓励援助类的疫情相关推文数量激增，且占比分别排第一和第二。

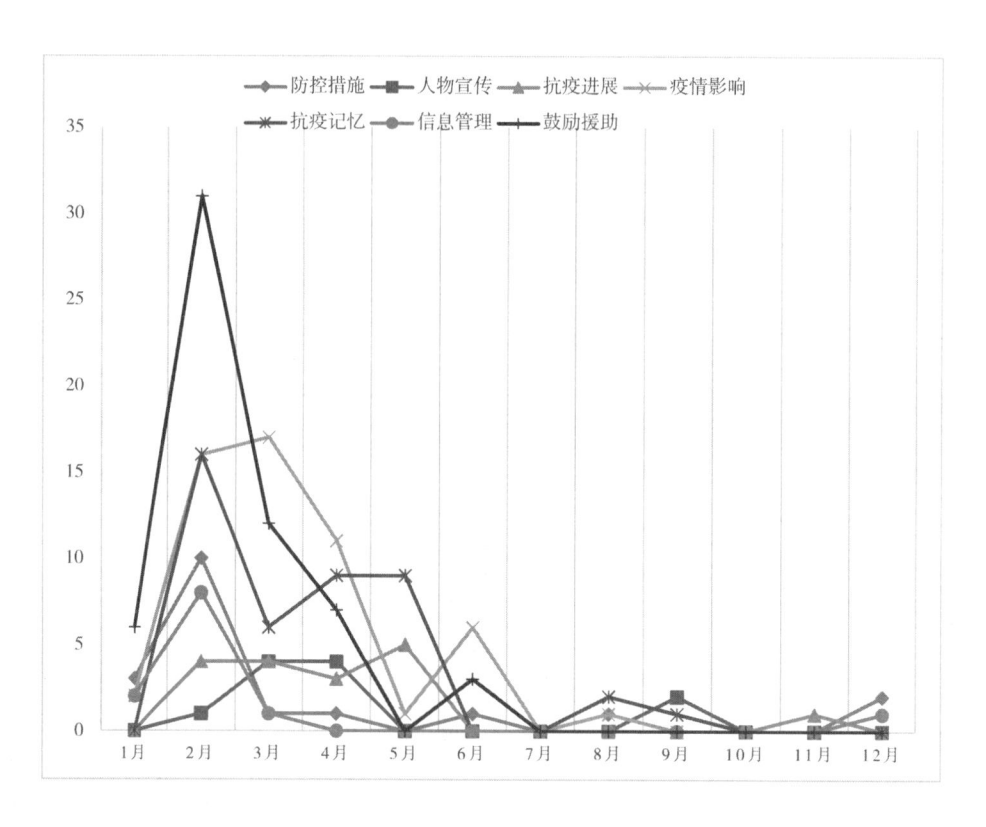

附图7-1 北京大学微信公众号各月疫情相关推文分类数量分布

其中，典型的疫情影响类推文有北京大学微信公众号于2020年1月27日发布的《北京大学关于推迟春季学期开学时间的通知》、2020年4月16日发布的《教育部考试中心：取消原定于2020年上半年举行的部分考试项目》等，典型的鼓励援助类推文有北京大学微信公众号于2020年2月7日发布的《今天，北大医疗队第四批334人出征！北大医学超强医护阵容赴鄂抗疫一线！》、2020年2月17日发布的《@湖北学子 北京大学为你加油！》等。

抗疫记忆类推文有43篇，占比排第三，侧重于讲述抗疫期间发生在援鄂医疗队、参与疫情防控工作的志愿者、宿管人员、高校保安以及校友等抗疫人员身上的故事，涉及的方面较广，人员较多，篇幅较长，因此抗疫记忆类推文较多。其中，典型的抗疫记忆类推文有北京大学于2020年3月17日发布的《音频·北大日记｜"我一定是眼睛太小，才存不住眼泪"》、2020年4月17日

发布的《北大战疫记忆 | 一千次回眸 一千滴汗水 一千声珍重》等。

防控措施类推文分布的月数最多，是因为不管疫情严重与否，高校在这一年都不能过于放松警惕，特别是入秋（8月）且开学与入冬（12月）且新冠肺炎病例增加之际，这是多种疾病易发、易传染的时期，北京大学分别于2020年8月30日发布的《北大要开学了！快收藏PKUers必备开学防护指南》、2020年12月20日发布的《重要！不要大意》以提醒师生及社会人士加强防范。

抗疫进展类有17篇，占比排第四，主要是发布医院的病患动态、相关科研进展（如强效药的研制进展等）等，因北京大学是品牌强度为1的名校，科研及其附属医院的医疗水平高，对抗疫的进展贡献较大，因此此类推文较多。典型的抗疫进展类推文有北京大学于2020年3月4日发布的《好消息！北大人民医院援鄂医疗队10天治愈出院18名重症患者！为北大治疗方案点赞!》、2020年5月18日发布的《研制新冠肺炎强效药！北大谢晓亮团队与合作者公布最新重要进展》等。

人物宣传类占比较小，主要集中于3月、4月，是因为3月、4月我国疫情好转，众多有重大贡献的抗疫人士及其事件被传播、报道。典型的推文有北京大学于2020年4月5日发布的《0感染！她为42000多援鄂医护保平安》等。

附录八：清华大学微信公众号疫情相关分析

清华大学

一、高校背景①

清华大学的前身清华学堂始建于 1911 年，1912 年更名为清华学校。1928 年更名为国立清华大学。1937 年抗日战争全面爆发后南迁长沙，与北京大学、南开大学组建国立长沙临时大学，1938 年迁至昆明改名为国立西南联合大学。1946 年迁回清华园，设有文、法、理、工、农等 5 个学院、26 个系。

1952 年全国高等学校院系调整后，清华大学成为一所多科性工业大学，重点为国家培养工程技术人才，被誉为"红色工程师的摇篮"。改革开放以来，清华大学逐步确立了建设世界一流大学的长远目标，进入了蓬勃发展的新时期。学校先后恢复或新建了理科、经济、管理和文科类学科，并成立了研究生院和继续教育学院。1999 年，与中央工艺美术学院合并成立清华大学美术学院。2012 年，原中国人民银行研究生部并入，成为清华大学五道口金融学院。在国家和社会的大力支持下，通过实施"211 工程""985 工程"，开展"双一流"建设，清华大学在人才培养、科学研究、社会服务、文化传承创新、国际合作交流等方面都取得了长足进展。目前，清华大学共设 21 个学院、59 个系，已成为一所具有理学、工学、文学、艺术学、历史学、哲学、经济学、管理学、法学、教育学和医学等 11 个学科门类的综合性、研究型大学。

面向未来，清华大学将秉持"自强不息、厚德载物"的校训和"行胜于言"的校风，坚持"中西融汇、古今贯通、文理渗透"的办学风格和"又红又

---

① 清华大学学校概况·学校沿革 [EB/OL]. 清华大学官网，2021-01-20.

专、全面发展"的培养特色,弘扬"爱国奉献、追求卓越"传统和"人文日新"精神,以习近平新时代中国特色社会主义思想为指引,深入学习贯彻党的十九大精神,坚持正确方向、坚持立德树人、坚持服务国家、坚持改革创新,持续深入推进综合改革和"双一流"建设,努力在创建世界一流大学方面走在前列,为实现高等教育内涵式发展、建设高等教育强国做出新的更大的贡献。

二、清华大学微信公众号相关变量分析

(一) 固有属性简介

清华大学微信公众号固有属性相关变量及具体情况如附表8-1所示。

附表8-1 清华大学微信公众号固有属性相关变量及具体情况汇总

样本信息分类	变量分类	微信公众号相关具体情况
固有属性	开通年月	2013年12月
	微信号	THU1911-BJ
	公众号功能	自强不息,厚德载物。这里是清华大学!
	公众号类型	订阅号
	客服电话	未设置
	客服人员	未设置
	账号主体	清华大学
	商标保护	已注册商标
	高校级别	"985工程"高校、"211工程"高校、"双一流"高校
	品牌强度	2
	相关小程序	清华大学、参观清华、清华紫荆、微言教育等
	公众号昵称是否与高校名称完全一致	是
	品牌显著标签	高校校徽
	官方认证	已认证
	开通时长	2562天

微信公众平台自2012年8月正式上线，而清华大学微信公众号于一年后才上线，存在一定的滞后性，反映出清华大学对创新宣传工作的敏感性和前瞻性有待提高。清华大学微信公众号的微信号由英文字母"THU""BJ"和数字"1911"以及下划线组成，其中"THU"为清华大学英文名缩写，"1911"为其建校年份，"BJ"为"北京"的英文名缩写，表示清华大学所处城市，其微信号有着鲜明的自身特色，而且仅含10个字符，便于检索。清华大学微信公众号的功能介绍仅包含其校训与公众号的隶属关系（即传达传播主体为"清华大学"），可见清华大学在彰显公众号自身定位方面较为模糊。清华大学微信公众号类型为订阅号，能够与学生群体形成较好的黏性，同时在宣传、塑造高校自身品牌形象方面均能起到相应作用。清华大学微信公众号未设置客服电话和客服人员，说明目前该微信公众号还未给予客服系统足够的关注，在服务的完善程度上有待进一步提升。清华大学微信公众号的账号主体为清华大学本身，显示权威性和官方性，以便读者将其界定为清华大学官方微信公众号。清华大学微信公众号包含商标详情，考虑到商标保护问题，说明其具备相应的知识产权保护意识。清华大学微信公众号相关小程序较少，涉及的方面较少，为师生校友及关注学校发展的各界人士提供的服务可能较为不全。清华大学微信公众号的昵称与清华大学的全称一致，易于被用户搜索到进而被关注。清华大学微信公众号头像为清华大学校徽，具有品牌显著性。清华大学微信公众号已完成官方认证，表明该微信公众号具有较高的可信度。清华大学微信公众号开通时长超过2500天，说明该微信公众号在运营上已积攒了一定程度的经验，形成了一定的自身传播特色，有较大的参考意义。

（二）表层形式简介

2020年清华大学微信公众号共发推文682篇。2月推文数最高，是因为疫情暴发，需要向师生推送各类防控信息以及对于公共卫生事件的应对措施。2月推文密度也最高。清华大学的推送时段相对平均，均在10%~30%。清华大学推文的原创密度为52.2%，所有推文中原创推文超过一半。清华大学微信公众号总阅读数27143081，篇均阅读数39799.239，日均阅读数74161.423，最高阅读数100000+，总阅读数破2500万，阅读密度都超过3万，阅读数可观。682篇推文中有638篇为头条，头条总阅读数26056170，头条日均阅读数71191.721，头条篇均阅读数 40840.392。682 篇推文的总点赞数为 113686，篇均点赞数 166.695，日均点赞数 310.617，最高点赞数 3477，点赞数要明显低于阅读数。头条总点赞数 108742，头条日均点赞数 297.109，头条篇均点赞数 170.442。推文使用四类素材的频度排序：图片、视频、链接、音频。

（三）深层内容简介

2020 年清华大学微信公众号发布推文内容相对集中在疫情相关、通知告示、节假庆典、讲座信息。标题词云中较醒目的字眼为"清华""清华大学""研究生""校长邱勇""科研""教育""清华园"等。正文词云中较醒目的字眼为"清华""疫情""教学""学生""发展""学校""研究"等。标题语义网络中有一个大范围中心节点：清华大学，两个小范围中心节点：清华、研究生。正文语义网络中最大范围中心点是"疫情"，较小范围中心节点有"清华""发展""教学""学生""学校"等。

三、清华大学微信公众号疫情相关分析

我们对高校微信公众号 2020 年的传播内容进行前测，归纳出防控措施、人物宣传、抗疫进展、疫情影响、抗疫记忆、信息管理、鼓励援助七个方面的疫情相关主题，具体类目说明如附表 8-2 所示，统计如附表 8-3 所示。

附表 8-2　类目说明

样本信息分类	变量分类	设立依据及补充说明
深层内容疫情相关分类	防控措施	疫情期间各部门及个人的相关防控措施，包括个人防护、相关警示、防疫生活贴士等
	人物宣传	疫情期间对于医护人员以及相关贡献突出的人士的介绍或获奖情况等
	抗疫进展	疫情期间抗疫及防控的进展，包括各地区风险指数的播报、疫苗或疫情相关产品的科研进展、医院的病患动态等
	疫情影响	围绕疫情给人们带来的影响展开的信息，包括各种线上疫情相关主题教育，教学方式的改变，以及生活方式的改变等

续表

样本信息分类	变量分类	微信公众号相关具体情况
固有属性	抗疫记忆	疫情下各类人的抗疫故事，包括医护人员、基层工作人员、志愿者、热心人士等
	信息管理	疫情期间的辟谣信息及科普知识等
	鼓励援助	包括国内外的组织、高校或个人对疫情地区的物质捐助和精神援助，其中精神援助包括绘画、合唱等多种形式，以及对疫情地区居民、患者和医护人员的鼓励等

附表 8-3 清华大学微信公众号各月疫情相关推文分类数量与密度汇总

	防控措施	人物宣传	抗疫进展	疫情影响	抗疫记忆	信息管理	鼓励援助	总计	密度
1月	6	0	0	3	1	0	4	14	0.085
2月	7	1	10	36	5	1	12	72	0.439
3月	1	2	9	14	7	0	5	38	0.232
4月	0	1	1	3	4	2	3	14	0.085
5月	0	2	2	1	1	0	0	6	0.037
6月	0	0	1	6	4	0	1	12	0.073
7月	0	0	0	0	0	0	0	0	0.000
8月	0	0	0	1	1	0	0	2	0.012
9月	0	0	1	0	1	0	0	2	0.012
10月	1	0	0	0	0	0	2	3	0.018
11月	0	1	0	0	0	0	0	1	0.006
12月	0	0	0	0	0	0	0	0	0.000
总计	15	7	24	64	24	3	27	164	1.000
密度	0.091	0.043	0.146	0.390	0.146	0.018	0.165	1.000	

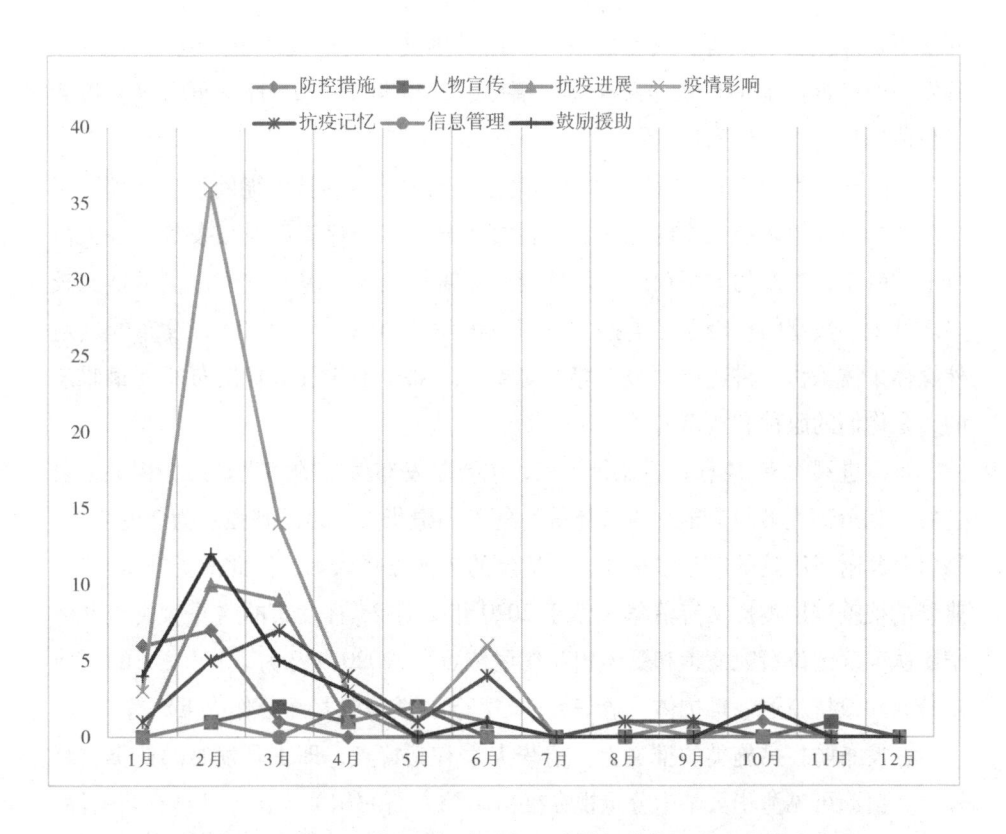

<<< 附　录　每周均入选百强排行榜的 12 所高校微信公众号疫情相关分析

附图 8-1　清华大学微信公众号各月疫情相关推文分类数量分布

2020 年清华大学微信公众号共发布推文 682 篇，疫情相关类推文共 164 篇，占所有推文的 24.1%，主要集中在 2 月、3 月，是因为在这两个月我国疫情最为严重，需要广告人知的疫情信息较多。其中，疫情相关推文阅读数破 10 万的有 8 篇，且疫情影响类居多。点赞数最多的推文为清华大学于 2020 年 11 月 28 日发布的《表彰!》，获点赞数 704。疫情相关推文原创密度为 40.9%，原创密度较高，但仍略低于所有推文的原创密度。

同时，因疫情暴发，高校及其附属医院需要做的相关工作增加，比如网上教学、派出援鄂医疗队、为疫情严重的地区提供物质援助与精神鼓励等，因此，疫情影响类与鼓励援助类的疫情相关推文数量激增，且占比分别排第一和第二。其中，典型的疫情影响类推文有清华大学微信公众号于 2020 年 1 月 26 日发布的《清华大学关于推迟春季学期开学时间的通知》、2020 年 2 月 2 日发布的《延期开学不是停止教学》等,典型的鼓励援助类推文有清华大学于 2020 年 1 月 25 日发布的《武汉加油!我为武汉写祝福!》、2020 年 1 月 27 日发布的《驰援武汉!清华长庚人,出发!》等。

抗疫记忆类推文有 24 篇,占比排第三,侧重于讲述抗疫期间发生在援鄂医疗队、参与疫情防控工作的志愿者、宿管人员、高校保安以及校友等抗疫人员身上的故事,涉及的方面较广,人员较多,篇幅较长,因此抗疫记忆类推文较多。其中,典型的抗疫记忆类推文有清华大学于 2020 年 2 月 29 日发布的《境外媒体集体采访,讲述抗"疫"清华故事》、2020 年 3 月 2 日发布的《最难忘的,是你们的眼神和故事》等。

抗疫进展类有 24 篇,占比排第三,主要是发布医院的病患动态、相关科研进展(如分离高效抗新冠病毒抗体等)等,因清华大学是品牌强度为 2 的名校,科研及其附属医院的医疗水平高,对抗疫的进展贡献较大,因此此类推文较多。典型的抗疫进展类推文有清华大学于 2020 年 2 月 21 日发布的《重大突破!清华团队准确定位新冠病毒和受体相互作用位点》、2020 年 3 月 27 日发布的《成功分离高效抗新冠病毒抗体!清华大学与深圳三院发布最新合作成果》等。

在发布防控措施类的推文上,清华大学有其特点,即 1 月发布的此类文章较多,由此可见清华大学十分重视在疫情防控方面的相关工作,且具有前瞻性。其中,典型的防控措施类的推文有清华大学于 2020 年 1 月 28 日发布的《清华大学关于加强校门管理的通知》、2020 年 1 月 31 日发布的《清华园消毒战"疫",只为给你更安全清洁的校园环境》等。

人物宣传类占比较小,主要于 3 月后发布,是因为 3 月后我国疫情好转,众多有重大贡献的抗疫人士及其事件被传播、报道。典型的推文有清华大学于 2020 年 5 月 4 日发布的《104 天无休科研战"疫"!清华女生登上新闻联播》等。

附录九：武汉大学微信公众号疫情相关分析

武汉大学

一、高校背景①

武汉大学是国家教育部直属重点综合性大学，是国家"985工程"和"211工程"重点建设高校，是首批"双一流"建设高校。

武汉大学溯源于1893年清末湖广总督张之洞奏请清政府创办的自强学堂，历经传承演变，1928年定名为国立武汉大学，是近代中国第一批国立大学。1946年，学校已形成文、法、理、工、农、医6大学院并驾齐驱的办学格局。中华人民共和国成立后，武汉大学受到党和政府的高度重视。1958年，毛泽东主席亲临武大视察。1993年，武汉大学百年校庆之际，江泽民等党和国家领导人题词祝贺。改革开放以来，武汉大学在国内高校中率先进行教育教学改革，各项事业蓬勃发展，整体实力明显上升。1999年，世界权威期刊 *Science* 将武汉大学列为"中国最杰出的大学之一"。2000年，武汉大学与武汉水利电力大学、武汉测绘科技大学、湖北医科大学合并组建新的武汉大学，揭开了学校改革发展的崭新一页。合校十多年来，学校综合实力和核心竞争力不断提升。2020年，学校在软科世界大学学术排名（ARWU）中位列第199位，国际教育研究机构QS世界大学排名中位列第246位，泰晤士高等教育（THE）世界大学排名中位列351~400位。

回眸过去，筚路蓝缕，励精图治，玉汝于成。珞珈山上风云际会，周恩来、董必武、陈潭秋、罗荣桓曾在这里指点江山；辜鸿铭、竺可桢、李四光、闻一

---

① 武汉大学简介［EB/OL］．武汉大学官网，2021-01-20．

多、郁达夫、叶圣陶、李达等曾在这里激扬文字。一百多年来，武汉大学汇集了中华民族近现代史上众多的精彩华章，形成了优良的革命传统，积淀了厚重的人文底蕴，培育了"自强、弘毅、求是、拓新"的大学精神。

武汉大学环绕东湖水，坐拥珞珈山，校园环境优美，风景如画，被誉为"中国最美丽的大学"。学校占地面积5195亩，建筑面积272万平方米。中西合璧的宫殿式建筑群古朴典雅，巍峨壮观，26栋早期建筑被列为"全国重点文物保护单位"。

武汉大学学科门类齐全、综合性强、特色明显，涵盖了哲、经、法、教育、文、史、理、工、农、医、管理、艺术等12个学科门类。学校设有人文科学、社会科学、理学、工学、信息科学和医学6大学部34个学院（系）以及3所三级甲等附属医院。有123个本科专业。18个学科进入ESI全球排名前1%，5个一级学科、17个二级学科被认定为国家重点学科，6个学科为国家重点（培育）学科，有10个一流建设学科。58个一级学科具有硕士学位授予权。47个一级学科具有博士学位授予权。有42个博士后流动站。

武汉大学名师荟萃，英才云集。学校现有专任教师3771人，其中正副教授2930余人，有8位中国科学院院士、6位中国工程院院士、3位欧亚科学院院士、7位人文社科资深教授、22人次"973项目"（含国家重大基础研究计划）首席科学家、6位"863项目"计划领域专家、4个国家创新研究群体、65位国家杰出青年科学基金获得者、15位国家级教学名师、23位国家新世纪"百千万人才工程"入选者。

武汉大学科研实力雄厚，成就卓著。学校有4个国家重点实验室、2个国家工程技术研究中心、2个国家野外科学观测研究站、2个2011协同创新中心、2个国家高端智库、2个国家科技基础条件共享平台、8个教育部重点实验室和5个教育部工程研究中心；还拥有7个教育部人文社会科学重点研究基地、10个国家基础科学研究与人才培养基地、10个国家级实验教学示范中心、3个国家级虚拟仿真实验教学中心和1个国家大学生文化素质教育基地。定期公开出版36种专业刊物。

2000年以来，学校获得国家自然科学奖、国家发明奖和国家科技进步奖三大奖75项，SCI论文数和国家自然科学基金项目数均位列全国高校前列，在教育部人文社会科学优秀成果奖评选中获奖数居全国高校前三位，国家社科基金课题、教育部社科课题均居全国高校前列，并有数十项成果获得国家"五个一"工程奖、国家图书奖、中国图书奖。学校连续十余次荣获深圳国际高新技术成果交易会优秀产品奖（成交奖）和优秀组织奖。

武汉大学积极利用自身的科技、智力资源优势，通过科技成果转化与产业化的方式，与企业和科研机构开展多层次、多领域的合作，共同建设高新技术产业发展的平台，联合创办了70多家高新技术企业，取得了良好的社会效益和经济效益，同时也促进了学校的发展。

学校参与了三峡工程、南水北调、西电东输等国家重点工程项目的科学研究和工程建设，在南北极科学考察、重大传染性疾病防治等科技攻关中不断取得新的突破，马协型、红莲型杂交稻、高频地波监测雷达、GPS全球卫星定位与导航、高性能混合动力电池等应用型科技成果不仅具有重大的科学理论价值，还产生了巨大的社会经济效益。

人文社会科学的专家学者充分发挥"智囊团"和"思想库"的作用，积极探索关系国家经济建设、社会发展和人类进步的重大理论与现实问题，取得了一批具有重大理论意义与应用价值的科研成果，为国家经济建设和社会发展提供了强大的理论保证和智力支持。

求知在武大，成才在珞珈。武汉大学率先提出"创造、创新、创业"教育的新理念，培养"厚基础、宽口径、高素质、创新型"复合人才，积极探索适应经济与社会发展的人才培养模式。学校现有普通本科生29292人，硕士研究生19391人，博士研究生7738人，另有外国留学生2116人。建校以来，学校共培养了50多万名各类高级专门人才，仅两院院士就有100余人，为国家建设和社会进步做出了重要贡献。

令人瞩目的高水平办学成就，为武汉大学赢得了广泛的国际声誉，国际交流与合作日益频繁，学校与49个国家和地区的275所大学、科研机构建立了合作关系。

二、武汉大学微信公众号相关变量分析

（一）固有属性简介

武汉大学微信公众号固有属性相关变量及具体情况如附表9-1所示。

附表 9-1 武汉大学微信公众号固有属性相关变量及具体情况汇总

样本信息分类	变量分类	微信公众号相关具体情况
固有属性	开通年月	2014 年 3 月
	微信号	luojia1893
	公众号功能	武汉大学官方公众平台
	公众号类型	订阅号
	客服电话	未设置
	客服人员	未设置
	账号主体	武汉大学
	商标保护	未包含商标详情
	高校级别	"985 工程"高校、"211 工程"高校、"双一流"高校
	品牌强度	10
	相关小程序	在武大、武大智慧岛、武大梦想珈、武大日报平安、武大产学研、武大招办、武汉大学毕业墙、武汉大学图书馆、武汉大学招生办公室、武汉大学校园导览试用版、微言教育
	公众号昵称是否与高校名称完全一致	是
	品牌显著标签	高校卡通人物形象
	官方认证	已完成官方认证
	开通时长	2486 天

微信公众平台自 2012 年 8 月正式上线，而武汉大学微信公众号于两年后才上线，存在一定的滞后性，反映出武汉大学对创新宣传工作的敏感性和前瞻性有待提高。武汉大学微信公众号的微信号由英文字母"luojia"和数字"1893"组合而成，其中"luojia"为武汉大学别称"珞珈"的拼音，"1893"为武汉大学建校年份，有着鲜明的自身特色。武汉大学微信公众号的功能介绍表述隶属关系，传达传播主体为"武汉大学"。武汉大学微信公众号类型为订阅号，能够

与学生群体形成较好的黏性，同时在宣传、塑造高校自身品牌形象方面均能起到相应作用。武汉大学微信公众号未设置客服电话和客服人员，说明目前该微信公众号还未给予客服系统足够的关注，在服务的完善程度上有待进一步提升。武汉大学微信公众号的账号主体为武汉大学本身，显示权威性和官方性，以便读者将其界定为武汉大学官方微信公众号。武汉大学微信公众号未包含商标详情，尚缺乏知识产权保护意识。武汉大学微信公众号相关小程序较多，涉及的方面较广，为师生校友及其他用户提供了全面、自助式的优质服务。武汉大学微信公众号的昵称与武汉大学的全称一致，易于被用户搜索到进而被关注。武汉大学微信公众号头像为武汉大学校徽，具有品牌显著性。武汉大学微信公众号已完成官方认证，表明该微信公众号具有较高的可信度。武汉大学微信公众号开通时长超过 2400 天，说明该微信公众号在运营上已积攒了一定程度的经验，形成了一定的自身传播特色，有较大的参考意义。

（二）表层形式简介

2020 年武汉大学微信公众号共发推文 736 篇。2 月推文数最高，是因为疫情暴发，需要向师生推送各类防控信息以及对于公共卫生事件的应对措施。2 月推文密度也最高。武汉大学推送时段相对平均，除了 0—9 时密度只有 2.3%，其余 4 个时段的密度都在 25% 上下浮动。武汉大学推文的原创密度为 34.1%。武汉大学微信公众号总阅读数 27551795，篇均阅读数 37434.504，日均阅读数 75278.128，最高阅读数 100000+，总阅读数破 2700 万，阅读密度都超过 3 万，阅读数较为可观。736 篇推文中仅有 7 篇不为头条，头条总阅读数 27255483，头条日均阅读数 37387.494，头条篇均阅读数 37387.494。736 篇推文的总点赞数 89182，篇均点赞数 121.171，日均点赞数 243.667，最高点赞数 3736，点赞数要明显低于阅读数。头条总点赞数 88843，头条日均点赞数 242.740，头条篇均点赞数 121.870，非头条 339 个点赞数。推文使用四类素材的频度排序：图片、视频、链接、音频。

（三）深层内容简介

2020 年武汉大学微信公众号发布推文内容相对集中在疫情相关、人物风采、生活资讯、校园风景、通知告示。30 个分类中校生互动、人事变动、影视推荐、综合成果指数为 0。标题词云中较醒目的字眼为"武汉大学""武大""珞珈"

"武大人""疫情""樱花""校友"等。正文词云中较醒目的字眼为"疫情""武大""武汉""医院""学习""学生""珞珈""学院""患者"等。标题语义网络中有一个大范围中心节点"武大",一个小范围中心节点"武汉大学"。正文语义网络中最大范围中心点是"疫情",小范围中心节点有"医院""武汉""学生""研究""国家"等。

三、武汉大学微信公众号疫情相关分析

我们对高校微信公众号2020年的传播内容进行前测,归纳出防控措施、人物宣传、抗疫进展、疫情影响、抗疫记忆、信息管理、鼓励援助七个方面的疫情相关主题,具体类目说明如附表9-2所示,统计如附表9-3所示。

附表9-2 类目说明

样本信息分类	变量分类	设立依据及补充说明
深层内容疫情相关分类	防控措施	疫情期间各部门及个人的相关防控措施,包括个人防护、相关警示、防疫生活贴士等
	人物宣传	疫情期间对于医护人员以及相关贡献突出的人士的介绍或获奖情况等
	抗疫进展	疫情期间抗疫及防控的进展,包括各地区风险指数的播报、疫苗或疫情相关产品的科研进展、医院的病患动态等
	疫情影响	围绕疫情给人们带来的影响展开的信息,包括各种线上疫情相关主题教育,教学方式的改变,以及生活方式的改变等
	抗疫记忆	疫情下各类人的抗疫故事,包括医护人员、基层工作人员、志愿者、热心人士等
	信息管理	疫情期间的辟谣信息及科普知识等
	鼓励援助	包括国内外的组织、高校或个人对疫情地区的物质捐助和精神援助,其中精神援助包括绘画、合唱等多种形式,以及对疫情地区居民、患者和医护人员的鼓励等

附表9-3 武汉大学微信公众号各月疫情相关推文分类数量与密度汇总

	防控措施	人物宣传	抗疫进展	疫情影响	抗疫记忆	信息管理	鼓励援助	总计	密度
1月	4	1	2	4	2	0	3	16	0.051
2月	4	5	17	32	25	0	29	112	0.354
3月	0	13	9	20	21	0	12	75	0.237
4月	0	4	9	15	21	0	1	50	0.158
5月	4	1	3	12	4	0	1	25	0.079
6月	0	2	3	6	1	0	2	14	0.044
7月	0	0	0	1	2	0	1	4	0.013
8月	0	2	0	4	2	0	1	9	0.028
9月	0	3	0	1	1	0	0	5	0.016
10月	0	0	1	0	0	0	0	1	0.003
11月	0	1	0	1	2	0	0	4	0.013
12月	0	0	0	0	0	0	1	1	0.003
总计	12	32	44	96	81	0	51	316	
密度	0.038	0.101	0.139	0.304	0.256	0.000	0.161		

2020年武汉大学微信公众号共发布推文736篇，其中包含316篇疫情相关推文，占所有推文的42.93%，在12所高校中疫情相关推文数最高。推文数量上疫情影响、抗疫记忆、抗疫进展、人物宣传都比其余11所高校的多；各类占比趋势与其余11所高校微信公众号的趋势较相符，人物宣传与其余11所高校微信公众号相比占比较高。316篇推文推送时间基本集中在上半年，在2月有一个激增；在七个分类中，内容主要集中在疫情影响、抗疫记忆、鼓励援助、抗疫进展。疫情相关推文阅读数破10万的有20篇，其中疫情影响居多，占8篇。疫情相关推文最高点赞数1301，是2020年11月28日发布的《今天，武大人干了这件大事!》，分类是人物宣传。疫情相关推文原创密度是7.2%，远低于所有推文的原创密度。

疫情影响占96篇，武汉作为疫情最严重的地区，对人们产生的影响也固然

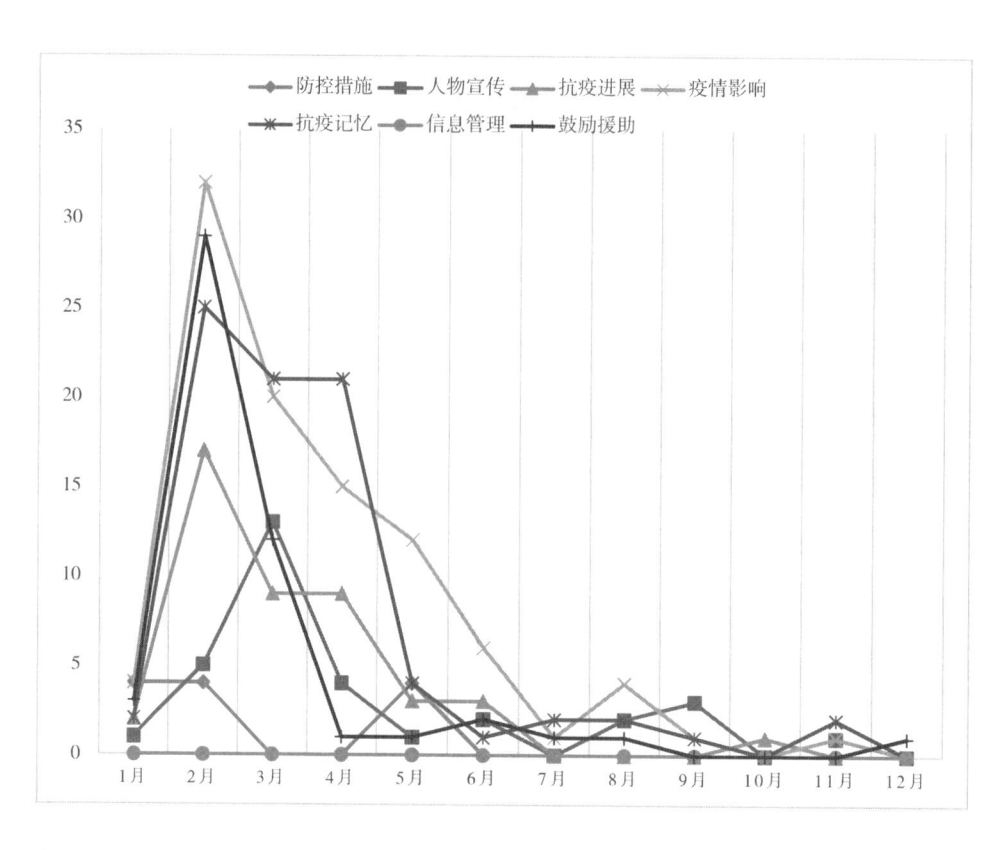

附图9-1 武汉大学微信公众号各月疫情相关推文分类数量分布

是最大的。疫情影响包括了武汉大学在疫情期间开展了战疫课程系列线上公开课、疫情期间留校学生的补助、各类考试的应对措施等各种由于疫情给人们学习或生活造成的影响，涉及的范围广。96篇集中在上半年，2月有一个激增。2月疫情爆发，武汉大学所在地区疫情情况严峻，有大量的调整通知需要发出；另外为防止疫情加重带来的恐慌情绪蔓延，高校推出了不少帮助人们调节心态的推文。其中，典型的疫情影响类推文有武汉大学微信公众号于2020年2月5日发布的《关注 | 重要告知，请注意!》、2020年2月19日发布的《关注 | 白岩松连线武大校长窦贤康》。

抗疫记忆占81，较集中在2、3、4月。抗疫记忆包括报抗疫期间发生在援鄂医护人员、参与疫情防控工作的志愿者、社区工作者、宿管人员、高校保安以及校友等身上的抗疫故事，涉及的范围较广。由于武汉是被支援地区，武汉大学在这一分类的推文中更侧重于对医护人员故事的记录。其中，典型的抗疫记忆类推文有武汉大学微信公众号于2020年1月22日发布的《致敬｜武大"逆行者"，不会孤单独行！》、2020年2月29日发布的《谢谢你们，为我们拼过命！》。

鼓励援助占51篇，较集中在2、3月。疫情前期，武汉作为疫情的中心，接受着四面八方的物质捐助和精神鼓舞；武汉疫情和缓后，武汉也向其他高风险地区发起支援。其中，典型的鼓励援助类推文有武汉大学微信公众号于2020年2月4日发布的《硬核｜4架专机100余吨医护物资空降武汉》、2020年2月9日发布的《@北京大学，你的助攻已收到》。

抗疫进展占44篇，较集中在2、3、4月。武汉是疫情的中心，武汉大学对抗疫的进展会格外关注。其中，典型的鼓励援助类推文有武汉大学微信公众号于2020年2月14日发布的《这里是雷神山！》、2020年4月27日发布的《刚刚，〈自然〉发表武大蓝柯教授团队新冠病毒气溶胶研究成果》。

人物宣传推文数量相对较少，在3月最多；防控措施推文数较少，基本集中在2月和5月；信息管理数量为0。

附录十：厦门大学微信公众号疫情相关分析

一、高校背景①

厦门大学（Xiamen University），简称厦大（XMU），由著名爱国华侨领袖陈嘉庚先生于1921年创办，是中国近代教育史上第一所华侨创办的大学，也是国家"211工程"和"985工程"重点建设的高水平大学。2017年，厦门大学入选国家公布的A类世界一流大学建设高校名单。建校以来，学校秉承"自强不息，止于至善"的校训，积累了丰富的办学经验，形成了鲜明的办学特色，成为一所学科门类齐全、师资力量雄厚、居国内一流、在国际上有广泛影响力的综合性大学。建校迄今，学校已先后为国家培养了40多万名本科生和研究生，在厦大学习、工作过的两院院士达60多人。

学校设有研究生院、6个学部以及30个学院和16个研究院，形成了包括人文科学、社会科学、自然科学、工程与技术科学、管理科学、艺术科学、医学科学等学科门类在内的完备学科体系。学校现有18个学科进入ESI全球前1%，拥有5个一级学科国家重点学科、9个二级学科国家重点学科。学校设有32个博士后流动站；36个博士学位授权一级学科，45个硕士学位授权一级学科；8个交叉学科；1个博士专业学位学科授权类别，28个硕士专业学位学科授权类别。2017年，化学、海洋科学、生物学、生态学、统计学5个学科入选国家公布的世界一流学科建设名单。学校现有专任教师2777人，其中，教授、副教授

---

① 厦门大学简介［EB/OL］. 厦门大学官网，2021-01-20.

2045人，占专任教师总数73.6%（下同）；拥有博士学位的有2363人，占85.1%。学校共有两院院士21人，文科资深教授1人，国家重点研发计划项目负责人27人，中国医学科学院学部委员1人，"长江学者奖励计划"特聘教授25人、青年学者13人，国家杰出青年科学基金获得者52人，国家级教学名师6人，国家高层次人才特殊支持计划（简称"万人计划"）科技创新领军人才25人、哲学社会科学领军人才7人、教学名师1人、百千万工程领军人才2人、青年拔尖人才14人，国家"百千万人才工程"入选者26人，中宣部"四个一批"人才工程入选者8人，教育部新（跨）世纪优秀人才136人，国家优秀青年科学基金获得者48人；国家创新研究群体10个、国家自然科学基金基础科学中心项目1项、教育部创新团队9个。

学校现有在校学生40000余人（含外国留学生1208人），其中本科生20651人、硕士研究生16712人、博士研究生4737人，本研比约为1∶1。学校内部质量保障体系入选联合国教科文组织所发起的"高等教育内部质量保障优秀原则和创新实践研究典型案例"，是中国也是东亚地区唯一入选高校。学校获第六、第七、第八届国家级高等教育教学成果一等奖1项、二等奖15项。4个专业入选教育部"基础学科拔尖学生培养计划2.0"基地，11个专业（13个项目）入选国家卓越教育计划；24个专业入选首批国家级一流专业建设点，12个专业入选首批省级一流专业建设点。29门课程入选国家级精品课程，20门课程入选教育部精品资源共享课，10门课程入选教育部精品视频公开课，44门课程入选国家首批一流本科课程，94门课程入选省级一流本科课程。现有6个国家级实验教学示范中心、3个国家级虚拟仿真实验教学中心、3个国家级大学生校外实践教育基地。46名教师入选2018—2022年教育部高等学校教学指导委员会。厦大毕业生是最受社会欢迎的群体之一，年均就业率保持95%以上。学校坚持深化创新创业教育改革，推动思政教育与创新创业教育紧密结合，入选国务院第三批大众创业万众创新示范基地、教育部全国首批深化创新创业教育改革示范高校、教育部首批中美青年创客交流中心，牵头发起成立全国大学生创新创业实践联盟，获"国创计划十周年"最佳组织奖、全国大学生创新创业教育实践优秀组织奖等。在中国（国际）"互联网+"大学生创新创业大赛中共获13金6银13铜，成功承办第四届大赛，两次夺得总决赛亚军。

学校设有200多个研究机构，其中，国家级协同创新中心2个（牵头单位），国家重点实验室4个，国家工程技术研究中心1个，国家工程实验室1个，国家地方联合工程研究中心2个，国家地方联合工程实验室3个，国家研究院1个，国家产教融合创新平台1个，国家野外科学观测研究站1个，教育部重点实验室5个，教育部工程研究中心3个，教育部野外科学观测研究站1个，教育部人文社科重点研究基地5个。近5年，学校自然科学科研实力大幅提升，在《科学》《自然》《细胞》上发表论文12篇；获国家自然科学二等奖3项，何梁何利基金科学与技术进步奖1项；6人获"全国创新争先奖"，3人获"中国青年科技奖"，3项成果获中国专利优秀奖。学校人文社会学科研究实力雄厚，近五年共承担国家社科基金重大项目34项，教育部哲学社会科学研究重大课题攻关项目7项；18项成果获教育部第八届高等学校科学研究优秀成果奖（人文社会科学），其中一等奖1项；在台湾研究、南洋研究、高等教育研究、经济研究、会计研究、南海研究等领域已经形成特色，实力雄厚。

学校对外交流与合作深入开展，已与境外250多所高校签署了校际合作协议，与51所世界排名前200名的高校开展实质性交流合作。学校积极参与汉语国际推广工作，已与北美洲、欧洲、亚洲、非洲等地区的大学合作建立了15所孔子学院，并获批建设"孔子学院院长学院"。在对台交流方面，已成为台湾研究的重镇和两岸学术、文化交流的前沿。2014年7月，厦门大学马来西亚分校奠基，成为中国首个在海外建设独立校园的大学，被中央媒体誉为镶嵌在"一带一路"上的一颗明珠；已开设16个专业，在校生5000余人、教职员工360余人，专任教师拥有博士学位的比例80%以上。2017年金砖国家领导人厦门会晤期间，学校成功举办"美好青春我做主"艾滋病防治宣传校园行——走进厦门大学活动与第二届联合国教科文组织女童和妇女教育奖颁奖仪式，展示中国形象、福建成就、厦门魅力、厦大风采，受到各方高度肯定。

学校拥有完善的教学、科研设备和公共服务体系。目前，学校共有三个校区和一个海外分校。拥有纸质图书馆藏451万册、电子馆藏885万册，固定资产总值126亿元，仪器设备总值46亿元。校园高速信息网络建设的规模、水平居全国高校前列并成为CERNET2的核心节点之一。厦大校园依山傍海、风光秀丽，已成为公认的中国环境最优美的大学校园之一。

中共厦门大学第十一次代表大会进一步深化了厦门大学创建世界一流大学的奋斗目标：在建校百年之际，全面建成世界知名高水平研究型大学；在中华人民共和国成立百年之际,跃居世界一流大学前列。2021 年 4 月 6 日,厦门大学迎来 100 周年华诞。迈进新百年,厦门大学将持续探索中国特色世界一流大学建设之路,努力为实现中华民族伟大复兴的中国梦做出新的更大贡献。

二、厦门大学微信公众号相关变量分析

(一) 固有属性简介

厦门大学微信公众号固有属性相关变量及具体情况如附表 10-1 所示。

附表 10-1　厦门大学微信公众号固有属性相关变量及具体情况汇总

样本信息分类	变量分类	微信公众号相关具体情况
固有属性	开通年月	2014 年 4 月
	微信号	xmu_1921
	公众号功能	"自强不息 止于至善",厦门大学官方公众平台
	公众号类型	订阅号
	客服电话	未设置
	客服人员	未设置
	账号主体	厦门大学
	商标保护	未包含商标详情
	高校级别	"985 工程"高校、"211 工程"高校、"双一流"高校
	品牌强度	23
	相关小程序	厦门大学、厦门大学通行码、厦门大学智慧教务、厦门大学学生会、厦门大学 MBA、厦门大学经济学科、厦门大学科技处、厦大人
	公众号昵称是否与高校名称完全一致	是
	品牌显著标签	高校校徽
	官方认证	已完成官方认证
	开通时长	2461 天

微信公众平台自 2012 年 8 月正式上线，而厦门大学微信公众号于两年后才上线，存在一定的滞后性，反映出厦门大学对创新宣传工作的敏感性和前瞻性有待提高。厦门大学微信公众号的微信号由英文字母"xmu"和数字"1921"组合而成，其中"xmu"为厦门大学英文名缩写，"1921"为厦门大学建校年份，有着鲜明的自身特色。厦门大学微信公众号的功能介绍以校训开头，表述隶属关系，传达传播主体为"厦门大学"。厦门大学微信公众号类型为订阅号，能够与学生群体形成较好的黏性，同时在宣传、塑造高校自身品牌形象方面均能起到相应作用。厦门大学微信公众号未设置客服电话和客服人员，说明目前该微信公众号还未给予客服系统足够的关注，在服务的完善程度上有待进一步提升。厦门大学微信公众号的账号主体为厦门大学本身，显示权威性和官方性，以便读者将其界定为厦门大学官方微信公众号。厦门大学微信公众号未包含商标详情，尚缺乏知识产权保护意识。厦门大学微信公众号相关小程序较多，涉及的方面较广，为师生校友及其他用户提供了全面、自助式的优质服务。厦门大学微信公众号的昵称与厦门大学的全称一致，易于被用户搜索到进而被关注。厦门大学微信公众号头像为厦门大学校徽，具有品牌显著性。厦门大学微信公众号已完成官方认证，表明该微信公众号具有较高的可信度。厦门大学微信公众号开通时长超过 2400 天，说明该微信公众号在运营上已积攒了一定程度的经验，形成了一定的自身传播特色，有较大的参考意义。

二、厦门大学微信公众号相关变量分析

（一）固有属性简介

2020 年厦门大学微信公众号共发推文 417 篇。2 月推文数最高，是因为疫情暴发，需要向师生推送各类防控信息以及对于公共卫生事件的应对措施。2 月推文密度也最高。厦门大学推送时段相对集中在 9—12 时，占了总推文数的 63.9%。厦门大学推文的原创密度仅为 18.7%。厦门大学微信公众号总阅读数 8895900，篇均阅读数 21333.094，日均阅读数 24305.738，最高阅读数 100000+，总阅读数破 800 万，阅读密度都超过 2 万，阅读数较为可观。417 篇推文中有 25 篇不为头条，头条总阅读数 8721296，头条日均阅读数 23828.678，头条篇均阅读数 22248.204。417 篇推文的总点赞数 59051，篇均点赞 141.609，日均点赞数

161.342，最高点赞数 3188，点赞数要明显低于阅读数。头条总点赞数 58322，头条日均点赞数 159.350，头条篇均点赞数 148.781，非头条 729 个点赞数。推文使用四类素材的频度排序：图片、视频、链接、音频。

（三）深层内容简介

2020 年厦门大学微信公众号发布推文内容相对集中在疫情相关、通知告示、历史文化、生活资讯。30 个分类中人事变动、影视推荐、综合成果指数为 0。标题词云中较醒目的字眼为"厦门大学""百年""夏大人""直播""研制""疫苗""老师"等。正文词云中较醒目的字眼为"厦大""中国""疫情""学生""国家""研究""教育""建设""学院"等。标题语义网络中有一个大范围中心节点"厦大"，一个小范围中心节点"厦门大学"。正文语义网络中最大范围中心点是"厦大"，小范围中心节点有"发展""研究""建设""中国""大学"等。

三、厦门大学微信公众号疫情相关分析

我们对高校微信公众号 2020 年的传播内容进行前测，归纳出防控措施、人物宣传、抗疫进展、疫情影响、抗疫记忆、信息管理、鼓励援助七个方面的疫情相关主题，具体类目说明如附表 10-2 所示，统计如附表 10-3 所示。

附表 10-2　类目说明

样本信息分类	变量分类	设立依据及补充说明
深层内容疫情相关分类	防控措施	疫情期间各部门及个人的相关防控措施，包括个人防护、相关警示、防疫生活贴士等
	人物宣传	疫情期间对于医护人员以及相关贡献突出的人士的介绍或获奖情况等
	抗疫进展	疫情期间抗疫及防控的进展，包括各地区风险指数的播报、疫苗或疫情相关产品的科研进展、医院的病患动态等
	疫情影响	围绕疫情给人们带来的影响展开的信息，包括各种线上疫情相关主题教育，教学方式的改变，以及生活方式的改变等

续表

样本信息分类	变量分类	微信公众号相关具体情况
固有属性	抗疫记忆	疫情下各类人的抗疫故事,包括医护人员、基层工作人员、志愿者、热心人士等
	信息管理	疫情期间的辟谣信息及科普知识等
	鼓励援助	包括国内外的组织、高校或个人对疫情地区的物质捐助和精神援助,其中精神援助包括绘画、合唱等多种形式,以及对疫情地区居民、患者和医护人员的鼓励等

附表10-3 厦门大学微信公众号各月疫情相关推文分类数量与密度汇总

	防控措施	人物宣传	抗疫进展	疫情影响	抗疫记忆	信息管理	鼓励援助	总计	密度
1月	4	0	1	5	3	0	0	13	0.115
2月	5	0	3	12	10	0	8	38	0.336
3月	2	0	3	1	12	0	3	21	0.186
4月	1	0	0	4	5	0	1	11	0.097
5月	2	0	2	8	4	0	1	17	0.150
6月	0	0	0	3	1	0	0	4	0.035
7月	0	0	0	0	0	0	0	0	0.000
8月	1	0	0	0	0	0	1	2	0.018
9月	1	0	2	1	1	0	0	5	0.044
10月	0	0	0	0	0	0	0	0	0.000
11月	0	0	0	0	1	0	0	1	0.009
12月	1	0	0	0	0	0	0	1	0.009
总计	17	0	11	34	37	0	14	113	
密度	0.150	0.000	0.097	0.301	0.327	0.000	0.124		

<<< 附　录　每周均入选百强排行榜的12所高校微信公众号疫情相关分析

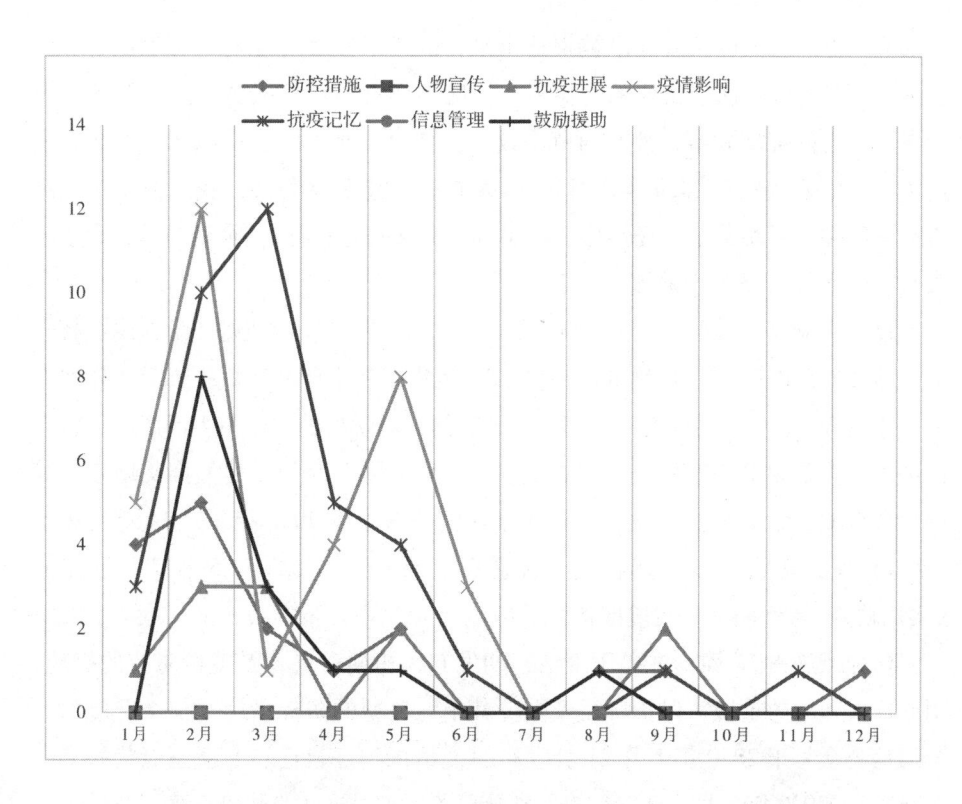

附图10-1　厦门大学微信公众号各月疫情相关推文分类数量分布

2020年厦门大学微信公众号共发布推文417篇，其中包含113篇疫情相关推文，占所有推文的27.1%。各类占比趋势与其余11所高校微信公众号的趋势相符，抗疫记忆与其余11所高校微信公众号相比占比最高。113篇推文推送时间基本集中在上半年，在2月有一个激增；在七个分类中，内容主要集中在抗疫记忆、疫情影响、防控措施、鼓励援助。疫情相关推文阅读数破10万的有2篇：2020年1月23日推送的《请你一定平安！致厦大最美逆行者！》，分类是抗疫记忆；2020年1月31日推送的《一小时出检测结果！抗击过"非典"的厦大科学家研制"神器"迎战新型冠状病毒！》，分类是抗疫进展。疫情相关推文最高点赞数1188，是2020年9月9日发布的《厦门大学、香港大学、北京万泰共同研制的鼻喷新冠肺炎疫苗获批开展临床试验》，分类是抗疫进展。疫情相关推文原创密度11.4%，低于所有推文的原创密度。

抗疫记忆占37篇，较集中在3月，3月时在各方的努力下，疫情的情况有所缓和，更多感人的抗疫故事被报道出来，讲述了许多抗疫期间发生在援鄂医护人员、参与疫情防控工作的志愿者、社区工作者、宿管人员、高校保安以及校友等身上的抗疫故事，涉及的范围较广。其中，典型的抗疫记忆类推文有厦门大学微信公众号于 2020 年 2 月 11 日发布的《想笑又想哭！我厦护士在武汉方舱医院和患者跳起了广场舞!》、2020 年 3 月 27 日发布的《命运与共，大道不孤！看国际战"疫"中的厦大故事!》。

疫情影响占 34 篇，疫情对人们的生活产生的影响包括推迟开学、线上教学等，涉及的范围广，因此数量也较多。34 篇集中在上半年，2 月和 5 月分别有一个小高峰。2 月疫情暴发碰上高校开学时间，对学校的教学与生活产生了较大的冲击，需要做出调整和通告的方面多；5 月份厦大返校，相关推文增多。其中，典型的疫情影响类推文有厦门大学微信公众号于 2020 年 2 月 14 日发布的《@全体厦大学子，17 日起在线上按课表上课啦!》、2020 年 5 月 7 日发布的《实用帖丨等你回来，我厦准备好了!》。

防控措施占 17 篇，主要于疫情初期发布，初期需要普及疫情防控的措施，引起广大师生的重视，保护师生安全。其中，典型的防控措施类推文有厦门大学微信公众号于 2020 年 1 月 21 日发布的《请保护好自己！丨新型冠状病毒防护指南》、2020 年 2 月 1 日发布的《别抢双黄连了，这才是防疫正确姿势!》。在年末（2020 年 12 月 29 日）发布的《双节将至，这件事不能忘!》，提醒人们不要因为疫情情况好转而松懈。

鼓励援助占 14 篇，主要也在 2 月推送，2 月的疫情最严重，物质援助和精神鼓励都显得十分重要。其中，典型的鼓励援助类推文有厦门大学微信公众号于 2020 年 2 月 2 日发布的《20200202，"厦武"同行》、2020 年 2 月 25 日发布的《硬核暖心！厦大石墨烯科研成果"变身"暖心护腰带，送达援鄂医护人员!》。

抗疫进展的推文数占比较少，几乎都在 2 月、3 月发布。人物宣传、信息管理的指数为 0。

附录十一：北京航空航天大学微信公众号疫情相关分析

一、高校背景[①]

北京航空航天大学（简称北航）成立于1952年，由当时的清华大学、北洋大学、厦门大学、四川大学等八所院校的航空系合并组建，是新中国第一所航空航天高等学府，现隶属于工业和信息化部。学校所在地北京，分为学院路校区、沙河校区，占地3000多亩，总建筑面积170余万平方米。建校以来，北航一直是国家重点建设的高校，是全国第一批16所重点高校之一，也是20世纪80年代恢复学位制度后全国第一批设立研究生院的22所高校之一，首批进入"211工程"，2001年进入"985工程"，2013年入选首批"2011计划"国家协同创新中心，2017年入选国家"双一流"建设高校名单。学校第十六次党员代表大会提出以建设扎根中国大地的世界一流大学为发展愿景目标。

近年来，学校着力提升办学境界和格局，大力促进空天信融合发展的学科态势，持续优化创新人才培养体系，积极推进一流师资队伍建设，加快推动科研创新转型发展，务实开展高水平的国际交流合作，大力推进办学条件和民生改善，全面加强党的建设和思想政治工作，各项事业发展取得了突出的成绩。综合办学能力和核心竞争力不断增强，跻身国内高水平大学的第一方阵，国际影响力显著提升。

---

① 北京航空航天大学北航概况［EB/OL］. 北京航空航天大学官网，2021-01-20.

二、北京航空航天大学微信公众号相关变量分析

(一) 固有属性简介

北京航空航天大学微信公众号固有属性相关变量及具体情况如附表 11-1 所示。

附表 11-1　北京航空航天大学微信公众号固有属性相关变量及具体情况汇总

样本信息分类	变量分类	微信公众号相关具体情况
固有属性	开通年月	2014 年 5 月
	微信号	BUAA_1952
	公众号功能	"德才兼备，知行合一。"北京航空航天大学官方公众平台，推送校园资讯、展示师生风貌、分享科教动态、传播大学文化。感谢您的关注！
	公众号类型	订阅号
	客服电话	未设置
	客服人员	未设置
	账号主体	北京航空航天大学
	商标保护	未包含商标详情
	高校级别	"985 工程"高校、"211 工程"高校、"双一流"高校
	品牌强度	21
	相关小程序	北京航空航天大学、北航校友、北航勤工俭学、北航失物招领、北航能动学院会议预约系统
	公众号昵称是否与高校名称完全一致	是
	品牌显著标签	高校校徽
	官方认证	已完成官方认证
	开通时长	2479 天

<<< 附　录　每周均入选百强排行榜的 12 所高校微信公众号疫情相关分析

　　微信公众平台自 2012 年 8 月正式上线，而北京航空航天大学微信公众号于两年后才上线，存在一定的滞后性，反映出北京航空航天大学对创新宣传工作的敏感性和前瞻性有待提高。北京航空航天大学微信公众号的微信号由英文字母"BUAA"和数字"1952"组合而成，其中"BUAA"为北京航空航天大学英文名缩写，"1952"为北京航空航天大学建校年份，有着鲜明的自身特色。北京航空航天大学微信公众号的功能介绍以校训开头，表述隶属关系，传达传播主体为"北京航空航天大学"，对传播功能（即推送校园资讯等多个功能）进行阐述。北京航空航天大学微信公众号类型为订阅号，能够与学生群体形成较好的黏性，同时在宣传、塑造高校自身品牌形象方面均能起到相应作用。北京航空航天大学微信公众号未设置客服电话和客服人员，说明目前该微信公众号还未给予客服系统足够的关注，在服务的完善程度上有待进一步提升。北京航空航天大学微信公众号的账号主体为北京航空航天大学本身，显示权威性和官方性，以便读者将其界定为北京航空航天大学官方微信公众号。北京航空航天大学微信公众号未包含商标详情，尚缺乏知识产权保护意识。北京航空航天大学微信公众号相关小程序较少，但"北京航空航天大学"这一小程序内功能较齐全，包括校园资讯推送、各项线上服务（疫情防控、教务、图书、网络服务等都包揽其中）、办事大厅等，涉及的方面较广，为师生校友及其他用户提供了全面、自助式的优质服务。北京航空航天大学微信公众号的昵称与北京航空航天大学的全称一致，易于被用户搜索到进而被关注。北京航空航天大学微信公众号头像为北京航空航天大学校徽，具有品牌显著性。北京航空航天大学微信公众号已完成官方认证，表明该微信公众号具有较高的可信度。北京航空航天大学微信公众号开通时长超过 2400 天，说明该微信公众号在运营上已积攒了一定程度的经验，形成了一定的自身传播特色，有较大的参考意义。

（二）表层形式简介

　　2020 年北京航空航天大学微信公众号共发推文 330 篇。2 月推文数最高，是因为疫情暴发，需要向师生推送各类防控信息以及对于公共卫生事件的应对措施。2 月推文密度也最高。北京航空航天大学推送时段相对平均，除了 0—9 时密度只有 3.0%，其余 4 个时段的密度都较接近 20%。北京航空航天大学推文的原创密度高达 80%。北京航空航天大学微信公众号总阅读数 9030104，篇均阅读数27363.952，日均阅读数24672.415，最高阅读数100000+，总阅读数破900万，阅读密度都超过2万，阅读数较为可观。330篇推文中仅2篇不为头条，头条总阅读数8996119，头条日均数24579.560，头条篇均阅读数27427.192。330篇推文的总点赞为67177，篇均点赞数203.567，日均点赞数183.544，最高点赞数2685，点赞数要明显低于阅读数。头条总点赞数67174，头条日均点赞数183.536，头条篇均点赞数204.799，非头条仅有3个点赞数。推文使用四类素材的频度排序：图片、链接、视频、音频。

（三）深层内容简介

2020年北京航空航天大学微信公众号发布推文内容相对集中在疫情相关、通知告示、生活资讯、校园建设。30个分类中教工生活、人事变动、影视推荐、平台互动、综合成果指数为0。标题词云中较醒目的字眼为"北航""北航人""疫情""直播""菜单""北京航空航天大学""校园"等。正文词云中较醒目的字眼为"疫情""学院""学校""学生""国家""学习""航空""精神"等。标题语义网络中有一个中心节点：北航。正文语义网络中最大范围中心点是"北航"，小范围中心节点有"学院""国家""中国""学校""疫情"等。

三、北京航空航天大学微信公众号疫情相关分析

我们对高校微信公众号2020年的传播内容进行前测，归纳出防控措施、人物宣传、抗疫进展、疫情影响、抗疫记忆、信息管理、鼓励援助七个方面的疫情相关主题，具体类目说明如附表11-2所示，统计如附表11-3所示。

附表11-2　类目说明

样本信息分类	变量分类	设立依据及补充说明
深层内容疫情相关分类	防控措施	疫情期间各部门及个人的相关防控措施，包括个人防护、相关警示、防疫生活贴士等
	人物宣传	疫情期间对于医护人员以及相关贡献突出的人士的介绍或获奖情况等
	抗疫进展	疫情期间抗疫及防控的进展，包括各地区风险指数的播报、疫苗或疫情相关产品的科研进展、医院的病患动态等

续表

样本信息分类	变量分类	微信公众号相关具体情况
固有属性	疫情影响	围绕疫情给人们带来的影响展开的信息，包括各种线上疫情相关主题教育，教学方式的改变，以及生活方式的改变等
	抗疫记忆	疫情下各类人的抗疫故事，包括医护人员、基层工作人员、志愿者、热心人士等
	信息管理	疫情期间的辟谣信息及科普知识等
	鼓励援助	包括国内外的组织、高校或个人对疫情地区的物质捐助和精神援助，其中精神援助包括绘画、合唱等多种形式，以及对疫情地区居民、患者和医护人员的鼓励等

附表11-3 北京航空航天大学微信公众号各月疫情相关推文分类数量与密度汇总

	防控措施	人物宣传	抗疫进展	疫情影响	抗疫记忆	信息管理	鼓励援助	总计	密度
1月	3	0	0	3	0	0	0	6	0.085
2月	6	0	0	10	4	3	7	30	0.423
3月	3	1	5	1	6	0	1	17	0.239
4月	0	0	0	3	1	0	2	6	0.085
5月	0	0	0	2	1	0	0	3	0.042
6月	0	0	0	4	0	0	1	5	0.070
7月	0	0	0	0	0	0	0	0	0.000
8月	0	0	0	1	0	0	0	1	0.014
9月	0	1	0	0	0	0	0	1	0.014
10月	0	0	0	0	0	0	0	0	0.000
11月	0	0	0	0	1	0	0	1	0.014

续表

	防控措施	人物宣传	抗疫进展	疫情影响	抗疫记忆	信息管理	鼓励援助	总计	密度
12月	1	0	0	0	0	0	0	1	0.014
总计	13	2	5	24	13	3	11	71	
密度	0.183	0.028	0.070	0.338	0.183	0.042	0.155		

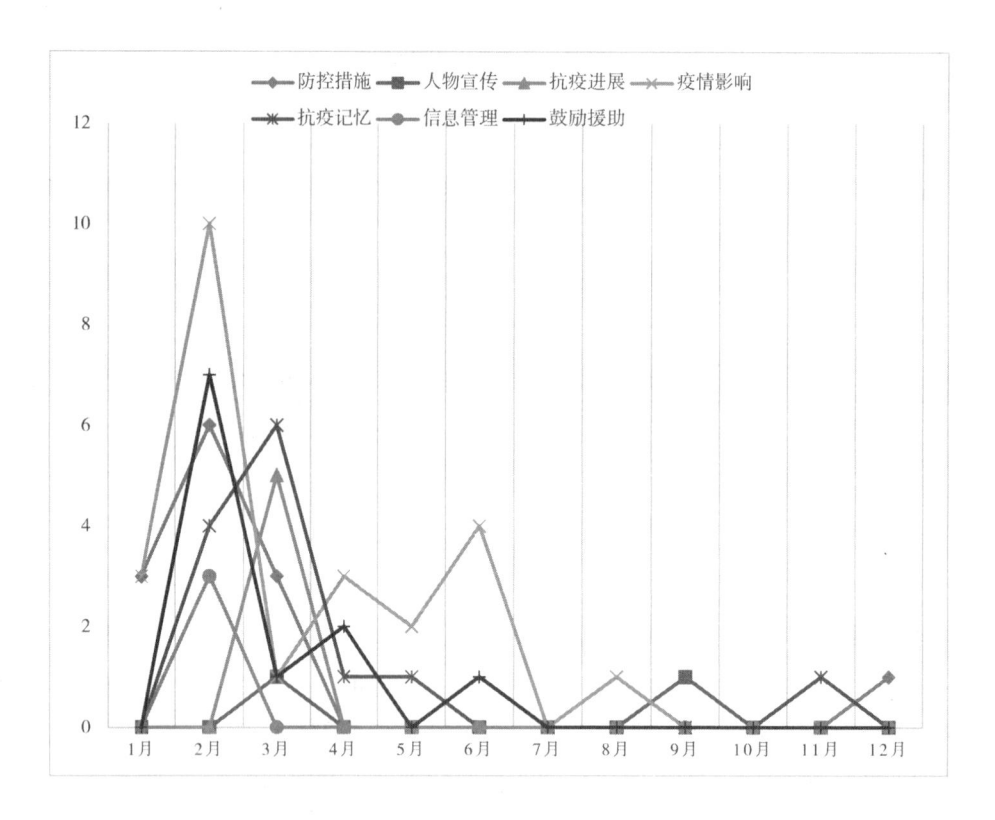

附图11-1 北京航空航天大学微信公众号各月疫情相关推文分类数量分布

2020年北京航空航天大学微信公众号共发布推文330篇，其中包含71篇疫情相关推文，占所有推文的21.52%。疫情相关推文数相对较少。各类占比趋势与其余11所高校微信公众号的趋势相符，处于中间水平。71篇推文推送时间基本集中在上半年，在2月有一个激增；在七个分类中，内容主要集中在疫情影响、防控措施、抗疫记忆、鼓励援助。疫情相关推文阅读数破10万的只有1篇：2020年1月26日推送的《北京航空航天大学关于春季学期延期开学的通知》，分类是疫情影响，反映出师生、家长在疫情期间对于学校教学安排的关注。疫情相关推文最高点赞数693，是2020年8月24日发布的《北航，我们回来了!》，分类是疫情相关。疫情相关推文原创密度达到64.2%，但仍低于所有推文的原创密度。

疫情影响占24篇，疫情对人们的生活产生的影响包括推迟开学、线上教学等，涉及的范围广，因此数量也较多。24篇中有10篇在2月发布，2月疫情暴发碰上高校开学时间，对学校的教学与生活产生了较大的冲击，需要做出调整和通告的方面。其中，典型的疫情影响类推文有北京航空航天大学微信公众号于2020年2月1日发布的《北航，全力以赴！为了每一名师生的生命安全和身体健康!》、2020年2月24日发布的《第一天做起主播的北航老师们，最不适应的是……》。

防控措施占13篇，主要于疫情初期发布，初期需要普及疫情防控的措施，引起广大师生的重视，保护师生安全。其中，典型的防控措施类推文有北京航空航天大学微信公众号于2020年2月12日发布的《这件事可能毁掉所有人的努力!》、2020年2月25日发布的《不出门？不出门！不用出门!》。在年末（2020年12月29日）发布的《转发周知！切莫松懈!》，提醒人们不要因为疫情情况好转而松懈。

抗疫记忆占13篇，较集中在3月，3月时在各方的努力下，疫情的情况有所缓和，更多感人的抗疫故事被报道出来，讲述了许多抗疫期间发生在援鄂医护人员、参与疫情防控工作的志愿者、社区工作者、宿管人员、高校保安以及校友等身上的抗疫故事，涉及的范围较广。其中，典型的抗疫记忆类推文有北京航空航天大学微信公众号于2020年2月19日发布的《女儿驰援武汉抗疫医疗｜"孩子，安心去前线吧！我们会照顾好自己！"》、2020年3月9日发布的《我在武汉做"代购"！00后北航学子变身超暖心"师傅"，央视报道!》。

鼓励援助占11篇，主要也在2月推送，2月的疫情最严重，物质援助和精神鼓励都显得十分重要。其中，典型的鼓励援助类推文有北京航空航天大学微信公众号于 2020 年 2 月 10 日发布的《致敬！逆行者！北航师生原创歌曲上线，歌声传递力量！》、2020 年 2 月 20 日发布的《@北航全球校友 北航湖北校友会接受捐助　您的爱心我们传递，使命必达！》。

其余三个分类的推文数较少，几乎都在 2 月、3 月发布。

附录十二：四川大学微信公众号疫情相关分析

四川大学

一、高校背景①

岷峨挺秀，锦水含章。巍巍学府，德渥群芳。

四川大学是教育部直属全国重点大学，是国家布局在中国西部的重点建设的高水平研究型综合大学。四川大学地处中国历史文化名城——"天府之国"的成都，有望江、华西和江安三个校区，占地面积 7050 亩，校舍建筑面积 269.4 万平方米。校园环境幽雅、花木繁茂、碧草如茵、景色宜人，是读书治学的理想园地。

四川大学由原四川大学、原成都科技大学、原华西医科大学三所全国重点大学经过两次合并而成。原四川大学起始于 1896 年四川总督鹿传霖奉光绪特旨创办的四川中西学堂，是西南地区最早的近代高等学校；原成都科技大学是新中国院系调整时组建的第一批多科型工科院校；原华西医科大学源于 1910 年由西方基督教会组织在成都创办的华西协合大学，是西南地区最早的西式大学和国内最早培养研究生的大学之一。1994 年，原四川大学和原成都科技大学合并为四川联合大学，1998 年更名为四川大学，江泽民、李鹏等同志就两校合并为学校题词并寄予深切厚望。2000 年，四川大学与原华西医科大学合并，组建了新的四川大学。李岚清同志在考察新四川大学时说："四川大学是我们改革最早的大学，对我国高校的改革做出了历史性的贡献，可以说是高校体制改革的先锋。"在 2008 年"5·12"汶川特大地震抗震救灾期间，吴邦国、温家宝等党和

---

① 四川大学简介［EB/OL］. 四川大学官网，2021-01-20.

国家领导人先后到四川大学视察慰问。2016年，李克强总理来校视察，勉励川大要为全国"双创"带头，多出世界一流学科。

四川大学承文翁之教，聚群贤英才。百余年来，学校先后汇聚了历史学家顾颉刚、文学家李劼人、美学家朱光潜、物理学家吴大猷、植物学家方文培、卫生学家陈志潜、数学家柯召等大师。历史上，吴玉章、张澜曾执掌校务，共和国开国元勋朱德、共和国主席杨尚昆、文坛巨匠郭沫若、人民作家巴金、一代英烈江竹筠（江姐）等曾在川大求学。中国科学院和中国工程院院士中，有66位是川大校友。

四川大学学科门类齐全，覆盖了文、理、工、医、经、管、法、史、哲、农、教、艺等12个门类，有35个学科型学院（系）及研究生院、海外教育学院等学院。我校为学位授权自主审核单位，现有博士学位授权一级学科47个，专业学位授权点38个，博士后流动站37个，国家重点学科46个，国家重点培育学科4个，国家临床重点专科45个，是国家首批工程博士培养单位。

四川大学大师云集，名师荟萃。截至2019年年底，学校有专任教师4527人。学校有中国科学院和中国工程院院士16人，四川大学杰出教授7人，国家自然科学杰出青年基金获得者51人，国家优秀青年科学基金入选者56人；"973"首席科学家7人（9项）；国家级教学名师12人；国家科技重大专项课题负责人4人（4项）；国家重点研发计划项目负责人43人；国家社科基金重大招标（委托）及各类专项项目获得者55人（60项）；国家创新人才推进计划"中青年科技创新领军人才"21人、"重点领域创新团队"2个。

四川大学在长期的办学历程中，形成了深厚的人文底蕴、扎实的办学基础和以校训"海纳百川，有容乃大"、校风"严谨、勤奋、求是、创新"为核心的川大精神。近年来，学校围绕建设具有中国特色、川大风格的世界一流大学的奋斗目标，确立了"以人为本，崇尚学术，追求卓越"的现代大学办学理念，建立了"以院系为管理重心，以教师为办学主体，以学生为育人中心"的管理运行新机制，提出了"精英教育、质量为本、科教结合、学科交叉"的人才培养指导思想，确立了培养"具有崇高理想信念、深厚人文底蕴、扎实专业知识、强烈创新意识、宽广国际视野的国家栋梁和社会精英"的人才培养目标。学校持续推进"探究式—小班化"课堂教学改革，连续成功举办8届"国际课程周"，开展了"大川视界"学生海外访学计划。学校有全国高校中华优秀传统文化传承基地 1 个，国家大学生文化素质教育基地 1 个，全国高校心理健康教育与心理咨询示范中心 1 个，国家人才培养和科学研究及工科基础课程教学基地 9 个，国家级实验教学中心 11 个、工程实践教育中心 19 个、教师教学发展示范中心 1 个、大学生校外实践教育基地 9 个。2003 年以来，学校获批立项 28 个国家级特色专业建设点、首批 33 个国家级一流专业建设点，获得国家教学成果奖 31 项（其中特等奖 1 项）、国家精品课程 33 门，国家级精品视频公开课 12 门、精品资源共享课 31 门，国家精品在线开放课程 19 门。2015 年以来，学校共获得中国"互联网+"大学生创新创业大赛金奖 12 项，金奖数位居全国第三。学校现有全日制普通本科生 3.7 万余人，硕博士研究生 2.8 万余人，外国留学生及港澳台学生近 4500 人。

四川大学科研实力雄厚，标志性成果不断涌现。学校现有国家重大科技基础设施 1 个，国家重点实验室 4 个，国家工程技术研究中心 2 个，国家应用数学中心 1 个，国家临床医学研究中心 2 个，国家工程实验室 1 个，国家地方联合工程实验室 3 个，国家地方联合工程研究中心 1 个，国家国际科技合作基地 5 个，国防重点学科实验室 1 个，教育部前沿科学中心 1 个，教育部重点实验室 10 个、工程研究中心 7 个，国家卫生健康委员会重点实验室 2 个，四川省重点实验室、工程中心、科研基地等 52 个；国家高端智库培育单位 1 个，铸牢中华民族共同体意识研究基地 1 个，教育部人文社会科学重点研究基地 4 个、区域与国别研究培育基地 4 个。2005 年以来，学校共获国家科技三大奖 53 项。2019 年，学校科研经费达 27.60 亿元。在人文社会科学方面，学校先后编撰出版了《汉语大字典》《全宋文》《中国道教史》《儒藏》等大型文化建设成果。

四川大学主动服务国家和区域经济社会发展，大力推进创新创业，服务社会能力不断增强。四川大学国家技术转移中心是全国高校中最早设立的 6 家国家技术转移中心之一。四川大学国家大学科技园是国家最早批准的 15 个国家大学科技园之一，是国家高新技术创业服务中心。2016 年，学校被批准成为首批国家"双创"示范基地之一、全国首批深化创新创业教育改革示范高校。近年来，学校与国内近 30 个省（自治区、直辖市）、国内外 150 多个地市和 8000 多家企事业单位建立了产学研合作关系，共建了 200 多个校地企产学研平台。近 5 年来，学校承担了国内外企事业单位委托的技术开发、转让、服务和咨询项目 1.3 万余项，一大批重大科技创新成果已成为相关行业的主导技术。2009 年，学校被批准成为首批13个"全国干部教育培训高校基地"之一。学校设有4所国家卫生健康委员会预算管理医院,在汶川特大地震、青海玉树地震、雅安芦山地震等重大自然灾害伤员救治和新冠肺炎医疗救护、疫情防控过程中发挥了重要作用,为促进我国卫生事业发展、提高人民群众健康水平做出了重要贡献。华西医院牵头筹建的中国国际应急医疗队(四川)通过世界卫生组织认证,成为全球首支非军方Ⅲ类国际应急医疗队(Type3 EMT)。华西远程医学网络成为中国最大规模远程医学教育与分级协同医疗体系,覆盖20个省市区、843家医疗机构,惠及5亿多人口。

四川大学坚持开放办学,不断推进国际交流与合作,国际影响力和竞争力显著提升。目前,学校已与38个国家和地区的306所大学和研究机构建立了交流合作关系。与美国、加拿大、澳大利亚、港澳台等33个国家和地区的221所国际知名大学构建了全方位、多层次、多形式的学生联合培养体系。与韩国、美国、比利时的5所大学合作共建了5所孔子学院。与世界一流的研究型大学和相关机构建立了四川大学九寨沟生态与可持续发展国际研究中心、四川大学中德能源研究中心、四川大学中英联合材料研究所、四川大学—意大利国家研究会国际多功能聚合物和生物材料合作研究中心、四川大学欧洲研究中心等国际和境外科研合作平台和中心。学校与香港理工大学共建了四川大学—香港理工大学灾后重建与管理学院,与美国匹兹堡大学共建了四川大学匹兹堡学院。

四川大学现有纸本文献819万册、中外文文献数据库325个,收藏文物8.5万余件、动植物标本87万余件(份),各类档案约32万卷(其中珍贵历史档案9000余卷)。学校体育场馆设施齐全、设备先进。学校还建有分析测试中心、现代教育技术中心、国家外语考试与出国留学人员培训机构以及成人继续教育学院等。

锦江黉门,弦歌铿锵。当前,四川大学已经确立了"全面推进学校党的建设新的伟大工程和建设世界一流大学新的伟大事业"的宏伟目标。展望未来,学校将始终肩负集思想之大成、育国家之栋梁、开学术之先河、促科技之进步、引社会之方向的历史使命与社会责任,再谱中国现代大学继承与创造并进、光荣与梦想交织的辉煌篇章!

二、四川大学微信公众号相关变量分析

（一）固有属性简介

四川大学微信公众号固有属性相关变量及具体情况如附表 12-1 所示。

附表 12-1　四川大学微信公众号固有属性相关变量及具体情况汇总

样本信息分类	变量分类	微信公众号相关具体情况
固有属性	开通年月	2014 年 5 月
	微信号	scuweixin
	公众号功能	海纳百川，有容乃大。
	公众号类型	订阅号
	客服电话	未设置
	客服人员	未设置
	账号主体	四川大学
	商标保护	未包含商标详情
	高校级别	"985 工程"高校、"211 工程"高校、"双一流"高校
	品牌强度	18
	相关小程序	四川大学干部培训、慢阻肺管理端、微言教育等
	公众号昵称是否与高校名称完全一致	是
	品牌显著标签	高校校徽
	官方认证	已认证
	开通时长	2406 天

微信公众平台自 2012 年 8 月正式上线，而四川大学微信公众号于 21 个月后才上线，存在一定的滞后性，反映出四川大学对创新宣传工作的敏感性和前瞻性较弱。四川大学微信公众号的微信号为英文字母"scuweixin"，其中"scu"为四川大学英文名缩写，"weixin"为"微信"的拼音，有着鲜明的自身特色，

而且仅含9个字符，便于检索。四川大学微信公众号的功能介绍为四川大学校训，未彰显公众号的自身定位。四川大学微信公众号类型为订阅号，能够与学生群体形成较好的黏性，同时在宣传、塑造高校自身品牌形象方面均能起到相应作用。四川大学微信公众号未设置客服电话和客服人员，说明目前该微信公众号还未给予客服系统足够的关注，在服务的完善程度上有待进一步提升。四川大学微信公众号的账号主体为四川大学本身，显示权威性和官方性，以便读者将其界定为四川大学官方微信公众号。四川大学微信公众号未包含商标详情，尚缺乏知识产权保护意识。四川大学微信公众号相关小程序较少，涉及的方面较少，可能未能为师生校友及其他用户提供全面、自助式的优质服务。四川大学微信公众号的昵称与四川大学的全称一致，易于被用户搜索到进而被关注。四川大学微信公众号头像为四川大学校徽，具有品牌显著性。四川大学微信公众号已完成官方认证，表明该微信公众号具有较高的可信度。四川大学微信公众号开通时长超过2400天，说明该微信公众号在运营上已积攒了一定程度的经验，形成了一定的自身传播特色，有较大的参考意义。

（二）表层形式简介

2020年四川大学微信公众号共发推文402篇。2月推文数最高，是因为疫情暴发，需要向师生推送各类防控信息以及对于公共卫生事件的应对措施。2月推文密度也最高。四川大学的推送时段相对不均，其中0—9时推文密度仅为0.5%，而9—12时推文密度则高达45.0%。四川大学推文的原创密度为60.4%。四川大学微信公众号总阅读数11649444，篇均阅读数28978.716，日均阅读数31829.082，最高阅读数100000+，总阅读数破1100万，阅读密度都在3万左右，阅读数可观。402篇推文有398篇为头条，头条总阅读数11603913，头条日均阅读数31704.680，头条篇均阅读数29155.560。402篇推文的总点赞数为57877，篇均点赞数143.973，日均点赞数158.134，最高点赞数3975，点赞数要明显低于阅读数。头条总点赞数57811，头条日均点赞数157.954，头条篇均点赞数145.254。推文使用四类素材的频度排序：图片、视频、链接、音频。

（三）深层内容简介

2020年四川大学微信公众号发布推文内容相对集中在疫情相关、人物风采、通知告示、生活资讯。标题词云中较醒目的字眼为"川大""华西""四川大学""疫情""本科""川大人""考试"等。正文词云中较醒目的字眼为"川大""华西""医院""疫情""学校""学生""医学"等。标题语义网络中有一个大范围中心节点:川大,一个小范围中心节点:华西。正文语义网络中最大范围中心点是"学校",较小范围中心节点有"华西""川大""医院""发展""国家"等。

三、四川大学微信公众号疫情相关分析

我们对高校微信公众号2020年的传播内容进行前测,归纳出防控措施、人物宣传、抗疫进展、疫情影响、抗疫记忆、信息管理、鼓励援助七个方面的疫情相关主题,具体类目说明如附表12-2所示,统计如附表12-3所示。

附表12-2 类目说明

样本信息分类	变量分类	设立依据及补充说明
深层内容疫情相关分类	防控措施	疫情期间各部门及个人的相关防控措施,包括个人防护、相关警示、防疫生活贴士等
	人物宣传	疫情期间对于医护人员以及相关贡献突出的人士的介绍或获奖情况等
	抗疫进展	疫情期间抗疫及防控的进展,包括各地区风险指数的播报、疫苗或疫情相关产品的科研进展、医院的病患动态等
	疫情影响	围绕疫情给人们带来的影响展开的信息,包括各种线上疫情相关主题教育,教学方式的改变,以及生活方式的改变等
	抗疫记忆	疫情下各类人的抗疫故事,包括医护人员、基层工作人员、志愿者、热心人士等
	信息管理	疫情期间的辟谣信息及科普知识等
	鼓励援助	包括国内外的组织、高校或个人对疫情地区的物质捐助和精神援助,其中精神援助包括绘画、合唱等多种形式,以及对疫情地区居民、患者和医护人员的鼓励等

附表12-3　四川大学微信公众号各月疫情相关推文分类数量与密度汇总

	防控措施	人物宣传	抗疫进展	疫情影响	抗疫记忆	信息管理	鼓励援助	总计	密度
1月	1	0	8	1	7	1	2	20	0.215
2月	8	1	5	7	5	0	11	37	0.398
3月	1	1	0	6	1	0	10	19	0.204
4月	0	0	0	1	0	0	6	7	0.075
5月	0	0	0	1	0	0	1	2	0.022
6月	1	0	0	1	0	0	0	2	0.022
7月	0	0	1	0	0	0	0	1	0.011
8月	0	0	0	0	0	0	0	0	0.000
9月	1	0	0	0	0	0	0	1	0.011
10月	0	0	0	0	0	0	0	0	0.000
11月	0	3	0	0	0	0	0	3	0.032
12月	1	0	0	0	0	0	0	1	0.011
总计	13	5	14	17	13	1	30	93	
密度	0.140	0.054	0.151	0.183	0.140	0.011	0.323		

2020年四川大学微信公众号共发布推文402篇，疫情相关类推文共93篇，占所有推文的23.1%，主要集中在1月、2月以及3月，是因为这三个月我国疫情较为严重，需要告知的疫情信息较多。其中，疫情相关推文阅读数破10万的有2篇，分别是四川大学于2020年1月25日发布的《25名川大人集结待命即将驰援武汉！疫情防控，川大在行动！》和2020年12月8日发布的《华西医学专家对川大师生疫情防控的温馨提示！》。点赞数最多的推文为四川大学于2020年7月30日发布的《Nature首篇新冠疫苗论文！川大华西生物重室重组蛋白新冠疫苗研究获进展！》，获点赞数710。疫情相关推文原创密度为40.9%，低于所有推文的原创密度。

同时，因疫情暴发，高校及其附属医院需要做的相关工作增加，比如网上

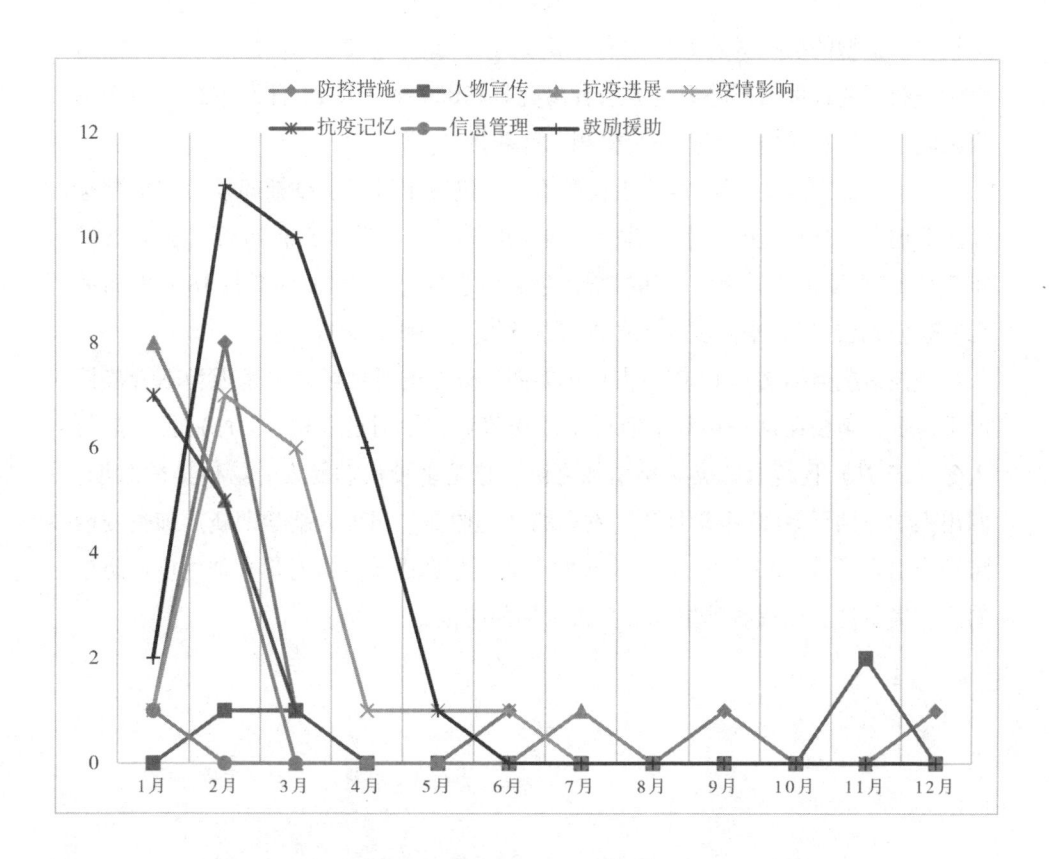

<<< 附　录　每周均入选百强排行榜的12所高校微信公众号疫情相关分析

附图12-1　四川大学微信公众号各月疫情相关推文分类数量分布

教学、派出援鄂医疗队、为疫情严重的地区提供物质援助与精神鼓励等，因此，鼓励援助类与疫情影响类的疫情相关推文数量激增，且占比分别排第一和第二。其中，典型的鼓励援助类推文有四川大学微信公众号于2020年2月2日发布的《刚刚，川大第二批援鄂医疗队出征！》、2020年2月21日发布的《川大俄籍校友创作中文诗歌，为中国战"疫"加油！》等，典型的疫情影响类推文有四川大学微信公众号于2020年2月15日发布的《四川大学关于2020年春季学期学生延期返校相关工作的通知》、2020年3月31日发布的《重磅！2020年全国高考延期一个月举行，考试时间为7月7日至8日》等。

抗疫进展类有14篇，占比排第三，主要是发布医院的病患动态、相关科研进展（如新冠病毒检测试剂盒的研发进展等）等，四川大学是品牌强度为18的名校，科研及其附属医院的医疗水平高，对抗疫的进展贡献较大，因此此类推

239

文较多。典型的抗疫进展类推文有四川大学于 2020 年 2 月 10 日发布的《四川大学华西医院首例新冠肺炎治愈患者出院》、2020 年 2 月 24 日发布的《川大华西医院牵头研制的新冠肺炎病毒检测芯片获批!》等。

抗疫记忆类推文有 13 篇，占比排第四，侧重于讲述抗疫期间发生在援鄂医疗队等抗疫人员身上的故事，其中，典型的抗疫记忆类推文有四川大学于 2020 年 2 月 17 日发布的《川大华西援鄂医生的流水日记》、2020 年 2 月 18 日发布的《致敬逆行者! 川大华西医务人员援鄂战"疫"一线点滴!》等。

防控措施类推文有 13 篇，占比排第四，分布的月数最多，是因为不管疫情严重与否，高校在这一年都不能过于放松警惕，特别是入秋（9 月）且开学与入冬（12 月）且新冠肺炎病例增加之际，这是多种疾病易发、易传染的时期，四川大学分别于 2020 年 9 月 7 日发布的《速收藏! 川大人新学期新冠肺炎疫情防控指引来了!》、2020 年 12 月 8 日发布的《华西医学专家对川大师生疫情防控的温馨提示!》，以提醒师生及社会人士加强防范。

参考文献

一、专著文献

（一）国内专著

[1] 林升梁. 整合品牌传播学 [M]. 厦门：厦门大学出版社，2008.

[2] 林升梁. 微时代·微传播·微营销：学术规训下的多元研究 [M]. 厦门：厦门大学出版社，2021.

[3] 庐七. 微信公众号运营：实战方法、案例与技巧 [M]. 北京：电子工业出版社，2017.

[4] 铁铮. 大学微信 [M]. 北京：中国文史出版社，2016.

[5] 唐绪军，吴信训，黄楚新. 中国新媒体发展报告 [M]. 北京：社会科学文献出版社，2016.

[6] 王易. 微信营销与运营：策略、方法、技巧与实践 [M]. 北京：机械工业出版社，2014.

[7] 赵德国，蔡言厚，党亚茹. 2017 中国大学评价研究报告 [M]. 武汉：武汉理工大学出版社，2017.

[8] 张树辉. 微观大学：北京高校官方微信案例选编 [M]. 北京：光明日报出版社，2016.

（二）国外译著

[1] E. M. 罗杰斯. 传播学史 [M]. 殷晓蓉，译. 上海：上海译文出版社，2012.

[2]［加］马歇尔·麦克卢汉.理解媒介——论人的延伸（增订评注本）[M].何道宽,译.南京：译林出版社,2011.

[3]［美］丹尼尔·里夫,斯蒂文·赖斯,弗雷德里克·G.菲克.内容分析法——媒介信息量化研究技巧[M].嵇美云,译.北京：清华大学出版社,2010.

[4]威廉·波特,威尔伯·施拉姆.传播学概论[M].何道宽,译.北京：中国人民大学出版社,2010.

二、学位论文

[1]陈婕妮.高校官方微信传播策略研究[D].广州：广东外语外贸大学,2017.

[2]董思聪."985工程"高校官方微信公众号传播研究[D].湘潭：湘潭大学,2017.

[3]付嘉鑫.地方高校官方微信平台使用与满足研究[D].重庆：重庆师范大学,2016.

[4]祁如玉.高校官方微信发展现状、问题及对策研究[D].济南：山东师范大学,2017.

[5]阮冬玲.国内大学排行榜指标体系比较研究[D].长沙：湖南师范大学,2014.

[6]马亮.以高校官方微信公众平台为载体的大学生思想政治教育研究[D].西安：西北师范大学,2016.

[7]田晓夏.高校微信公众平台传播现状研究[D].西安：陕西师范大学,2016.

[8]韦玉玲.高校微信公众号传播内容研究[D].西安：西北大学,2016.

[9]许佳宁.高校微信公众号传播策略比较研究[D].福州：福建师范大学,2018.

[10]赵辰玮.在数据时代高校微信公众平台用户接受行为研究[D].保定：河北大学,2015.

三、期刊论文

（一）国内期刊论文

[1] 陈琪, 卢佩华. 微信小程序的传播效果分析 [J]. 新闻研究导刊, 2017, 8 (23): 70, 101.

[2] 陈文飞. 微信公众号传播效果的影响因素研究 [J]. 新闻研究导刊, 2016, 7 (24): 80-81.

[3] 方婧, 陆伟. 微信公众号信息传播热度的影响因素实证研究 [J]. 情报杂志, 2016, 35 (2): 157-162.

[4] 甘月童. 对"985工程"高校微信公众号的研究 [J]. 青年记者, 2016 (9): 47-49.

[5] 黄国凡, 张钰梅. 图书馆微信公众号内容营销策略: 基于微信传播指数WCI的分析 [J]. 图书馆杂志, 2015, 34 (9): 91-96.

[6] 雷鸣, 李贝琪. 大学出版社微信公众平台传播效果影响因素研究 [J]. 现代出版, 2017 (6): 32-35.

[7] 冀芳, 张夏恒. CSSCI来源期刊微信公众平台运营现状及优化策略 [J]. 中国科技期刊研究, 2016, 27 (7): 756-762.

[8] 纪娇娇, 申帆, 黄晟鹏, 等. 基于语义网络分析的微信公众平台转基因议题研究 [J]. 科普研究, 2015, 10 (2): 21-29.

[9] 李静姝, 陈颖, 吕安琪. 基于对应因子分析法的高校微信号运营的评价 [J]. 新闻研究导刊, 2016, 7 (2): 203-205.

[10] 李秋萍, 吴均, 何其迅, 等. 浅谈我国高校评价排行榜指标体系的现状及建议 [J]. 医学教育管理, 2016, 2 (4): 588-592.

[11] 李伟超, 毕丽萍, 贾艺玮. 近两年我国高校图书馆微信服务现状及策略研究 [J]. 图书馆学研究, 2016 (20): 62-68.

[12] 林升梁. 改革开放以来《人民日报》等四报广告表层形式比较 [J]. 徐州工程学院学报（社会科学版）, 2013, 28 (1): 88-94.

[13] 林升梁, 李园. 新浪微博汽车品牌粉丝数影响因素的实证研究 [J].

新闻大学，2015（4）：109-115.

[14] 林升梁，雷超越. 四大国有银行微信营销传播策略比较研究［J］. 品牌，2015（9）：69.

[15] 林升梁，吴晓玲. 国内外内容分析法在广告研究领域中的应用综述［J］. 广告大观（理论版），2012（2）：78-92.

[16] 林升梁，张晓晨. 个人微博粉丝数影响因素的实证研究［J］. 新闻与传播研究，2014，21（3）：68-78，127.

[17] 毛赟美. 高校微信公众平台传播内容与传播效果分析［J］. 北京教育（高教），2015（11）：32-33.

[18] 欧阳世芬，蔡雨娟. 高校官方微信公众平台的现状和运营策略探析［J］. 视听，2015（7）：150-153.

[19] 彭丽娟. 关于高校官方微信公众平台的现状与思考［J］. 新闻知识，2015（7）：84-86.

[20] 沈一. 微信公众平台在高校共青团工作的实践与探索［J］. 当代教育实践与教学研究，2015（8）：214.

[21] 史安斌. 社交媒体时代全球传播的理想模式探究——基于联合国"微传播"的个案分析［J］. 武汉大学学报（哲学社会科学版），2018，71（1）：67-76.

[22] 石佳. 民族高校微信公众号传播内容研究——以西南民族大学为例［J］. 西部广播电视，2016（17）：34-36.

[23] 史蓓蓓. 对高校共青团微信公众平台大学生持续使用意愿的探究［J］. 青少年学刊，2020（4）：30-36.

[24] 任杰，徐树新. 内蒙古地区高校图书馆微信公众平台现状调查与分析［J］. 图书情报导刊，2017，2（1）：31-39.

[25] 陶赋雯. 微信公众号运营实践与传播效果研究——基于对福建省26所本科高校微信公众号的实证分析［J］. 福建论坛（人文社会科学版），2016（12）：200-205.

[26] 王正祎，彭小枚，李知，等. 辽宁省高校官方微信公众平台传播内容

分析[J]. 新闻研究导刊, 2017, 8 (3): 22-23.

[27] 武龙龙, 杨小菊. 基于微信公众平台的高校移动图书馆服务研究[J]. 图书馆学研究, 2013 (18): 57-61.

[28] 向正鹏. 提升高校官方微信公众平台传播效果的几点思考[J]. 新闻世界, 2016 (10): 68-72.

[29] 谢卫红. 微信公众平台提升高校品牌形象初探[J]. 今传媒, 2016, 24 (8): 73-74.

[30] 王福军, 冷怀明, 郭建秀, 等. 中国高校医学期刊微信公众平台应用现状调查分析[J]. 凯里学院学报, 2016, 34 (1): 109-113.

[31] 王蓓悦, 王莹, 魏颖. 高校官方微信公众号运营的现状、困境以及对策分析——以"东华大学"为例的实证分析[J]. 新媒体研究, 2017, 3 (7): 58-63.

[32] 吴茵茵. 基于Web挖掘的图书馆微信服务可视化研究[J]. 农业图书情报学刊, 2015, 27 (12): 21-24.

[33] 吴中堂, 刘建徽, 唐振华. 微信公众号信息传播的影响因素研究[J]. 情报杂志, 2015, 34 (4): 122-126.

[34] 杨晓丰. "双一流"高校图书馆微信公众平台运营量化研究[J]. 图书馆学刊, 2021, 43 (1): 49-53.

[35] 喻国明, 梁爽. 小程序与轻应用: 基于场景的社会嵌入与群体互动[J]. 武汉大学学报 (人文科学版), 2017, 70 (6): 119-125.

[36] 张骏毅, 等. "211工程"高校图书馆微信应用现状分析与对策研究[J]. 图书馆学研究, 2014 (6): 29-34.

[37] 张美娜. 微信公众平台在辽宁省高校图书馆应用现状及建议[J]. 沈阳工程学院学报 (社会科学版), 2017, 13 (2): 262-265.

[38] 张卫良, 张平. 大学生对学校微信公众号的信息接受、认同差异及成因探讨——基于对91个高校共青团微信公众号推文的分析[J]. 现代传播 (中国传媒大学学报), 2017, 39 (12): 143-149.

[39] 郑永平, 王玉柱. 中国高校的商标战略[J]. 科技进步与对策, 2010,

27（13）：142-145.

［40］祝建华. 不同渠道-不同选择的竞争机制：新媒体权衡需求理论［J］. 中国传媒报告，2004（5）：16-24.

［41］朱一超，向娟，阮雪姣，等. 高校微信公众号矩阵式管理和传播策略探析［J］. 新西部，2017（16）：107-109.

［42］卓敏，吴建平. 当代青年雾霾段子语义网络分析与情感可视化研究——基于微博、微信用户［J］. 中国青年研究，2016（8）：10-19.

（二）国外期刊论文

［1］C. J. Chen, Tan Sun. Dental education for college students based on WeChat public platform［J］. Shanghai Kou Qiang Yi Xue, 2016, 25（3）：377-380.

［2］Hou J, Ndasauka Y, Jiang Y, et al. Excessive use of WeChat, social interaction and locus of control among college students in China［J］. Plos One, 2017, 12（8）：e0183633.

［3］Jiang L Z, Han L Y. Design and Implementation of the University Information Disclosure System Based on WeChat［J］. International Conference on Computer Engineering and Information Systems, 2016（11）：489-493.

［4］Li Yao. Influence and Countermeasures Research on Ideological and Political Education of College Students with WeChat［C］. International Conference on Education, Management and Computer Science, 2016.

［5］Sussman S W, Siegal W S. Informational Influence in Organizations: An Integrated Approach to Knowledge Adoption［J］. Information Systems Research, 2003, 14（1）：47-65.

［6］Yan Li. Research on Experiential Learning of College English Based on WeChat Platform［J］. Journal of Hubei Correspondence University, 2017.

［7］Yuan E J, Feng M, Danowski J A. "Privacy" in Semantic Networks on Chinese Social Media: The Case of Sina Weibo［J］. Journal of Communication, 2013, 63（6）：1011-1031.

［8］Zhang, Ying Nan. Study on Design and Application of college students working platform based on WeChat public platform［J］. International Conference on Frontiers of Manufacturing and Design Science，2015（12）：1622-1628.

四、电子资源

［1］艾瑞深研究院. 校友会2018中国大学排行榜1200强揭晓，清华北大人大晋升世界一流大学［EB/OL］. 搜狐网，2017-12-25.

［2］北大简介［EB/OL］. 北京大学官网，2021-01-20.

［3］北京航空航天大学北航概况［EB/OL］. 北京航空航天大学官网，2021-01-20.

［4］电子科技大学学校历史［EB/OL］. 电子科技大学官网，2021-01-20.

［5］教育部. 教育部政务新媒体"微言教育"小程序上线——推出社交化活动"致敬！老师"［EB/OL］. 中华人民共和国教育部，2017-09-08.

［6］教育部新闻办/微言教育. 教育系统微信小程序上线：近30所高校入驻，旨在服务师生［EB/OL］. 澎湃，2017-09-27.

［7］企鹅智酷.2017微信用户＆生态研究报告［EB/OL］. 搜狐网，2017-04-27.

［8］企鹅智酷.2016年微信影响力报告［EB/OL］. 199IT，2016-03-21.

［9］清华大学学校概况·学校沿革［EB/OL］. 清华大学官网，2021-01-20

［10］上海交通大学简介［EB/OL］. 上海交通大学官网，2021-01-20.

［11］四川大学简介［EB/OL］. 四川大学官网，2021-01-20.

［12］谭畅，郑可书."双一流"名单公布，比985、211多了什么？［EB/OL］. 南方周末，2017-09-21.

［13］腾讯. 重磅！2015微信知识产权保护白皮书发布［EB/OL］. 腾讯网，2016-01-11.

［14］天津大学简介［EB/OL］. 天津大学官网，2021-01-20.

［15］WechatMoments. 刚刚，微信公布了2017最新数据报告［EB/OL］. 数英，2017-11-09.

［16］武汉大学简介［EB/OL］. 武汉大学官网，2021-01-20.

[17] 西安交通大学简介 [EB/OL]. 西安交通大学官网, 2021-01-20.

[18] 厦门大学简介 [EB/OL]. 厦门大学官网, 2021-01-20.

[19] 掌上大学. 2016中国高校新媒体蓝皮书 [EB/OL]. 搜狐网, 2017-01-05.

[20] 张树辉. 校园微信公众号四喻 [N]. 光明日报, 2016-03-17, (11).

[21] 浙江大学学校概况 [EB/OL]. 浙江大学官网, 2021-01-20.

[22] 习近平在全国宣传思想工作会议上的讲话 [EB/OL]. 中国共产党新闻网, 2014-08-09.

[23] 中国海洋大学简介 [EB/OL]. 中国海洋大学官网, 2021-01-20.

后 记

本书得到了暨南大学新闻与传播学院广告专业本科生朱紫璐和蒲俏的大力支持，她们在本书写作过程中提供了原始数据的收集、统计与分析工作，浙江核新同花顺网络信息股份有限公司运营主管许佳宁女士在写作过程中提供了社会网络分析的技术指导等帮助，特此感谢！

本书责任编辑给予了我很大的帮助。在写作过程中，责任编辑不断催促本书进度，使我过年都尽力挤时间来按时完成进度。他为本书提出了大量细致的修改意见，使我深受感动。我的家人在我写作的过程中，给予了莫大的支持和鼓励，使得我能够静下心来专心学术，本书也包含了他们的汗水。

2016年，习近平总书记在网络安全和信息化工作座谈会上发表讲话，他指出，加强网络内容建设，做强网上正面宣传，培育积极健康、向上向善的网络文化，用社会主义核心价值观和人类优秀文明成果滋养人心、滋养社会，做到正能量充沛、主旋律高昂，为广大网民特别是青少年营造一个风清气正的网络空间。在中国高校微信公众号作用日益显著的大背景下，研究高校微信公众号的传播规律具有重要的实践价值。本书虽然得到众多老师、朋友、同学、同行的帮助，不足之处肯定还有很多，希望读者能多多批评指正，以便新一年出版新的蓝皮书时做出进一步改进。

林升梁

2021 年 3 月